Kai Hafez

Mythos Globalisierung

Kai Hafez

Mythos Globalisierung

Warum die Medien
nicht grenzenlos sind

SPRINGER FACHMEDIEN WIESBADEN GMBH

Bibliografische Information Der Deutschen Bibliothek
Die Deutsche Bibliothek verzeichnet diese Publikation in der Deutschen Nationalbibliografie;
detaillierte bibliografische Daten sind im Internet über <http://dnb.ddb.de> abrufbar.

1. Auflage September 2005

Alle Rechte vorbehalten
© Springer Fachmedien Wiesbaden 2005
Ursprünglich erschienen bei VS Verlag für Sozialwissenschaften/GWV Fachverlage GmbH,
Wiesbaden 2005

Lektorat: Barbara Emig-Roller

ISBN 978-3-531-14670-6   ISBN 978-3-322-80760-1 (eBook)
DOI 10.1007/978-3-322-80760-1

Inhalt

Einleitung

Niemand ist heute wohl in der Lage, sich den Zustand der vollendeten „Globalisierung" vorzustellen. Wird dann alles enträumlicht sein, Arbeitsplätze über Ländergrenzen hinweg austauschbar, ebenso wie Produkte aller Art? Werden die politischen Grenzen zwischen Menschen gefallen und Gesellschaften durch Medien komplett vernetzt sein? Die Zukunft der Globalisierung ist heute ähnlich unklar wie einst die egalitäre „kommunistische Gesellschaft", aber die Gegenwart ist bereits von gravierenden Umbrüchen geprägt. Politiker reformieren den Staat mit dem Hinweis auf die Globalisierung, und die Privatwirtschaft entlässt Menschen in die Arbeitslosigkeit, um sich für den globalen Wettkampf fit zu machen. Genau das richtige Gesellschaftsklima also für einen „Mythos". Der Mythos „bannt die beängstigende Fremdheit seines Gegenstandes, bewahrt aber zumeist die faszinierende Ambivalenz, die dem Unerklärlichen anhaftet".[1] Er vermischt reale Tatbestände mit übertriebenen Projektionen und enthält, bei aller Angst erzeugenden Kraft, auch ein utopisches Versprechen auf eine bessere Welt – sonst würde er wohl gar nicht existieren.

Es ist an der Zeit, die Globalisierung als einen Mythos zu betrachten, der Richtiges mit Falschem vermischt, und ihn kritisch zu hinterfragen, um nicht Gefahr zu laufen, dass Politiker und andere den Begriff als eine haltlose Ideologie missbrauchen. Die Vorstellung von der Globalisierung hat von Anfang an auf zwei Grundlagen beruht. Sowohl die wirtschaftlich-materielle als auch die geistig-kommunikative Produktivkraft des Menschen sollen nicht mehr an geographischen, kulturellen oder nationalen Grenzen Halt machen, sondern universell und global verfügbar sein. Dazu bedarf es neuer Formen der grenzüberschreitenden privaten und öffentlichen Kommunikation. Die Globalisierung behauptet daher die zunehmende Bedeutsamkeit internationaler Medienbeziehungen.

Zugleich ist bis heute nicht hinreichend belegt, ob diese Annahme auch realistisch ist. Die Globalisierungsdebatte ist von einem geradezu anekdoti-

---

1 Stefan Münker/Alexander Roesler (Hrsg.), Mythos Internet, Frankfurt 1997, S. 8.

schen Empirismus geprägt und von Argumentationsgängen, bei denen Belege wie auch Gegenbelege in Weltbilder einer vorgeblichen Globalisierung gefügt werden, aus denen es kein Entrinnen zu geben scheint und an denen auch die Anti-Globalisierungsbewegung ihren Anteil hat. Denn ungeachtet ihrer Meinungsverschiedenheiten über die Vor- oder Nachteile einer kapitalistisch betriebenen Globalisierung teilen „Optimisten" und „Pessimisten" dieselbe Grundüberzeugung – nämlich, dass die Globalisierung tatsächlich stattfindet.

Zwischen den Lagern besteht weitgehend Konsens, sowohl die Symptome einer amerikanisierten Globalkultur (der „McWorld") als auch die Zeichen des kulturellen Widerstandes in Asien, Afrika und im Nahen Osten (des „McJihad") als *Reaktionen* auf eine unaufhaltsam fortschreitende Globalisierung zu betrachten. Alles scheint mit allem auf der Welt zusammenzuhängen, ob im Guten oder im Bösen. Dieser Netzwerk-Konsens macht grenzüberschreitende Kommunikation zum Kernphänomen der Globalisierung. Denn, während die Globalisierungsgegner die Globalisierung als riesige, medienvermittelte Kulturenvernichtungsmaschine charakterisieren, betonen aufgeklärte Globalisierer die Vorzüge des kulturellen Pluralismus in einer Welt, in der die Weltkulturen geradezu beliebig kommunikativ verfügbar werden – Internet, Satellitenfernsehen und moderner Mobiltelefonie sei Dank. Walter Truett Anderson beispielsweise behauptet in seiner derzeit viel verkauften Einführung in die Globalisierung „All Connected Now": „In einer globalen Gesellschaft gehören alle Weltkulturen allen Menschen der Erde."[2] In dieser Vision, die bereits bescheidener ist als die alte Vorstellung von einer universellen Menschheitskultur, können wir also alle bleiben wie wir sind, denn die Medien ermöglichen uns jederzeit zu verstehen, wie der andere ist. Es ist in sich völlig logisch, dass dieser aufgeklärte Globalismus eng mit dem Konzept des „Dialogs der Kulturen" zusammenhängt, den die Vereinten Nationen im Jahr 2001 zur Jahreslosung erhoben hatten – und dennoch liegt genau hier ein gravierendes Problem.

Lange Zeit wurde von der Annahme ausgegangen, dass globale Interaktionen zunehmen. Dies aber ist in vielen Bereichen der grenzüberschreitenden Kommunikation weitaus weniger der Fall als gedacht. Medienproduktion und -nutzung erweisen sich in weiten Teilen der Welt als konservative kulturelle Kraft. Sie erzeugen eine für den Globalisierungsansatz sperrige Realität.

---

2 Walter Truett Anderson, All Connected Now. Life in the First Global Civilization, Boulder 2004, S. 89.

Was bedeutet es etwa, wenn grenzüberschreitende Kommunikationsprozesse im Internet zwar zunehmen, zugleich aber der Internetverkehr innerhalb von Nationalstaatsgrenzen weitaus rapider wächst? Ist das Internet dann ein „globales" oder ist es in Wirklichkeit eher ein „lokales" Medium? Auch die Existenz der Technik des Satellitenradios und -fernsehens ist eine notwendige, aber noch längst keine hinreichende Bedingung für globale Kommunikation, denn sie sagt wenig über tatsächliche Reichweiten und deren Potenziale zur Veränderung von Kulturen und Gesellschaften aus. Wie soll man die Tatsache interpretieren, dass heutzutage ein beträchtlicher Teil der Menschheit zwar technisch Zugang zu ausländischen Sendern hat, sie aber fast nie nutzt?

Solche und viele andere Formen einer Verweigerungshaltung gegenüber der globalen Kommunikation sind keine Kavaliersdelikte, denn sie stellen die Generalkonzepte der Globalisierung in Frage. Wie soll die demokratische „Öffentlichkeit" auf internationaler Ebene ihre Fortsetzung finden und wie ein Weltbürgertum in einer „Weltöffentlichkeit" (global public sphere) einen globalen Diskurs über wichtige Fragen der Politik, der sozialen Entwicklung und der Umwelt führen, wenn die vermittelnde Instanz der Medien weiterhin national(-staatlich) dominiert bleibt? Wie können transnationale Fernsehsender im Bereich der sogenannten „Mediendiplomatie" ein neues, zivilgesellschaftliches Element in die internationale Politik einbringen, wenn es keine weltweit akzeptierten Sender gibt und der einzige Sender, der diese Rolle einmal innehatte – CNN – sie längst eingebüßt hat? Es wäre einfach, die neuen arabischen Satellitenfernsehsender wie Al-Jazeera einmal mehr unter der Prämisse des „Pluralismus bereichert die Globalisierung" zu verorten und auf die Bilder zu verweisen, die westliche Sender von dort übernehmen. Dabei müsste man aber angesichts der Unterschiede im Weltbild der Sender auch reflektieren, ob CNN und Al-Jazeera nicht die Vorboten einer sich in Sprachlandschaften spaltenden Medienwelt sind, in der nicht mehr, sondern immer weniger grenzüberschreitender Austausch stattfindet.

Es war ein Fehler der bisher geführten Globalisierungsdebatte, sich fast ausschließlich auf die „neuen Medien" des Internets und des Satellitenfernsehens zu konzentrieren, denn es fehlt eine Gesamtbilanz der Globalisierung der Medien. Die Vorstellung, dass die direkte one-to-many- oder many-to-one-Kommunikation des Epoche machenden Internets zu einem „Ende des Journalismus" beitragen würde, hat sich nicht bewahrheitet, wie die wach-

sende Literatur über den „Mythos Internet" verdeutlicht.[3] Die Lebensökonomie des Menschen und seine Mediengewohnheiten verändern sich nicht so
radikal wie vielfach angenommen worden ist. Im Bereich der internationalen
Kommunikation ist noch immer die traditionelle Auslandsberichterstattung
der großen Massenmedien tonangebend – vor allen Dingen in Krisen- und
Kriegssituationen. Aber was ist an der Auslandsberichterstattung der nationalen Mediensysteme wirklich global? Als die *New York Times* sich im Mai
2004 bei ihren Lesern für die allzu leichtfertige Übernahme von Propagan-
damaterial der amerikanischen Regierung während des Irakkriegs 2003 ent-
schuldigte, wurde dies als Bestätigung der Kritiker der Kriegsberichterstattung gesehen – aber es war eigentlich weitaus mehr. Es war das Eingeständ-
nis, dass der „globale Dialog" der Medien ernsthaft in Gefahr ist und dass die
heimischen politischen Bindungen so stark sind wie eh und je.

Auf dem Spiel steht heute nicht weniger als die Frage, ob wir überhaupt
über ein funktionierendes „kommunikatives Weltsystem" verfügen, das einen
unverstellten Blick auf die Welt ermöglicht, oder ob wir es in Zukunft haben
werden und unter welchen Umständen. Dabei ist eine Analyse der Besitzver-
hältnisse der weltweiten Medien ebenso erforderlich wie eine Bestandsaufnahme der Medienpolitik im globalen Rahmen. Ist der Staat wirklich obsolet
geworden? Sind transnationale Medienunternehmen tatsächlich die beherrschende Größe in den Mediensystemen dieser Welt?

In ihrem viel beachteten Buch „Globalization in Question" vertreten die
Wirtschaftswissenschaftler Paul Hirst und Graham Thompson die These,
dass die Veränderungen der globalen Ökonomie weitaus weniger einschnei-
dend sind als die allermeisten Protagonisten in der Globalisierungsdebatte
behauptet haben. Selbst international operierende Unternehmen verfügen
demnach in der Regel über eine klar erkennbare Heimatbasis oder zumindest
über starke regionale Bindungen,[4] was die Annahme von völlig ungebunde-
nen „transnationalen" Unternehmen in Frage stellt und die Autoren zu dem
Schluss gelangen lässt: „Die Globalisierung (...) ist weitgehend ein Mythos".[5] Die Frage ist, ob die in der Ökonomie real existierende starke Kon-

---

3 Münker/Roesler 1997; Rudolf Maresch/Florian Roetzer, Cyberhypes. Möglichkeiten und Grenzen des Internet, Frankfurt 2001; Daniel Egloff, Digitale Demokratie:
Mythos oder Realität? Auf den Spuren der demokratischen Aspekte des Internets
und der Computerkultur, Wiesbaden 2002.
4 Paul Hirst/Grahame Thompson, Globalization in Question, Cambridge 1999 (2.
Ausg.), S. 95.
5 Ebenda, S. 98.

zentration auf die OECD-Welt nicht auch dem Stand der technischen, politischen und ökonomischen Verflechtungen der Medien entspricht und sich daher eine neue Teilung der Welt anbahnt,[6] oder mehr noch, ob nicht politische und ökonomische Verflechtungen im Medienbereich noch weit hinter anderen Wirtschaftssektoren zurückbleiben, weil internationale Kommunikation aufs Engste mit Kultur, Sprache und Tradition zusammenhängt. Autos mögen universell sein – Nachrichten, Filme und Musik sind es nur bedingt.

Mittlerweile formiert sich eine revisionistische wissenschaftliche Debatte, in der bislang gehegte Grundannahmen hinterfragt werden. In der Medienwissenschaft existieren kritische Stimmen bereits seit Beginn der neunziger Jahre. Marjorie Ferguson[7] hat sich gegen die Vorstellung von den Massenmedien als Orten einer kulturellen Harmonisierung oder gar einer westlich geprägten Demokratisierung der Welt ausgesprochen. Joseph Straubhaar[8] wie auch Georgette Wang, Anura Goonasekera und Jan Servaes[9] oder John Sinclair, Elizabeth Jacka und Stuart Cunningham[10] haben die schnell voranschreitende Differenzierung und Verfestigung nationaler und regionaler Mediensysteme betont, wobei globale Vorbilder oft als „Kopiervorlage" für neue Medienformate dienen, inhaltliche und kulturelle Differenzen aber gewahrt bleiben. Claude Moisy[11] hat gezeigt, dass seit dem Ende des Ost-West-Konflikts der Umfang der Auslandsberichterstattung in den Medien und der auslandsorientierte Medienkonsum zurückgehen statt zu wachsen, was aus seiner Sicht die Vorstellung von einem „globalen Dorf", in dem die Medien über alles berichten und jeden Erdenbürger erreichen, Lügen straft. Silvio Waisbord und Nancy Morris[12] haben auf das erstaunliche Vermögen des

---

6 Günter Joetze, Politische Grenzen der Globalisierung, in: Internationale Politik 54 (1999) 6, S. 56 ff.

7 Marjorie Ferguson, The Myth of Globalization, in: European Journal of Communication 7 (1992) 1, S. 69-93.

8 Joseph D. Straubhaar, Distinguishing the Global, Regional and National Levels of World Television, in: Annabelle Sreberny-Mohammadi et al. (Hrsg.), Media in Global Context. A Reader, New York 1997.

9 Georgette Wang/Anura Goonasekera/Jan Servaes, The New Communications Landscape: Demystifying Media Globalization, London 2000.

10 John Sinclair/Elizabeth Jacka/Stuart Cunningham (Hrsg.), New Patterns in Global Television. Peripheral Vision, Oxford 1996a.

11 Claude Moisy, Myths about the Global Information Village, in: Foreign Policy 107/1997, S. 78-87.

12 Silvio Waisbord/Nancy Morris (Hrsg.), Media and Globalization. Why the State Matters, Lanham et al. 2001.

Nationalstaates hingewiesen, auch in Zeiten der Globalisierung die Kontrolle im Mediensektor zu behaupten. Daya K. Thussu[13] hat die partikularen Widerstände gegen globale Medienimperien beschrieben. Colin Sparks[14] vertritt den Standpunkt, dass die internationale und globale Nutzung des Satellitenfernsehens ein von der Wissenschaft viel zu stark beachtetes Phänomen ist, da es an den nationalen Konsumgewohnheiten der Menschheit wenig geändert hat. James Curran und Myung-Jin Park[15] haben davor gewarnt, die von Anthony Giddens und anderen propagierte Vorstellung vom Ende der Ära des Nationalstaats zum Konsens- und Fokalpunkt der Medienanalyse zu erheben. Medienentwicklungen außerhalb Nordamerikas, Europas und Australiens sollten demnach in höherem Maß Beachtung finden und in die Theoriebildung einfließen. Die Globalisierung der Medien- und Kulturwissenschaft selbst, ihrer theoretischen Perspektiven und Forschungsgegenstände, befürworten auch Andreas Hepp, Friedrich Krotz und Carsten Winter.[16]

Betont realistische und skeptische Sichtweisen dieser Art finden bei den in der Globalisierungsdebatte weltweit Ton angebenden großen Disziplinen der Philosophen, Politologen und Soziologen nur wenig Beachtung. Die Medien- und Kommunikationswissenschaft ist ein relativ kleiner Wissenschaftsbereich, der einer „Enteignung" des Medienbegriffs durch die großen Fächer bislang mehr oder weniger hilflos zusehen musste. Zum Teil hat sich die Medienforschung wohl auch selbst zu stark von der Globalisierungseuphorie anstecken lassen, die ihrem eigenen Forschungsgegenstand, den Medien, eine so zentrale kulturelle Bedeutung für das 21. Jahrhundert zu verleihen scheint. Diese falsche Anpassung hat dazu geführt, dass auch in der Medien- und Kommunikationswissenschaft vielfach noch immer an naiven Konzepten wie dem „globalen Dorf", der „vernetzten Gesellschaft" oder der „Glokalisierung der Kultur" festgehalten wird – abstrakten Modellen, die im

---

13 Daya K. Thussu (Hrsg.), Electronic Empires. Global Media and Local Resistance, Oxford 1998.
14 Colin Sparks, Is there a Global Public Sphere?, in: Daya K. Thussu (Hrsg.), Electronic Empires. Global Media and Local Resistance, Oxford 1998, S. 108-124; ders., The Global, the Local and the Public Sphere, in: Georgette Wang/Jan Servaes/Anura Goonasekera (Hrsg.), The New Communications Landscape. Demystifying Media Globalization, London/New York 2000, S. 74-95.
15 James Curran/Myung-Jin Park, Beyond Globalization Theory, in: dies. (Hrsg.), De-Westernizing Media Studies, London/New York 2000, S. 11.
16 Andreas Hepp/Friedrich Krotz/Carsten Winter, Einleitung, in: dies. (Hrsg.), Globalisierung der Medienkommunikation. Eine Einführung, Wiesbaden 2005, S. 5, 8 f.

Grunde mit wissenschaftlichen Mitteln nicht beschreib-, mess- oder beweisbar sind und daher gedankliche Fortschritte mehr behindern als befördern. Auch in der Kommunikationswissenschaft konnte man bislang ungestraft behaupten, dass das Ausmaß der gegenseitigen kulturellen Beeinflussung der Länder und Kulturen dieser Welt noch nie so groß gewesen sei wie heute;[17] oder dass die Integration der Mediensysteme noch nie so rasch vorangeschritten und der Einfluss der Medien auf die Politik so stark gewesen sei.[18] Aber welche Belege lassen sich dafür anführen, und wie lässt sich ein Einfluss auf den kulturellen Wandel anderer Gesellschaften eigentlich messen, vor allem, wenn man die komplizierten Prozesse der Indigenisierung und lokalen Anpassung in Rechnung stellt, die sowohl beim Import von Medien als auch bei der Konstruktion von Weltbildern in der Auslandsberichterstattung eine Rolle spielen?

Systematisierungsversuche des Feldes der Globalisierungslehre haben wiederholt gezeigt, dass weder empirische Klarheit herrscht, noch ein tragfähiges theoretisches Konzept vorhanden ist.[19] Was die Empirie betrifft, so wird man wohl erkennen müssen, dass es hier „härtere" und „weichere" Zonen gibt. Kinofilmexporte lassen sich einfacher belegen als grenzüberschreitende Mediennutzung; die kulturelle Globalisierung des Unterhaltungswesens scheint ausgeprägter als die der politischen Kommunikation. Aber die Deutung von Empirie ist theorieabhängig. Je nachdem, wie hoch man etwa die Wirkung von Eliten im Rahmen der Entwicklung von Gesellschaften veranschlagt, wird man auch die Bedeutung der „Info-Eliten" einstufen müssen, die sich weltweit im Internet versammelt haben. Davon hängt ab, ob das grenzüberschreitende Internet wirklich eine signifikante kulturverändernde Wirkung hat.

Wenn „Globalisierung" zu einer „Allzweckphase" verkommt, wie F. J. Lechner und J. Boli befürchten,[20] muss man zu ihrer Ehrenrettung schreiten,

17 Cees Hamelink, Zit. nach John Tomlinson, Cultural Imperialism, in: Frank J. Lechner/John Boli (Hrsg.), The Globalization Reader, Oxford 2000, S. 312.
18 Annabelle Sreberny-Mohammadi/Dwayne Winseck/Jim McKenna/Oliver Boyd-Barrett (Hrsg.), Media in Global Context. A Reader, London et al. 1997, S. XIII-XIV, XV.
19 Marianne Beisheim/Gregor Walter, ‚Globalisierung' – Kinderkrankheiten eines Konzepts, in: Zeitschrift für internationale Beziehungen 4 (1997) 1, S. 175 f.; Joyce S. Osland, Broadening the Debate: The Pros and Cons of Globalization, in: Journal of Management Inquiry 12 (2003) 2, S. 137-154.
20 Frank J. Lechner/John Boli (Hrsg.), The Globalization Reader, Oxford 2000, S. 1.

denn wahrscheinlich braucht die Welt sogar positive Mythen dieser Art. Der Millenniums-Bericht der Vereinten Nationen an der Wende zum 21. Jahrhundert hat schließlich verdeutlicht, dass noch immer ein großer Teil der Menschheit in Armut und Unwissenheit lebt, und hier sind die Medien ein wichtiges Vehikel der Entwicklung. Aber die Trennung von normativen Vorgaben und realen Tatbeständen ist die nächste Herausforderung, um das Projekt der Globalisierung überlebensfähig zu machen. Die frühere Technophilie und der fiktionale Utopismus sind „out", sozial- und kulturwissenschaftliche empirische Kärnerarbeit und präzise Modellierung sind „in".

Das vorliegende Buch versucht auf der Basis einer theoretischen Systematisierung zu einer Bestandsaufnahme der wichtigsten Felder der grenzüberschreitenden Massenkommunikation einen Beitrag zu leisten. Zu den Untersuchungsgegenständen zählen neben der Auslandsberichterstattung, dem Satellitenfernsehen und dem Internet auch das Im- und Exportgeschäft mit Kino- und Fernsehfilmen, der Auslandsrundfunk sowie die internationale Mediennutzung durch Migranten. Beiträge über die Entwicklung des Medienkapitals und grenzüberschreitende Dimensionen der Medienpolitik ergänzen den Band. Die Arbeit stellt originäre Forschungsergebnisse des Autors vor, die dieser teilweise in anderen Zusammenhängen in den letzten zehn Jahren publiziert hat, sie enthält aber auch neue empirische Ergebnisse und setzt sich mit Befunden anderer Wissenschaftler auseinander. Neben den nordamerikanischen und europäischen Mediensystemen wird den Verhältnissen in Asien, Afrika und Lateinamerika erhöhte Aufmerksamkeit gewidmet.

1 Theorie – Strukturwandel der Weltöffentlichkeit?

Um eine Bilanz des internationalen und interkulturellen Wirkens so unterschiedlicher Medientypen und Berichterstattungsformen wie Fernsehen, Radio, Printmedien, Internet, direktempfangbarer Satellitenrundfunk, Auslandsrundfunk und Auslandsberichterstattung ziehen zu können, bedarf es eines klaren Theoriemodells. In der Globalisierungsliteratur, die sich mit Fragen der internationalen Kommunikation beschäftigt, sind Modellierungen jeglicher Art Mangelware. Manuel Castells berühmtes dreibändiges Werk „Das Informationszeitalter" kommt nahezu ohne grafische Modelle aus.[1] Das Gleiche gilt für einschlägige Textsammlungen auf diesem Gebiet.[2]

Merkmale und Begrifflichkeiten zur Beschreibung der Globalisierung der Massenkommunikation lassen sich unter Anlehnung an die Systemtheorie in drei Bereiche ordnen:

- Systemverbindung,
- Systemwandel,
- Systeminterdependenz.

Bevor die mit dem Begriff des Systems verbundenen Referenzbegriffe der „Verbindung", des „Wandels" und der „Interdependenz" näher erörtert werden, muss die verbreitete Mehrdeutigkeit des Systembegriffs selbst geklärt werden. Grenzüberschreitende Kommunikation wird in der Globalisierungsliteratur sehr unsystematisch teils als inter- und trans*nationale* teils als inter- und trans*kulturelle* Kommunikation bezeichnet. Grenzüberschreitend sind demnach diejenigen Prozesse des Informationsaustauschs, in deren Verlauf Systemgrenzen des Nationalstaats *oder* der Kultur überschritten werden.

---

1 Manuel Castells, Das Informationszeitalter, 3 Bde., Opladen 2001.
2 Vgl. u.a. Sreberny-Mohammadi et al. 1997; David Held/Anthony McGrew (Hrsg.), The Global Transformation Reader. An Introduction to the Globalization Debate, Cambridge et al. 2003; Andreas Hepp/Martin Löffelholz (Hrsg.), Grundlagentexte zur transkulturellen Kommunikation, Konstanz 2002.

Nahezu jeder globalisierungstheoretische Versuch der Gegenwart, der sich mit Fragen der Kommunikation beschäftigt, beruht auf diesen Entitäten. In der Regel ist es der Staat, manchmal aber sind es auch Kulturräume, gelegentlich als „Kulturkreise" bezeichnet, die im Vordergrund stehen. Die Idee der „Vernetzung" basiert auf der Annahme, dass die Welt eine Anzahl von Polen aufweist, die sich vernetzen lassen: ein Netz ist schließlich nichts ohne seine Knotenpunkte.

Dass es sich bei der Vorstellung der netzwerkartigen Kommunikation zwischen Akteuren, die Staaten oder Kulturen zugeordnet werden können, um eine problematische Konstruktion handelt, wird ersichtlich, wenn man bedenkt, dass diese Systempole im Prinzip gleichrangig sind und je nach Situation als Teilmengen voneinander betrachtet werden können. Staaten können Teile von Kulturen sein – und umgekehrt, so dass das entstehende Kommunikationsnetz einer Art Vexierbild zu gleichen scheint. Sind nun die Uiguren, eine muslimische Minderheit in Ostchina mit turkmenischer Herkunft und damit verwandt mit den Völkern Zentralasiens, wenn sie von China aus Medien jenseits der Landesgrenzen nutzen, als Akteure der *internationalen* Kommunikation anzusehen, oder liegt die Betonung auf der *interkulturellen* Kommunikation?

Ganz offensichtlich kommt es darauf an, welcher Aspekt der Analyse in den Vordergrund gerückt werden soll. Es bildet sich ein Netz mit mehreren Dimensionen. Der Ursprung dieser Verkomplizierung liegt darin, dass „Staat" und „Kultur" andere kommunikative Implikationen beinhalten, die ihre jeweilige Berechtigung haben. Während in dem einen Fall Kommunikation zwischen staatsrechtlich oder soziologisch beschreibbaren Akteuren (Regierungen, NGOs etc.) betrachtet wird, geht es im anderen Fall um den Austausch zwischen Subjekten und Gruppen in ihrer Eigenschaft als Träger sprachlich-historisch geprägter Normen, Lebensweisen und Traditionen. Dass beide Perspektiven wichtig sein können, zeigt sich spätestens dort, wo Staats- und Kulturgrenzen nicht identisch sind und die Identität der Kultur mit der Gewalt des Staates rivalisiert. Stämmische Kulturen in Afrika etwa reichen oft über Staatsgrenzen hinweg, was es um so sinnvoller erscheinen lässt, die grenzüberschreitenden Kommunikationsprozesse sowohl unter dem Aspekt ihrer Internationalität wie auch ihrer Interkulturalität zu betrachten.

Analytisch erschwerend kommt hinzu, dass es kulturelle Großräume gibt – der „Westen", „die islamische Welt", der indische Subkontinent, das lateinische oder das deutschsprachige Europa -, die erst mit Hilfe der Massenmedien über Staatsgrenzen hinweg zusammengehalten werden, was dem

Theoriemodell eine dritte Dimension der Regionalität hinzufügt. Eine Globalisierungsdebatte, die sich auf das „Lokale" und das „Globale" beschränken und das „Regionale" vernachlässigen würde, wäre unterkomplex. Die viel zitierten Einwandererkulturen, die grenzüberschreitend kommunizieren und „virtuelle Gemeinschaften" bilden, sind ein weiterer Beleg dafür, dass es sinnvoll ist, internationale und interkulturelle Kommunikation als Einheit zu untersuchen. Die heuristisch gedachte Einteilung in die Raumgrößen „global", „regional" und „lokal", die für die beiden Dimensionen des Staates und der Kultur relevant sind, wird durch Migration nicht konterkariert. Einwanderer kommunizieren ebenfalls entweder lokal, regional oder global, wenn auch im Vergleich zum sesshaften Menschen mit umgekehrten räumlichen Vorzeichen, da sich ihre lokale Kultur (ihre Heimat) sozusagen im globalen Raum befindet und sie erst langsam eine zweite Lokalität ausprägen können.

1.1 Systemverbindung

Phänomene der Systemverbindung, die in der Literatur zum Teil auch mit dem Begriff der Konnektivität (*interconnectedness*) bezeichnet werden, beschreiben Umfang, Geschwindigkeit und Intensität des internationalen oder interkulturellen Austauschs von Informationen. Zwischen den wie immer definierten Entitäten können Systemverbindungen durch verschiedene Kommunikationsweisen hergestellt werden. Neben der mediatisierten interpersonalen Kommunikation (Telefon, E-Mail, Brief, Fax etc.) sind folgende Bereiche der Kommunikation mit Hilfe von Massenmedien zu unterscheiden (Abb.1):

a.   der direkte Zugriff auf Kommunikationsangebote eines anderen Landes/einer anderen Kultur (Internet; direktempfangbarer Satellitenrundfunk; Auslandsrundfunk; Im-/Export von Medien);

b.   der durch den Journalismus vermittelte Zugang zu Informationen und Zusammenhängen eines anderen Landes/anderen Kulturraums (Auslandsberichterstattung in Fernsehen, Radio, Presse; entsprechende Medienangebote im Internet).

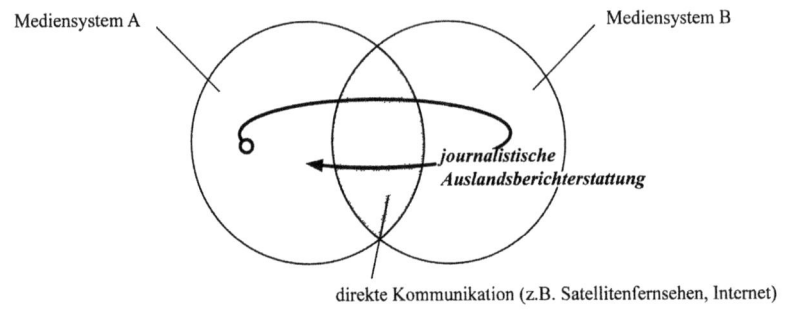

Quelle: Eigene Darstellung

Auch wenn diese Aufzählung nicht vollständig ist, so erkennt man dennoch, dass die direkten Zugriffswege grenzüberschreitender Kommunikation in der Mehrzahl sind. Prägend für die Globalisierungsdebatte des letzten Jahrzehnts war daher auch, dass die Zahl der Übertragungswege und des Informationsaustauschs über Grenzen hinweg stark angestiegen ist. Die „Neuen Medien" geben seit den neunziger Jahren in der gesamten Debatte den Ton an, was eine Schieflage der Diskussion erzeugt hat, da die „Alten Medien" weitgehend außer Acht gelassen werden. Insbesondere die Rolle der Auslandsberichterstattung im Prozess der Globalisierung wird nirgends systematisch behandelt. Die technisch mögliche direkte Verschränkung von nationalen Medienräumen, die man bis dahin nur durch die Botendienste des Auslandsjournalismus wahrnehmen konnte, hat sich als ein die Forschung irritierendes Faszinosum erwiesen.

Da jedoch überhaupt nicht gesichert ist, dass die Neuen Medien, ungeachtet ihrer vielen neuen Ausprägungen, die Prozesse der Globalisierung stärker prägen als der nationale Journalismus und die Auslandsberichterstattung, muss jeder Theorieentwurf beide Bereiche berücksichtigen. Mit dem Aufkommen der Neuen Medien und der zunehmenden Informationsflut durch das Internet ist die Bedeutung des vermittelnden Journalismus keineswegs gesunken. Nicht nur repräsentieren auch die über Satellit und Kabel abrufbaren ausländischen Medien eine Form des Journalismus, wenn auch eine, die außerhalb des eigenen Mediensystems entsteht, was für den ausländischen Nutzer bedeutet, dass er einen direkten Zugriff auf ein anderes Mediensystem erhält. Das Internet hat auch den heimischen Journalismus nicht verdrängen können, sondern journalistische Vermittlung ist gerade in Zeiten wachsender Informationsmengen von immer größerer Bedeutung für die Lebensökonomie des Menschen. Die Auslandsberichterstattung nationaler Medien ist allenfalls für kleine Informationseliten durch Informationsangebote im Internet ersetzbar.

Die konkrete Ausprägung der Systemverbundenheit über die Neuen Medien ist von einer Vielzahl von Parametern technischer, sozio-ökonomischer und kultureller Natur abhängig:

- *technische Reichweiten und sozio-ökonomische Implikationen der Medientechnik*: Die Nationalstaaten und Kulturräume der Erde sind durch sehr unterschiedliche technische Sende- und Empfangsmöglichkeiten im Bereich des Satellitenrundfunks geprägt, abhängig von den jeweils herrschenden politischen und finanziellen Rahmenbedingungen. Gleiches gilt für das Internet, wo ungeachtet der starken Zunahme der Zahl der Anschlüsse ein „digitaler Graben" vor allem zwischen Industriestaaten und Entwicklungsländern besteht, der die Konnektivität erheblich einschränkt.

- *Nutzerreichweiten*: In der Debatte über die Globalisierung der Medien wird allzu oft nicht zwischen technischen Reichweiten und Nutzerreichweiten unterschieden. Die Zahl derjenigen, die eine Technik nutzen, liegt *per se* unterhalb des technischen Nutzungspotentials – und die grenzüberschreitende Nutzung ist eben nur *eine* Variante der Nutzanwendungen der Neuen Medien, von der nicht ohne weiteres angenommen werden kann, dass sie die primäre Form ist. Normative Zielsetzungen der Globalisierung sollten den Blick nicht für die Tatsache verstellen, dass das Internet möglicherweise ein verkanntes Medium ist, das weitaus eher der Intensivierung lokaler Verbindungen (E-Commerce usw.) als der Schaffung grenzüberschreitender Netzwerke dient.

- *Sprach- und Kulturkompetenz*: Mit Menschen in anderen Staaten und Kulturräumen zu kommunizieren oder deren Medien zu nutzen, setzt in der Regel Sprachkompetenzen voraus, über die nur Minderheiten einer jeden Bevölkerung verfügen. Um grenzüberschreitende Systemverbindungen nicht von vornherein als marginal abzutun, ist es erforderlich, zwischen verschiedenen Nutzergruppen – Globalisierungseliten und -peripherien – zu unterscheiden. Zweifelsohne ist Konnektivität auch von der Beschaffenheit der Kommunikationsbotschaft abhängig. Musik,

Bild, Text – hinter dieser Reihung steckt eine Art Zauberformel der Globalisierung. Musik dürfte die größte, das Bild wohl eine mittlere globale Verbreitung finden (z.B. Pressefotografie oder die Bilder von CNN, die auch Nutzern zugänglich sind, die kein Englisch verstehen), während die meisten Texte auf Grund sprachlicher Hürden nur eine geringe internationale Resonanz erzeugen. Mit dieser Frage steht und fällt die Einschätzung der globalen Konnektivität als einer mehr oder weniger *kontextualisierten* Globalisierung. Bilder sprechen nicht für sich selbst, sondern sie bedürfen des erklärenden Textes, um authentische Botschaften zu transportieren – und es ist fraglich, in welchem Umfang solche Botschaften Grenzen überwinden können.

Zur Systemverbundenheit im Bereich der Auslandsberichterstattung muss die Größe von Sendeplätzen, müssen auch Platzkapazitäten des Auslandsressorts im Printbereich, die Qualität und Zahl technischer Leitungen und Korrespondentennetzwerke gerechnet werden, d.h. alle Ressourcen, die Einfluss auf die Präsenz anderer Länder und Kulturen in den Medien des eigenen Landes ausüben. Auslandsberichterstattung war von jeher ein Kampf gegen die Unterversorgung vor allem im Bereich von Mitarbeitern und Finanzen. Selbst die größten deutschen Medien verfügen beispielsweise nicht über mehr als einen bis zwei feste Korrespondenten in Afrika, einem Kontinent mit mehr als fünfzig Staaten. CNN, der scheinbar globale Vorzeigesender, hat nicht mehr als ein paar Dutzend fester Korrespondenten.

Man muss sich den Auslandsjournalismus als eine virtuelle Irrfahrt vorstellen. Mehr als der Inlandsjournalismus kämpft er täglich mit der Reduktion der Masse an berichtenswerten Nachrichten aus den über zweihundert Staaten der Welt. Die Annahme einer global durch die Medien verbundenen Welt müsste im Prinzip von einer ständigen Zunahme der gemeinsam in verschiedenen Mediensystemen verarbeiteten Themen ausgehen. Mehr noch, auch die Argumentationsmuster, die hierbei Verwendung finden, müssten „Grenzen überschreiten", d.h. die homogenen nationalen Diskurse mit ihren ganz eigenen Sichtweisen auf internationale Fragen müssten sich zunehmend für Themen und Frames anderer nationaler Diskurse öffnen (was nicht gleichzusetzen ist mit einer Vereinheitlichung der Meinungslage, denn eine solche wäre eine weiterentwickelte Form der kulturellen Veränderung und

Herausbildung einer globalen „Superkultur", die theoretisch ein eigenes Kapitel darstellt (vgl. Kap. 2.2)).[3]

Für eine Steigerung der Konnektivität der journalistischen Systeme dieser Welt sind die Ressourcenausstattungen der Medien eine ebenso wichtige Voraussetzung wie die Sprach- und Kulturkompetenz der Journalisten.[4] Die Frage der Systemverbundenheit des Journalismus stellt sich unter dem Vorzeichen der Globalisierung in mancher Hinsicht neu. Neben dem Szenario eines Verdrängungswettbewerbs der Medien, wie oben beschrieben, kann ein multimediales Zusammenwirken auch qualitätssteigernd auf jedes einzelne Medium wirken. Das Internet als Quelle des Journalismus ist wohl das Paradebeispiel, aber auch hier gilt es, theoretisch zwischen *technisch möglicher* und *tatsächlich praktizierter* Nutzung zu unterscheiden.

Systemverbindung kann schließlich in der globalen Kommunikation nicht allein zwischen Produzenten und Konsumenten unterschiedlicher Nationalstaaten und Kulturräume – also *inter*national und *inter*kulturell –, sondern auch über ein *trans*nationales (bzw. -kulturelles) Mediensystem erfolgen. Medien und Medienunternehmen besäßen hier keine eindeutige nationale Basis mehr, sondern träten als „global player" in Erscheinung. Die Vorstellung einer kommunikativ verbundenen Welt basiert auf der Annahme, die Globalisierung sei mehr als die Summe der Verbindung zwischen ihren Einzelteilen. Der Systemaufbau der globalen Medienlandschaft würde sich insofern verändern, als sich neue Teilsysteme ähnlich den Vereinten Nationen oder großer Nichtregierungsorganisationen wie *Greenpeace* auch im Medienbereich herausbilden müssten. Auch die Medien sind prinzipiell zur Transnationalisierung fähig, so dass neben untereinander vernetzten nationalen Systemen zusätzlich ein globales Zweitsystem entstehen könnte (Abb.2).

---

3 Vgl. Kai Hafez, Die politische Dimension der Auslandsberichterstattung, Bd. 1, Baden-Baden 2002a, S. 35 ff.
4 Vgl. ebenda, S. 72 ff. u. 88 ff.

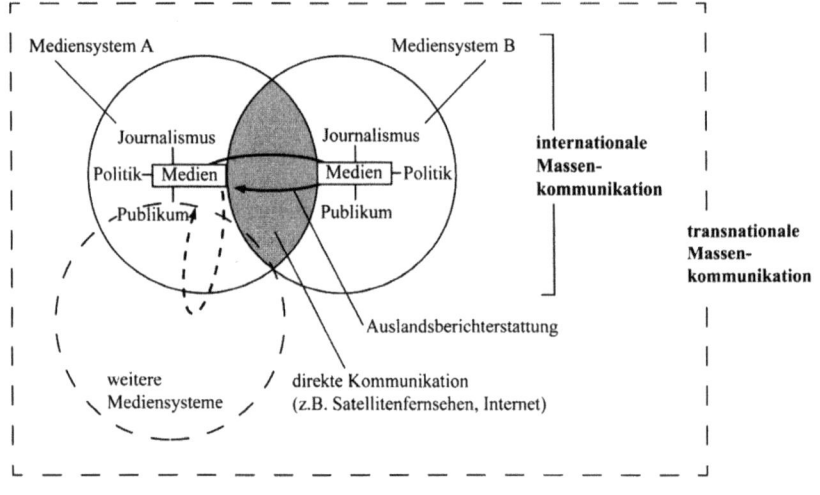

Die Vorstellungen davon, was ein solches transnationales Mediensystem ausmacht, sind allerdings in der Gegenwart noch sehr nebulös, denn neben einigen von den großen transnationalen Handelsorganisationen wie der *World Trade Organization* (WTO) ins Leben gerufenen globalen Abkommen (etwa im Bereich des Copyrightschutzes, vgl. Kap. 8.1) gibt es nur wenige transnational agierende Konzerne, die als „global player" bezeichnet werden können. Ungeachtet der Existenz solcher Unternehmen sind transnationale Medien, also entsprechende Programme und Formate, äußerst rar. CNN, das häufig zitierte Paradebeispiel für ein globales Leitmedium, das den weltweiten politischen Gedankenaustausch durch die Konzentration auf ein transnationales Programm fördert, scheint dieser Vision am nächsten zu kommen, aber auch dieser Fall ist problematisch, denn CNN ist kein einheitliches Programm, sondern besteht aus zahlreichen kontinentalen „Fenstern", so dass es im Grunde viele „CNNs" gibt, aber kein globales Vollprogramm. Durch die Vervielfachung von Satellitenprogrammen in der letzten Dekade hat CNN seine herausgehobene Stellung verloren und ist nunmehr lediglich eine dezentralisierte Variante eines amerikanischen Fernsehprogrammangebots, dessen Herkunftsbasis in Agenda und Framing gut erkennbar bleibt. CNN ist eher eine Mischung aus Charakteristika des amerikanischen und des Zielsystems des jeweiligen Fensters, also bestenfalls ein multinationales, aber kein globales Programm.

In Ermangelung konkreter Vorbilder bleibt ein transnationales Mediensystem noch weitgehend eine Utopie. Erkennbar ist, dass einzelne große nationale Mediensysteme wie das amerikanische oder binationale Programme wie der deutsch-französische Sender *Arte* eine ergänzende, keinesfalls aber eine substituierende Funktion übernehmen können und dass die Entwicklung einer Formenvielfalt auf dem Gebiet transnationaler Medien noch weitgehend aussteht.

1.2 Systemwandel

Im zweiten Theoriebereich geht es nicht mehr darum, Umfang und Art der grenzüberschreitenden Kommunikation mit Hilfe von Massenmedien zu erfassen, sondern man versucht zu ermitteln, ob diese Prozesse der Grenzüberschreitung bedeutsam genug sind, um Veränderungen in den politischen, gesellschaftlichen und kulturellen Systemen der beteiligten Länder hervorzurufen. Sind die Interaktionen so geartet, dass sie von den Empfängersystemen nicht einfach „domestiziert" werden, sondern diese substantiell beeinflussen und verändern?

Für die beiden großen Bereiche der Konnektivität – die direkte Kommunikation durch Neue Medien und die vermittelnde Kommunikation durch den Journalismus – muss geklärt werden,

a. ob im Prozess der grenzüberschreitenden Kommunikation durch das Internet, den Satellitenrundfunk, den Auslandsrundfunk oder durch Medienim- und -exporte Empfängerkulturen durch Senderkulturen verändert werden; und

b. ob die von den nationalen Journalismussystemen an die eigenen Bevölkerungen weitervermittelten Medieninhalte der Auslandsberichterstattung die Voraussetzung für eine kulturelle Veränderung der Weltbilder und Einstellungen der Empfängerkulturen erfüllen.

Drei Formen des kulturellen Wandels werden in der Globalisierungsdebatte immer wieder genannt:

- die Übernahme der „anderen" Kultur (vor allem in Form der „ver-
westlichten" Globalisierung);
- die Entstehung von „glokalisierten" Mischkulturen (Robertson)[5], die
gleichermaßen von globalen und lokalen Elementen beeinflusst sind;
- die Revitalisierung traditionaler und anderer lokaler Kulturen als Reaktion auf die Globalisierung.

Es liegt in der Natur von theoretischen Begriffen, die nicht einmal annähernd
erklären können, was unter ihren Kernbegriffen „global", „glokal" oder „lokal" im Einzelnen zu verstehen ist, weil ein operationalisierbares Erklärungs-
system fehlt, dass sie den theoretischen Fortschritt eher behindern als fördern. Dennoch hat sich die Dreiteilung als eine Art Minimalkonsens der
Globalisierungsdebatte durchgesetzt, weil sie versucht, die Bedeutung äuße-
rer Einflüsse für den internen Wandel zu erfassen. Das größte Problem besteht nicht darin, externe globale oder interne traditionale Kulturgrößen zu
bestimmen, sondern Inhalt und Dynamik der Mischkategorie „Glokalisierung" zu ermitteln. Wie werden Mischkulturen „vermessen", wie der Anteil
interner und externer Einflüsse bestimmt? Ist fernöstliche Popmusik tatsächlich ein Ausweis der Bewegung einer nationalen oder regionalen Kultur in
Richtung globaler Anschlussfähigkeit? Oder ist ihr eigentlicher Charakter der
einer lokalen Modernisierung, mit erkennbaren globalen Einflüssen zwar,
aber doch primär lokal verwendbar und kaum „re-exportierbar"?
    Es ist an dieser Stelle wichtig, die zeitliche Dynamik und den in allen
Gesellschaften und Kulturen bekannten Wechsel von Aufnahmebereitschaft
für und Abschottung *gegen* äußere Einflüsse zu berücksichtigen. David Held,
Anthony McGrew, David Goldblatt und Jonathan Perraton haben beispielsweise völlig zu Recht Formen der transparenten und hermetischen Regionalisierung unterschieden.[6] Globale Einflüsse können von Nationalstaaten oder

---

5 Roland Robertson, Globalization or Glocalization?, in: Journal of International
Communication 1 (1994a) 1, S. 33-52; ders., Mapping the Global Condition: Globalization as the Central Concept, in: Mike Featherstone (Hrsg.), Global Culture: Nationalism, Globalization and Modernity, London/Newbury Park 1994b, S. 15-30;
vgl. a. Marwan M. Kraidy, Glocalisation. An International Communication Framework?, in: Journal of International Communication 9 (2003) 2, S. 29-49.
6 David Held/Anthony McGrew/David Goldblatt/Jonathan Perraton, Rethinking
Globalization, in: David Held/Anthony McGrew (Hrsg.), The Global Transforma-

regionalen Kulturen aufgenommen werden, um in Prozessen der hochgradig selbst gesteuerten Modernisierung neue Formen der Lokalität zu entwickeln, wobei die äußeren kulturellen Formen häufig Ähnlichkeiten mit globalen Vorbildern haben, in Wirklichkeit aber einer in allen Kulturen präsenten Rationalisierungslogik folgen, die keineswegs globalisierungsverträglich sein muss. Anders ausgedrückt: die Glokalisierung kann langfristig die Lokalkultur fördern und ist nicht zwangsläufig eine Stufe auf dem Weg zu einer globalen „Superkultur" (Lull).[7]

Es ist daher wenig sinnvoll, konzentrischen Vorstellungen anzuhängen, wonach das Nationale und das Regionale lediglich konstitutive Teilmengen des Globalen sind. Weit verbreitete politische Losungen wie „Think global, act local" oder von einem „Europa der Regionen" sind Ausdruck eines Mythos der Globalisierung, in dem den Wandlungsprozessen dieser Erde eine geradezu künstliche Ordnung verpasst wird, ohne das zumindest ebenso wichtige Moment eines *möglicherweise auf Dauer* wirksamen Modernisierungswettstreits und Konflikts zwischen den lokalen Systemen dieser Erde zu benennen.

Aus theoretischer Sicht darf auch nicht außer Acht gelassen werden, dass bislang völlig ungeklärt ist, inwieweit grenzüberschreitende Massenkommunikation überhaupt geeignet ist, Gesellschaften und Systeme umfassend zu repräsentieren. Wenn man davon ausgeht, dass jede Form der Medienvermittlung nur einen begrenzten Ausschnitt gesellschaftlicher Entwicklungen darstellt und zudem eigene „virtuelle" Kulturen geschaffen werden, die außerhalb der Medien nicht bedeutsam sein müssen, während andere Subsysteme wie die Wissenschaft, die Kunst, die Literatur und die gesamte „Alltagskultur" in den Medien kaum vorkommen, so ist unmittelbar einsichtig, dass Wandel auch an den Medien vorbei und möglicherweise mit ganz anderen globalen oder lokalen Implikationen vollzogen wird. Der durch Massenmedien ermöglichte Kulturkontakt basiert also auf einem medial gefilterten und imaginierten Desiderat, dessen Bedeutung erst in einer größeren Zusammenhangsanalyse der Globalisierung verdeutlicht werden könnte.

Dennoch bergen Medien das Potenzial einer Systemveränderung, und die einzelnen Medien unterscheiden sich hier zum Teil erheblich. Die sys-

---

tions Reader. An Introduction to the Globalization Debate, Cambridge et al. 2000, S. 68.

7 James Lull, Superkultur, in: Andreas Hepp/Martin Löffelholz (Hrsg.), Grundlagentexte zur transkulturellen Kommunikation, Konstanz 2002, S. 750-773.

temverändernden Wirkungsfelder des Internets sind vielfältig, weil das Netz eine für die Massenmedien untypische Prägung besitzt. Es repräsentiert Individual- wie Massenkultur, Wissenschaft, Kunst, Business, Entertainment und politische Information. Das Internet weist die höchste kulturelle Speicherkapazität und Flexibilität auf. Es ist zugleich schnell und speichert kulturelles Wissen dennoch langfristig, anders als das flüchtige Medium Fernsehen. Hochdifferenzierte Wissenskulturen können auf diese Art Grenzen überschreiten.

Das Internet kann alternative Öffentlichkeiten stiften. Es kann politische Akteure und Oppositionslandschaften weltweit zu einer „globalen Zivilgesellschaft" (*global civil society*) vereinen. Der CIA-Bericht „Global Trends 2015" aus dem Jahr 2000 prognostizierte neue Herausforderungen für die nationale und die internationale Politik. Der Bericht geht davon aus, dass der Nationalstaat zwar der wichtigste politische Akteur bleibt, dass seine Leistungsfähigkeit aber daran gemessen wird, wie er die Globalisierung meistert und wie er sich mit einer zunehmend artikulierten und organisierten Zivilgesellschaft weltweit arrangiert. Die Kompetenz der Zivilgesellschaften zur Lösung der Probleme ist demnach oft höher als die von Regierungen und sie werden daher immer mehr gesellschaftliche Aufgaben übernehmen. Einer wachsenden Zahl von internationalen und nationalen Non-Profit-Organisationen im Erziehungs-, Gesundheits- und Sozialsektor sagt der Bericht voraus, dass sie die klassische Arbeitsteilung zwischen dem Staat, der die Rahmenbedingungen der Politikgestaltung setzt und die Bürger repräsentiert, und der Gesellschaft, die auf eine der Politikgestaltung vorgeordnete Meinungsbildung und auf konstituierende Wahlen beschränkt bleibt, zunehmend aufbrechen werden.[8]

Diese geradezu kommunitaristisch anmutende Prognose eines amerikanischen Geheimdienstes hat einen Rückschlag durch die Attentate des 11. September 2001 auf das *World Trade Center* und das *Pentagon* erleben müssen. Nicht zuletzt durch Versäumnisse der Geheimdienste selbst, die die Planung der Attentate trotz vorhandener Informationen nicht bemerkten, interveniert der Staat weltweit wieder stärker in das Privatleben des Bürgers (*Patriotic Act* in den USA usw.). Um so bedeutsamer, so könnte man argumentieren, wird das Internet in seiner Funktion als Plattform zur Artikulation und Formierung des Bürgerwillens, zur Bildung von zivilen Netzwerken und

---

8 Global Trends 2015: A Dialogue about the Future with Nongovernment Experts http://www.cia.gov/cia/reports/globaltrends2015 (28. März 2005).

sogar zur politischen Mobilisierung.[9] Dabei entbehrt es nicht einer gewissen Absurdität, dass die vielleicht bedeutendste *transnationale* Bewegung, die mit dem Internet identifiziert wird, ausgerechnet die sogenannte „Anti-Globalisierungsbewegung" (*Attac* u.a.) ist.

Im Vergleich zum Internet ist der direktempfangbare Satellitenrundfunk angesichts der in der Regel kommerziellen, staatlichen oder öffentlich-rechtlichen Strukturen, auf denen Fernsehen und Radio weltweit basieren, ein geradezu elitäres Medium mit hohen Zugangshürden der Artikulation und ausgeprägten journalistischen Selektionsmechanismen. Der komparative Vorteil des Satellitenrundfunks liegt gleichwohl darin, dass auch grenzüber-schreitend in kurzer Zeit große Öffentlichkeiten entstehen können. Während das Internet in unzählige Teilöffentlichkeiten zerfällt, die nur durch politi-sche Organisationen und Netze im Alltag gebündelt werden können, stellt insbesondere die internationale und interkulturelle Nutzung von Fernsehpro-grammen eine echte Herausforderung für nationale Öffentlichkeiten dar. Der von Jürgen Habermas beschriebene „Strukturwandel der Öffentlichkeit"[10] im 19. Jahrhundert, den er als Formierung des bürgerlichen Raisonnements sich entwickelnder Demokratien beschreibt, erhält weitere – multinationale, transnationale, globale – Ebenen und wächst möglicherweise über die engen Grenzen des Nationalstaats hinaus.

Bildet sich durch die Medien eine „Weltöffentlichkeit", eine *global public sphere*, wie ein verbreiteter Kernbegriff der Globalisierungsdebatte meint?[11] Das mittlerweile bereits klassische Referenzmedium für diese These ist CNN, das aber, wie bereits dargelegt, durch seine starke Bindung einer-seits an das amerikanische und andererseits an das Zielsystem der regionalen Fenster eher einer bi- oder multinationalen als einer wahrhaft globalen Dis-kursplattform gleicht. Und wie ist es erst um die globale Eignung der mitt-lerweile Tausenden anderen über Satelliten empfangbaren Programme be-stellt, und mit welchem Nutzungsverhalten steht es in Verbindung?

Dass es bei diesen Fragen nicht allein um eine philantropische Utopie, sondern auch um eine Entwicklung mit realpolitischem Hintergrund handelt,

---

9 Kathryn Sikkink/Margaret E. Keck, Activists beyond Borders: Advocacy Net-works in International Politics, Ithaca, NY 1998.
10 Jürgen Habermas, Strukturwandel der Öffentlichkeit, Frankfurt 1990 (Orig. 1962).
11 Ingrid Volkmer, News in the Global Sphere. A Study of CNN and its Impact on Global Communication, Luton 1999.

hat gerade die US-amerikanische Wissenschaft vielfach behauptet. Unter dem Schlagwort der „Mediendiplomatie" (*Media Diplomacy*) wurde die Befähigung von Medien gefasst, quasi stellvertretend für die Öffentlichkeit und die Bevölkerungen der Erde in die oft festgefahrene und konflikthaltige traditionelle Diplomatie zwischen den Staaten zu intervenieren. Eine solche Funktion kann durch eindeutig national basierte Sender ausgeübt werden (ARD, ZDF etc.), sollte im Idealfall aber durch Formate mit transnationaler Ausrichtung übernommen werden. Mediendiplomatie ist daher auch vielfach als „CNN-Effekt" bezeichnet worden, dem sich in jüngeren Jahren allerdings andere Modelle wie der „Al-Jazeera-Effekt" zugesellten (vgl. Kap. 2.4 und 3.4). In allen Fällen wird suggeriert, dass die Medien globale Ausstrahlungskraft und Zentralität besitzen, also innerhalb ihrer jeweiligen – westlichen oder arabischen – Sphäre herausgehoben sind und daher über beste Voraussetzungen verfügen, politikverändernd in internationalen Konflikten zu wirken.

Eine Vorstellung von wahrhaft visionärer Kraft, bedeutet der CNN-Effekt doch nichts anderes, als dass es endlich einen Weg geben könnte, das alte Sprichwort, dass es Politiker aber nicht Völker sind, die Kriege machen, in die Tat umzusetzen und durch Medien friedenspolitisch zu wirken. Nicht genug, dass die klassische staatliche Diplomatie von immer neuen NGOs durch eine Paralleldiplomatie der organisierten Öffentlichkeit und Lobbyisten ergänzt wird. Auch die schweigende Mehrheit könnte, vertreten durch einen an der Demoskopie orientierten und demokratiebewussten Journalismus, direkt in die Konfliktlagen eingreifen. Doch die Tatsache, dass die Zahl der Gewaltkonflikte weltweit nicht dauerhaft abnimmt, lässt Zweifel am Realitätsgehalt dieser Vorstellung aufkommen.

Wovon eine ganze Wissenschaft mehr als ein Jahrzehnt geschwärmt hat – wo ist es Wirklichkeit geworden? Hier werfen nicht nur methodische Probleme der Messbarkeit von Medienwirkungen noch zahlreiche Fragen auf, sondern auch die gleichzeitig zunehmende Tendenz einer Forcierung staatlicher Öffentlichkeitsarbeit (*Public Diplomacy*), die seit dem zweiten Golfkrieg von 1991 und der Einrichtung der amerikanischen und britischen Informationspools bis zum „eingebetteten Journalismus" (*Embedded Journalism*) des dritten Golfkriegs von 2003 immer neue Blüten treibt. Man fragt sich, wer den Wettlauf gewinnen wird: das nach Unabhängigkeit und politischem Einfluss strebende Fernsehen oder der sich medial selbst behauptende Staat, der jedes Medium – das Internet ebenso wie das Satellitenfernsehen – in seine propagandistischen Konzepte einbindet. Wird es den Medien gelingen, die Ära einer die politischen Systeme abschottenden Berichterstattung zu beenden, in der jeder Gegner mit Feindbildern belegt wurde, die noch jeden Krieg, vor allem die Weltkriege des letzten Jahrhunderts, begleitet haben?

Als ein typisches Rudiment der vor-globalen, auf Nationalstaaten zentrierten Massenkommunikation erscheint auf den ersten Blick der Auslandsrundfunk. Die von vielen Staaten in zahlreichen Sprachen verfassten Radio- und Fernsehbotschaften für das Ausland haben aber ungeachtet ihres häufig propagandistischen Zuschnitts dennoch einen unübersehbaren Charme, der sie selbst für eine normativ geladene Globalisierungsdebatte attraktiv sein lässt: sie überwinden Sprach- und Kulturklüfte, die bei direktempfangbarem Satellitenfernsehen weiterhin bestehen (vgl. Kap. 1.1). Klassikern des Zweiten Weltkrieges und des Kalten Krieges wie *Radio Free Europe* wurde nach dem Ende des Ost-West-Konflikts zwar ihr nahes Ende vorausgesagt. Aber Totgesagte leben länger, und der Auslandsrundfunk ist gegenwärtig in vielen Staaten vitaler als je zuvor, wenngleich völlig unklar ist, in welche Richtung seine weitere Entwicklung gehen wird. Zwar sind in den meisten Staaten staatliche Trägerstrukturen noch sehr ausgeprägt, so dass der Auslandsrundfunk in den meisten Fällen zum Transfermedium für *Public Diplomacy* in Krisenregionen wird.

Das Medium eignet sich aber in theoretischer Hinsicht auch für „Feedback-Schlaufen" und dialogische Journalismusformen.[12] So können etwa Informationen über das politische Geschehen in autoritären Staaten über den Umweg des Auslandsrundfunks eines anderen Staates an die Bevölkerung zurückvermittelt werden, was bedeutet, dass der Auslandsrundfunk kompensatorische Funktionen für Defizite in anderen Mediensystemen übernehmen kann, und zwar auf Grund seiner sprachlichen Eignung und zielgenauen Einstellung auf ausländische Sendegebiete sehr viel massenwirksamer als viele Neue Medien dies vermögen. Auch die Etablierung von Dialogen zwischen dem Sender- und Empfängerland ist möglich, setzt aber einen entsprechenden öffentlich-rechtlichen Auftrag und eine Transformation des Staatseigentumsmodells voraus.

Ob die Auslandsberichterstattung national basierter Medien Teil einer globalen Öffentlichkeit sein kann, ist umstritten. Interpretationen können sehr grob unter den Begriffen „Konversionstheorie" und „Domestizierungs-

---

12 Jo Groebel, Die Rolle des Auslandsrundfunks. Eine vergleichende Analyse der Erfahrungen und Trends in fünf Ländern, Bonn: Friedrich-Ebert-Stiftung 2000.

theorie" gruppiert werden. Der *locus classicus* der Konversionstheorie ist Marshall McLuhans Ansatz des „globalen Dorfes" (*global village*), wonach insbesondere die Massenmedien als eine derart perfektionierte Form der technischen Erweiterung des menschlichen Sinnesapparates betrachtet werden, so dass für das 21. Jahrhundert die Realisierung eines kollektiven globalen Bewusstseins prognostiziert wird.[13] McLuhans Arbeit hat auch in späten Werken der Modernisierungstheorie konversionstheoretische Spuren hinterlassen, etwa wenn dort angenommen wird, dass mit dem quantitativen Ausbau globaler Kommunikationsbeziehungen das Informationsniveau in den Medien steigt, partikulare Auslands- und Weltbilder abgebaut und internationale Konflikte minimiert werden.[14]

Kritiker konversionstheoretischer Betrachtungen haben moniert, dass diese die Globalisierungstendenzen der Massenkommunikation überbewerten, indem sie die zunehmende technische Vernetzung und ökonomische Transnationalisierung mit der Universalisierung von Medieninhalten gleichsetzen und politische, ideologische oder kulturelle Partikulareinflüsse der Auslandsberichterstattung lokal, national wie international operierender Medien unterbewerten.[15] Dabei hat sich die Annahme einer „Domestizierung" der Auslandsberichterstattung als idealtypisches Gegenbild zur (konversiven) Globalisierung herauskristallisiert. Die empirisch gestützte Erkenntnis, dass dasselbe Ereignis, aufbereitet auf der Basis derselben Informationsquellen, in unterschiedlichen nationalen Mediensystemen in stark abweichenden und teilweise sogar gegensätzlichen Darstellungen münden kann, spricht dafür, dass partikulare politische, gesellschaftliche, organisatorische sowie religiöskulturelle Einflüsse auf die Auslandsberichterstattung einer Homogenisierung der Weltbilder, wie sie der Konversionstheorie vorschwebt, grundsätzlich im Wege stehen.[16] Während also aus Sicht der Konversionstheorie die

---

13 Marshall McLuhan, Die magischen Kanäle/"Understanding Media", Düsseldorf et al.1992.

14 Ithiel de Sola Pool, Technologies without Boundaries. On Telecommunications in a Global Age, Cambridge 1990, S. 132-137.

15 Zum Zusammenhang zwischen Auslandsberichterstattung und Globalisierung vgl. Kai Hafez, International News Coverage and the Problems of Media Globalization. In Search of a „New Global-Local Nexus", in: Innovation. The European Journal of Social Sciences 12 (1999b) 1, S. 47-62.

16 Michael Gurevitch/Mark R. Levy/Itzhak Roeh, The Global Newsroom. Convergences and Diversities in the Globalization of Television News, in: Peter Dahl-

Vermittlungsleistung der Auslandsberichterstattung in einem Auslandsbild mündet, das Aspekte des Ursprungs- und des Ziellandes der Auslandsberichterstattung vereint, spiegeln sich aus der Perspektive der Domestizierungstheorie in hohem Maß Einflüsse der Journalisten und des Medien- und Gesellschaftssystems wider, für das die Auslandsberichterstattung produziert wird.

Eine globale Öffentlichkeit, die sich nicht allein in „Schlüssellochguckerei" in ausländische Programme über Satellitenempfang erschöpft, sondern die *eigenen, heimatlichen* Medien und deren Weltbilder einbezieht, müsste eine Vielzahl nationaler Diskurse vereinen, um sich wahrhaft „global" nennen zu dürfen. Die technischen Voraussetzungen zur Zusammenführung nationaler Diskurse in der Auslandsberichterstattung sind dabei durchaus gegeben, zumal die Medien dieser Erde in hohem Maß im Internet präsent sind und eine medienkonvergente Zusammenführung der Perspektiven organisierbar wäre; aber solche Versuche können leicht an den Grenzen der Sprachkompetenz, des Bewusstseinsstandes und der Ressourcen „Geld" und „Zeit" scheitern.

Die Ressourcenbasis der Massenkommunikation aber ist es, die als dritte Einflussgröße des Systemwandels unbedingt berücksichtigt werden muss. Nicht allein die Akteure der „globalen Zivilgesellschaft" und die Art ihres Diskurses („globale Öffentlichkeit"), sondern auch die strukturellen Grundlagen für die Diskursentwicklung sind Teil der theoretischen Grundlagen. Massenkommunikation erfolgt nicht voraussetzungslos, sondern basiert auf realen Bedingungen der Markt- wie der Politikintegration (Abb.3). In Ermangelung eines geeigneteren Begriffs und weil der Ansatz einer globalen Medienökonomie als zu ökonomistisch vermieden werden soll, kann man die dritte Dimension schlicht als „Welt-Mediensystem" (*global media system*) bezeichnen.

gren/Colin Sparks (Hrsg.), Communication and Citizenship. Journalism and the Public Sphere, London/New York 1993, S. 195-216.

globale Öffentlichkeit
(global public sphere)

globale Zivilgesellschaft
(global civil society)

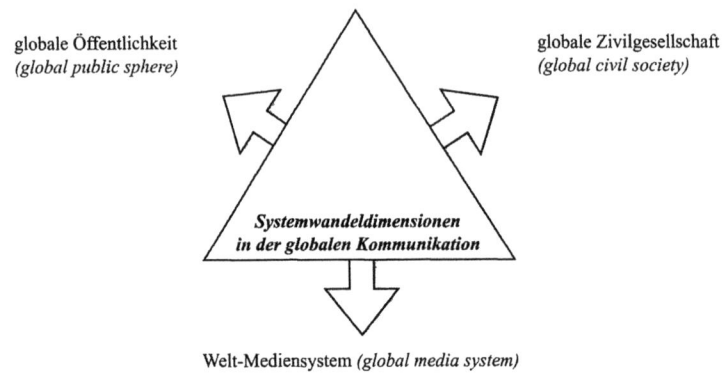

*Systemwandeldimensionen
in der globalen Kommunikation*

Welt-Mediensystem *(global media system)*

Quelle: Eigene Darstellung

Filmim- und -exporte, also Handelsverflechtungen zwischen nationalen Mediensystemen, sind Gegenstand und Teil eines Welt-Mediensystems, ebenso wie die Aktivitäten transnational investierender Medienunternehmen wie *Bertelsmann* oder *News Corporation* (Rupert Murdoch). Die „globalen Spieler" (*global players*) der Medienindustrie stehen – ähnlich wie das Internet oder das Satellitenfernsehen – im Zentrum der Globalisierungsdebatte, ganz im Gegensatz zu einer anderen Akteurskategorie, die nur am Rande in Erscheinung tritt: die Medienpolitiker. Diesem häufig erkennbaren Ungleichgewicht liegt eine implizite Annahme zu Grunde, dass der Staat zwar die tragende Säule der Alten Medien, die transnationale Wirtschaft und der „Markt" jedoch die Grundlage der Neuen Medien darstellen. Theoretisch fehlt für eine solche Akzentverschiebung der Kräfte der Mediensystemforschung, die bislang neben den Medien stets den Staat berücksichtigte und Wirtschaft und Gesellschaft/Publikum als Einflussgrößen konzipierte,[17] jegliche Begründung. Wieso sollte es allein die Wirtschaft sein, die grenzüberschreitende Impulse zur System- bzw. Kulturveränderung aussendet, und nicht mehr der Staat und seine Medienpolitik? Der mögliche Einwand, globale staatliche Ordnungspolitik sei im Medienbereich bislang lediglich ein

---

17 Hafez 2002a, Bd. 1, S. 123 ff.

Rudiment, der Einfluss transnationaler Unternehmen aber eine Tatsache, ist zwar berechtigt, aber unausgewogen. Sind transnationale Unternehmenskulturen wirklich in allen Konnektivitätsbereichen gleichermaßen prägend und kulturverändernd? Bestehen überhaupt zentrale und irreversible Interdependenzen zwischen Medienmärkten, und wenn ja, sind sie in allen Inhaltsbereichen – bei den politischen Nachrichten ebenso wie bei der Unterhaltungsware, im Kinobereich ebenso wie beim Radio – gleichermaßen stark?

1.3 Systeminterdependenz

Ob die Massenmedien ihre gesellschaftsverändernde Wirkung über staatliche und kulturelle Grenzen hinweg entfalten können, hängt von einer Reihe von Einflussfaktoren ab, die *auf die Medien* wirken und in Wechselbeziehungen mit ihnen stehen. Geht man von einer systemtheoretischen Vorstellung internationaler wie interkultureller Kommunikation aus, so muss als Grundeinheit der Nationalstaat mit seinem Mediensystem veranschlagt werden. Je nach Ausrichtung des politischen Systems existieren unterschiedliche Abhängigkeitsbeziehungen zu anderen gesellschaftlichen Teilsystemen der Politik, Wirtschaft und der Gesellschaft. In liberal-demokratischen Mediensystemen besteht ein hohes Maß an Autonomie bei Massenmedien solange, wie sie sich ihre existenzspezifische Funktion erhalten können, indem sie die zentrale Thematisierungsfunktion für die Gesellschaft übernehmen und sich diese nicht von anderen Teilsystemen diktieren lassen. Allerdings gehören die anderen Systeme zu Systemumwelten, die nicht getrennt vom Mediensystem existieren, sondern in Teilen Anpassungsleistungen erzwingen. Zwischen Medien und anderen gesellschaftlichen Teilsystemen besteht ein Fließgleichgewicht von Autonomieerhalt und Systemüberleben, zwischen interner Systemdifferenzierung und extern erzwungener Anpassung.

Die Vorstellung einer kommunikativ verbundenen Welt erweitert und verändert dieses Modell insofern, als die bis dahin mögliche Abgrenzung dessen, was ein gesellschaftliches System ist, in dessen Rahmen die Medien agieren, zunehmend schwerer fällt. Publika können transnational agieren, ebenso die Politik und die Medien selbst, und damit entsteht neben jedem nationalen Mediensystem ein globales Zweitsystem, das insofern potentiell über großen und wachsenden Einfluss verfügt, als es zum Bestandteil des Informationsflusses wird. Interessant ist zudem, dass die Existenz dieses globalen Zweitsystems nicht nur nationale Medienlandschaften inhaltlich verändern kann, sondern auch transnationale Ausprägungen entstehen können – und zwar auf allen Ebenen: ebenso wie transnationale politische Systeme (EU, UNO) können sich auch transnationale Medien (*Arte*, CNN usw.) bilden.

Aber können wir wegen dieser Veränderungen bereits von einem kommunikativen Weltsystem sprechen, wie es etwa Emanuel Richter getan hat?[18] Wichtiger als die reine Existenz von anderen Systemgrößen außerhalb der nationalen Mediensysteme ist ein tieferes Verständnis ihrer grundlegenden Beziehungen. Sind ausländische politische Systeme wirklich so einflussreich wie inländische? Fühlen sich Journalisten ihrem ausländischen Publikum ebenso verpflichtet wie dem inländischen und verändert sich insofern das journalistische Produkt? Sind globale Markt- und Kapitalverflechtungen ebenso stark wie nationale und regionale?

Kultureller und gesellschaftlicher Wandel in einem globalen System wird nicht durch *Konnektivität* allein erzeugt, sondern er basiert auf *Interdependenz*.[19] In einem interdependenten globalen System wandeln sich autonome nationale Systeme zu teilautonomen Subsystemen eines globalen Makrosystems. Ein System kann ohne das andere nicht mehr existieren. Die Frage ist, ob sich das globale Medien- und Kommunikationswesen bereits in ein interdependentes System verwandelt hat, wobei internationale und -kulturelle Kommunikationsprozesse einen solchen Umfang und eine solche Bedeutung und Zentralität gewonnen haben, dass sich die einzelnen (in der Regel nationalen) Teilsysteme gegenseitig verändern und – dies wäre ein weiterer Schritt – sich ein neues transnationales Mediensystem herausbildet.

Um dies beurteilen zu können, müssen eine Reihe von Fragen geklärt werden, mit denen sich das vorliegende Buch beschäftigt, beispielsweise:

- Wie wichtig sind die Auslandsmärkte für nationale Fernsehsender, die per Satellit in anderen Ländern erreicht werden? Wer gewinnt den Wettlauf um die Medienpolitik, um die Öffnung oder Protektion von Märkten – das globale Kapital oder die nationale Medienpolitik? Die These vom Regulierungsverlust des Staates im Globalisierungszeitalter muss

---

18 Emanuel Richter, Der Zerfall der Welteinheit. Vernunft und Globalisierung in der Moderne, Frankfurt/New York 1992, S. 163 ff., v.a. S. 165.
19 Vgl. u.a. Robert O. Keohane/Joseph S. Nye, Power and Interdependence. World-Politics in Transition, Boston/Toronto 1977.

bewiesen werden, bevor sie zur Grundlage der Theoriebildung erklärt wird.

- Welche politischen Restriktionen verhängt der Nationalstaat gegenüber Neuen Medien wie dem Internet oder dem Satellitenfernsehen und wie erfolgreich ist er damit? Gelingt es der Zivilgesellschaft wirklich, durch internationale Verbindungen die Gesellschafts-Gesellschafts-Beziehungen als Bestandteil internationaler Beziehungen aufzuwerten?
- Welche Politikansätze verbergen sich hinter dem Auslandsrundfunk? Welche Interaktionen, Wechselwirkungen und Rückkopplungen bestehen zwischen nationaler Außenpolitik, *Public Diplomacy* und Auslandsrundfunk einerseits und dem politischen und kulturellen Zielsystem des Auslandsrundfunks andererseits? Werden Systemvertrauen und Akzeptanz zu Faktoren, die Formate dialogisch verändern und damit gleichermaßen Ursprungs- wie Zielsysteme durch neue Informationspolitik beeinflussen können?
- Wie kann sich Auslandsberichterstattung globalisieren, solange sie allein vom Heimatmarkt abhängig und völlig losgelöst ist von internationalen Märkten, die aber zugleich die Berichterstattungsländer darstellen? Welche Zukunft haben die Ansätze einer transnationalen Mediennutzung, wie man sie im Irakkrieg 2003 beobachten konnte, als die internationale Mediennutzung zunahm (z.B. Amerikaner, die englische Zeitungen über das Internet nutzten)? Entwickeln sich hier neue Formen einer Interdependenz von globaler oder zumindest regionaler Dimension?

Politische und ökonomische Systembindungen von Medien auf nationaler, regionaler und globaler Ebene zu analysieren und damit die faktische Stärke globaler gegenüber lokaler Medienpolitik und Medienökonomie zu untersuchen, ist der entscheidende Schritt zur Erklärung der system- und kulturverändernden Wirkung der Medien. Die Schwäche des Interdependenzansatzes ist es allerdings, dass er zu sehr auf Abhängigkeiten fokussiert und akzidentelle Entwicklungen außer Acht lässt. Systemwandel auf der Basis grenzüberschreitender Massenkommunikation kann auch im Rahmen von internen Modernisierungserfordernissen erfolgen: die Welt als ein großer „Demonstrationseffekt", eine gigantische medienvermittelte „Kopiervorlage", mit zeitweise geradezu dysfunktionalen und anachronistischen „Moden", die die Welt umkreisen – es ist eher die Chaos- als die funktionale Systemtheorie, die dies erfasst.

Dennoch liegt die Stärke der Systemtheorie in der umfassenden Analyse auf der Basis von Grundmustern gesellschaftlichen Verhaltens wie Autonomie-streben und Umweltanpassung. Es muss darum gehen, die mediale Globali-sierung als *Prozess* besser zu verstehen, ihre Dynamiken, ihre Anachronis-men, um die Frage des Realitätsgehalts und der Bedeutung des Gesamtkon-zepts zu beantworten. Letztlich geht es darum, die Ungleichzeitigkeit und unterschiedlichen Geschwindigkeiten und internen Widersprüche der techni-schen, ökonomischen, politischen und kulturellen Entwicklungen aufzuzei-gen, die die Globalisierung kennzeichnen, wie sie auch jedes andere epochale Paradigma von der Reformation über die Aufklärung bis zur Moderne ge-prägt haben.

2 Auslandsberichterstattung – „Nicht weiter als Kolumbus war ...“

Unter „Auslandsberichterstattung" versteht man Inhalte und Prozesse der Medienberichterstattung über Sachverhalte jenseits des Heimatstaates.[1] Auslandsberichterstattung ist journalistisch vermittelnde Kommunikation und unterscheidet sich von direkten Formen grenzüberschreitender Kommunikation (z.B. dem Internet), die auch ohne Vermittlung stattfinden können, dafür aber auch über kein Programm verfügen und nur selten über Redaktionen, die die wachsenden Informationsmengen filtern und aufbereiten und die in der Regel auch keine Massenmedien im Sinne größerer Publikumsreichweiten sind.

Journalisten und Medien nehmen im Globalisierungsprozess die Rolle von Vermittlern ein. Ihre Hauptaufgabe in der Globalisierung besteht darin, die tragende Säule einer „Weltöffentlichkeit" zu sein, indem sie Fakten, Informationen und Meinungen aus anderen Ländern für das Publikum zu Hause aufbereiten, und zwar in einer Weise, die die Informationen in ihrem Entstehungskontext verdeutlicht und die nationalen und regionalen Dimensionen des Problems wie auch die Verbindung zu globalen Problemlagen erklärt. Durch das Miteinander der Darstellung der Sichtweisen „der anderen" mit den „eigenen" Sichtweisen wie auch durch Interpretationen Dritter besitzt Auslandsberichterstattung, zumal unter den Bedingungen der geokulturellen Distanz des Publikums vom internationalen Geschehen, das Potenzial, kulturspezifische Werte in Richtung einer globalen Werteordnung zu verschieben. Während nämlich Bilder der gesellschaftlichen Nahwelt durch eine Synthese aus Primär-, Sekundärsozialisation und direkter Erfahrung entstehen, fehlt dem Verbraucher bei der Verarbeitung von Informationen über andere Nationen oder Kulturen in der Regel die direkte Erfahrung.

Doch was geschieht bei der Auslandsberichterstattung wirklich? Entspricht sie in den einzelnen Mediensystemen eigentlich dem Ideal einer mul-

---

1 Zur Einführung in Grundfragen und Theorie der Auslandsberichterstattung vgl. Hafez 2002a.

tiperspektivischen Vermittlung zwischen den Nationen und Kulturen? Es existiert eine enorme Zahl von Fallstudien über die Auslandsberichterstattung in einzelnen Staaten und von individuellen Medien, die nicht einheitlich interpretiert werden können. Aber eines scheint sicher: Globaler inhaltlicher Pluralismus ist nur *eine* Facette der zeitgenössischen Kulturen der Auslandsberichterstattung auf dieser Welt. Bei dem Transfer von Nachrichten von einem Mediensystem in ein anderes entstehen nach wie vor immense inhaltliche Reibungsverluste, die geradezu groteske fragmentarische Weltbilder hervorbringen. Nur eine geringe Zahl von Ländern, Themen und Perspektiven gehen überhaupt in die jeweilige nationale Auslandsberichterstattung ein. Universell und global ist am Weltbild der unterschiedlichen Mediensysteme vielfach nur, dass sie alle unter dem gleichen Problem der Domestizierung der Welt leiden. Die Deformation der Medieninhalte wird dort erzeugt, wo die Auslandsberichterstattung stärker den nationalen Interessen und kulturellen Stereotypen des *berichtenden* Landes als der Nachrichtenrealität desjenigen Landes entspricht, *über das berichtet wird.*

Die ein Vierteljahrhundert alte sehr resolute Klage der amerikanischen Kolumnistin Meg Greenfield in der *Washington Post* über das, wie sie es sah, Versagen der amerikanischen Medien, die islamische Revolution im Iran 1978/79 zu erklären, ist auch heute noch gültig und über das Ereignis hinaus generalisierbar:

> Ich glaube, wir haben es bei der Iranischen Revolution mit einem Umbruch zu tun, in dem sich eine große Zivilisation bemerkbar macht und sich wiederentdeckt, um sich letztlich zu reformieren (...). Aber sind wir wirklich in der Lage, dies alles zu verstehen und darauf zu antworten? (...) Intellektuell wie auch e-motional befinden wir uns heute ungefähr dort, wo Kolumbus war, als er die Eingeborenen sah und glaubte, er wäre in Indien – nur dass wir heute in die andere Richtung segeln.[2]

Durch Defizite der Auslandsberichterstattung werden konfliktorientierte Weltbilder in der internationalen Politik gesellschaftlich angereichert. Der berühmte „CNN-Effekt", wonach die Medien als Vermittler der in festgefahrenen und von Machtinteressen gelähmten Politik als Agenten der Zivilgesellschaften im Interesse der Konflikteskalation agieren, erweist sich als ein Mythos ganz besonderer Art, der gleich mehrere Tatbestände verdeckt. Die

---

2 *Washington Post*, 21. März 1979, zitiert nach: Kai Hafez, Islam und Modernität in der Washington Post zur Zeit der Iranischen Revolution 1978/79, in: Asien, Afrika, Lateinamerika 21 (1993) 4, S. 377.

Massenmedien sind im Kern überhaupt nicht auf ein „Weltsystem" ausgerichtet, sondern konzentrieren sich auf nationale Märkte, deren Interessen und Stereotypen sie in hohem Maße reproduzieren. Und der Einfluss der Medien auf die Politik ist gerade in vitalen internationalen Konflikten äußerst gering, so dass zumindest die großen Print- und Rundfunkmedien in solchen Zeiten auch in demokratischen Staaten kurzfristig eher die Rolle von Regierungspropagandisten übernehmen als politische Konflikte zu deeskalieren. Hinter den Anforderungen an eine systemverändernde und interdependente Globalisierung hinkt eine derartige Auslandsberichterstattung noch Jahrzehnte hinterher.

2.1 Das Weltbild der Auslandsberichterstattung

Gleichzeitig in viele Länder der Erde übertragene Sportereignisse wie die Olympischen Spiele befähigen die Massenmedien, die Welt über nationale, kulturelle oder religiöse Grenzen hinweg vor den gleichen Bildern zu vereinen. Politische Symbolhandlungen wie der Fall der Berliner Mauer waren Medienereignisse ersten Ranges, in denen sich Marshall McLuhans Visionen eines „globalen Dorfes" zu erfüllen schienen. Wer wollte angesichts solcher Bilder bezweifeln, dass Anthony Giddens, einer der Vordenker der Globalisierung, Recht hatte, als er davon sprach, dass Globalisierung nicht nur ein ökonomischer Prozess ist, sondern durch Veränderungen in der globalen Informationsordnung bedingt wird.[3]

Die inhaltliche Gestaltung von Auslandsberichterstattung ist jedoch vielfach durch nationale Perspektiven, Stereotype, kurz: durch partikulare statt durch globale Perspektiven geprägt. Es gibt nicht „die Olympiade", sondern auf den Bildschirmen und in den Zeitungen der Welt werden kleine „nationale Olympiaden" konstruiert, bei denen vor allem die heimischen Sportler im Mittelpunkt stehen. Wer einmal eine ganze Winterolympiade in Schweden am Bildschirm verfolgt hat, weiß, wie langweilig für jeden Nicht-Schweden der Nationalsport „Curling" auf Dauer werden kann. Ebenso dröge nämlich wie eine Sommerolympiade aus der Perspektive des syrischen Handballteams für jeden sein kann, der mit dem syrischen Sport nicht vertraut ist.

---

3 Anthony Giddens, The Constitution of Society, Cambridge 1984; ders., The Nation-State and Violence, Cambridge 1985.

Wem diese Erfahrungen zu anekdotisch erscheinen, der sollte die Klagen erfahrener Journalisten wie Sonia Mikich, der Moderatorin des Fernsehmagazins „Monitor", dennoch ernst nehmen. In ihrem Beitrag zu den Tutzinger Medientagen 2002 beschreibt sie die deutsche Auslandsberichterstattung als Hort der „geistigen Provinzialität" und das Verhältnis zur Globalisierung als ein Paradoxon:

> Noch nie waren die Deutschen so verflochten mit dem Ausland, wirtschaftlich und politisch. Noch nie so abhängig vom Verstehen des Weltgeschehens. Die Frage globaler Gerechtigkeit wird zur Überlebensfrage des 21. Jahrhunderts. (...) Fruchtbare Zeiten für Korrespondenten und Reporter also? Nicht zwingend. (...) Ganze Erdteile kommen in ihrer Lebenswirklichkeit in der Berichterstattung nicht oder selten vor. Asien, Südamerika, Australien. (Es sei denn, sie haben ein Flüchtlingsdrama (Australien), einen Bankrott (Argentinien), ein königliches Baby (Japan) als Aufhänger).[4]

Im Mainstream der Globalisierungsdebatte wird die Globalisierung als dominante Kraft der Veränderung im Medienwesen und in den Mediensystemen dieser Welt angesehen. Der kanadische Kommunikationswissenschaftler Marc Raboy beispielsweise argumentiert, dass die Entwicklung der Medien weltweit von zwei grundlegenden Trends beeinflusst wird: dem technischen Wandel und der zunehmenden Globalisierung.[5] Seine deutschen Kollegen Miriam Meckel und Markus Kriener hingegen beschreiben die Globalisierung der Medien als einen Prozess auf mehreren Ebenen. Die Ebene der Technologie und Infrastruktur hat die wesentlichste Voraussetzung für die Internationalisierung der Kommunikation geschaffen. Auf der zweiten, der institutionellen Ebene treiben aus ihrer Sicht ökonomische Konzentrationsprozesse die Globalisierung des Medienmarktes voran. Auf der Produktionsebene allerdings existieren demnach nur wenige trans- und multinationale Programmangebote (wie CNN oder Arte) neben den traditionellen nationalen oder lokalen Medien. Die vierte und letzte Ebene der Medieninhalte ist ge-

---

4   Sonia Mikich, Geistige Provinzialisierung: Eine Zustandsbeschreibung, in: Claudia Cippitelli/Axel Schwanenbeck (Hrsg.), Nur Krisen, Kriege, Katastrophen? Auslandsberichterstattung im deutschen Fernsehen. Dokumentation der 21. Tutzinger Medientage, München 2003, S. 119.
5   Marc Raboy, Television and Deregulated Global Markets, in: John Sinclair (Hrsg.), Contemporary World Television, London 2004, S. 21.

mäß den Autoren durch den geringsten Internationalisierungsgrad geprägt und repräsentiert überwiegend partikulare Sichtweisen.[6]

Entwickelt man diesen Gedanken weiter, so gleicht der Prozess der Globalisierung der Massenmedien einer tektonischen Verschiebung, bei der sich Erdschichten in verschiedene Richtungen bewegen. Die partikularen Inhalte der Berichterstattung bleiben dabei nicht nur hinter der fortschreitenden technischen und institutionellen Globalisierung zurück, die Tektonik der internationalen Kommunikation kann sogar eine gegenläufige Bewegung entwickeln. Wer angesichts dieser Un- und Umordnung im Mediensystem pauschal von einer Globalisierung der Medien spricht, der generalisiert zu Unrecht die Erfahrungen der technischen globalen Vernetzung – und wird unmerklich zum „Techno-Idealisten".[7]

Im Rahmen der UNESCO wurde an der Wende zu den achtziger Jahren eine Debatte über eine *Neue Weltinformations- und Kommunikationsordnung* (NWICO) geführt. In einer UNESCO-Mediendeklaration von 1978 wurde auf Betreiben der Entwicklungsländer das Konzept des „free flow of information" durch das Konzept des „free and balanced flow of information" ersetzt.[8] In der Geschichte politischer Doktrinen der Weltorganisationen fand damit eine Verlagerung vom Recht auf ungehinderte Suche, Empfang und Verbreitung von Informationen zum Prinzip „ausgewogener" (*balanced*) Kommunikation statt, wobei sich die in der UNESCO organisierten Entwicklungsländer mehrheitlich gegen die Dominanz westlicher Nachrichtenagenturen und Massenmedien im internationalen Informations- und Kommunikationsstrom wandten. Programmatisch konsolidiert wurde das Projekt der NWICO durch den im Auftrag der UNESCO erstellten sogenannten MacBride-Bericht von 1980.[9] Während auf politischer Ebene das Projekt einer Neuordnung der Nord-Süd-Informations- und Kommunikationsbeziehungen

---

6 Markus Kriener/Miriam Meckel, Internationale Kommunikation. Begriffe, Probleme, Referenzen, in: dies. (Hrsg.), Internationale Kommunikation. Eine Einführung, Opladen 1996, S. 15 f.

7 Thomas Schuster, Staat und Medien. Über die elektronische Konditionierung der Wirklichkeit, Frankfurt 1995, S. 39.

8 Zur Debatte über die Neue Weltinformationsordnung vgl. a. Jörg Becker, Massenmedien im Nord-Süd-Konflikt, Frankfurt 1985.

9 Viele Stimmen – eine Welt: Kommunikation und Gesellschaft heute und morgen. Bericht der internationalen Kommission zum Studium der Kommunikationsprobleme unter dem Vorsitz von Sean MacBride an die UNESCO, Konstanz 1981 (engl. Orig. 1980).

durch den Ost-West-Konflikt überlagert wurde, erfährt die Debatte über die NWICO seit einiger Zeit in der wissenschaftlichen Fachdiskussion ein Revirement.[10]

Zu den Grundannahmen der Befürworter einer neuen Weltinformationsordnung gehörte es, dass der internationale Informations- und Kommunikationsfluss nicht einheitlich ist, sondern unterschiedliche Zonen und Flussrichtungen hoher und geringer Intensität aufweist. Zwischen den westlichen Industrie- und den Entwicklungsländern besteht demnach eine „Einbahnstraße" oder „Nord-Süd-Ausrichtung" des Flusses von „Daten, Botschaften, Medienprogrammen und kulturellen Erzeugnissen", wobei Informationen primär von Industrieländern in die Entwicklungsländer und von den dortigen Metropolen und Eliten in die strukturschwächeren Gebiete und zu den politisch nur bedingt partizipierenden Bevölkerungen fließen.[11] Als Bestandteil der „Einbahnstraße" des Informationsflusses wurde im MacBride-Bericht das von Nachrichtenagenturen und Massenmedien in westlichen Industrieländern erzeugte Bild der Entwicklungsländer moniert, das „häufig falsch und verzerrt ist, weil ein Großteil der Informationsinhalte in den wichtigsten entwickelten Ländern hergestellt wird".[12] Der MacBride-Bericht betrachtet jedoch Probleme der Auslandsberichterstattung als Entwicklungsproblem *aller* globalen Mediensysteme, also auch der Entwicklungsländer.

Als bedeutsame Orientierungshilfe für den Wissenschaftsdiskurs haben sich gleichwohl die Überlegungen des Berichts zur Qualität der Kommunikationsinhalte erwiesen. Sie lassen sich in zwei Bereiche gliedern:

- Kritik der Definition der „Nachricht" und des Nachrichtenwertes;
- Kritik der Praxis der Nachrichtenvermittlung.

Die Definition der Nachricht durch Kernbegriffe wie Aktualität, Neuigkeit und Universalität (allgemeines Interesse) muss nach Auffassung des MacBride-Berichts durch zusätzliche Kriterien erweitert werden.[13] Nachrichten im globalen Kommunikationsprozess werden als Informationen betrachtet, die Problembewusstsein und -interesse wecken sollen, indem Ereignisse im Kontext ihrer Entstehung und Entwicklung weitergegeben werden. Nach-

---

10 Vgl. George Gerbner/Hamid Mowlana/Kaarle Nordenstreng (Hrsg.), The Global Media Debate: its Rise, Fall, and Renewal, Norwood, NJ 1993.
11 Viele Stimmen - eine Welt 1981, S. 189.
12 Ebenda, S. 64.
13 Ebenda, S. 203 f.

richten werden zudem als informationelle nationale Ressource und als Bestandteil der politischen Bildungsarbeit eingestuft. Die Definition der Nachricht als einem von der „Normalität" abweichenden, aktuellen und für den Botschaftsempfänger (z.B. deutsche Leser) relevanten Informationssachverhalt wird nicht aufgegeben, sondern durch einen komplementären Nachrichtenbegriff der sozio-politischen Relevanz der Nachricht für die Gesellschaftsentwicklung in dem Land, über das berichtet wird, erweitert.

In der Kritik der globalen Nachrichtenpraxis schlagen sich die Grundannahmen über die Nachrichtendefinition nieder. Sie basiert zudem auf dem Konzept eines Vergleichs der Medien- mit der außermedialen Realität. Eine Folge der Anormalitätsdefinition von Nachrichten war demnach, dass Negativereignisse (Krisen, Katastrophen und Konflikte) im Prozess der internationalen Nachrichtenvermittlung im Vergleich zum globalen Alltagsgeschehen überrepräsentiert sind.[14] Weiterhin werden folgende allgemeine Defizite von Auslandsbildern genannt:

- Überbetonung irrelevanter Ereignisse (*overemphasizing news*[15]);
- Zusammenfügen disparater Tatsachen zu einem artifiziellen Ganzen (*making news*);
- interessengeleitete Suggestion fehlerhafter Schlussfolgerungen (*misinterpretation by implication*);
- Feindbildproduktion als Legitimation und Handlungsanleitung von Individuum, Gesellschaft und Politik;
- Nichtdarstellung bedeutsamer Entwicklungen und Probleme.[16]

Der MacBride-Bericht geht von einem komplexen Modell des Auslandsbildes aus, wobei erst aus dem Verhältnis des Einzelnen zum Ganzen (wie Frame-Thema-Diskurs), der Ereignisse zu ihrer Entwicklung und der Kommunikationsinhalte zur kommunizierten Realität ein Kriterienkatalog zur Bestimmung der Inhaltsstruktur der globalen (Massen-)Kommunikation entsteht. Stereotype werden als Teilbereiche der Nachrichtenvermittlung ge-

---

14 Ebenda, S. 204.
15 Die englischen Begriffe stammen aus der englischen Originalversion des MacBride-Berichts: Many Voices - One World. Communication and Society Today and Tomorrow, London et al. 1980.
16 Viele Stimmen - eine Welt 1981, S. 204 f.

nannt,[17] im Vordergrund jedoch steht die komplexe Strukturanalyse medial kommunizierter Auslandsbilder.

Die größte internationale Studie ist bis heute die „Foreign News"-Studie, die die *International Association of Mass Communication Research* (IAMCR) im Auftrag der UNESCO bis 1980 durchgeführt hat.[18] Presse und Rundfunk von 29 Ländern wurden dabei von Forscherteams aus 13 Nationen ausgewertet. Die Länder repräsentierten unterschiedliche soziale Systeme und Entwicklungsstufen. In den vergangenen Jahren ist der Versuch einer Neuauflage der „Foreign News"-Studie gestartet worden, die bislang allerdings nur wenig neue Erkenntnisse gebracht hat, da sich die Grundbefunde der Auslandsberichterstattung nicht wesentlich verändert zu haben scheinen.[19]

Eine theoretische Verallgemeinerung der Forschungsarbeiten ist bisher an grundsätzlichen Meinungsverschiedenheiten hinsichtlich der Bewertung empirischer Daten gescheitert.[20] Dennoch sind die folgenden Strukturmerkmale der Auslandsberichterstattung theoretisch bedeutungsvoll:

- Regionalismus (und Metropolenorientierung)
- Konfliktperspektive
- Politikzentrierung
- Elitenzentrierung
- Dekontextualisierung

---

17 Ebenda, S. 205.

18 Annabelle Sreberny-Mohammadi/Kaarle Nordenstreng/Robert Stevenson/Frank Ugboajah (Hrsg.), Foreign News in the Media: International Reporting in 29 Countries. Final Report Undertaken for UNESCO by the International Association for Mass Communication Research, Paris 1985.

19 Lutz M. Hagen, Ausländische Berichterstattung über Deutschland. Erste Ergebnisse der „Foreign News"-Studie über Umfang und Themen von Nachrichten über Deutschland in verschiedenen Ländern, in: Siegfried Quandt/Wolfgang Gast (Hrsg.), Deutschland im Dialog der Kulturen. Medien – Images – Verständigung, Konstanz 1998, S. 203-211.

20 Birgit Schenk, Die Struktur des internationalen Nachrichtenflusses: Analyse der empirischen Studien, in: Rundfunk und Fernsehen 35 (1987) 1, S. 36-54; Jörg Becker, Internationaler Nachrichtenfluß: Eine Stellungnahme zum Aufsatz von Birgit Schenk, in: Rundfunk und Fernsehen 36 (1988) 1, S. 45-55; Birgit Schenk, Internationaler Nachrichtenfluß: Einige Anmerkungen zur Stellungnahme von Jörg Becker, in: Rundfunk und Fernsehen 36 (1988) 2, S. 247-249.

- Nichtdarstellung von Strukturproblemen der internationalen Beziehungen.

Die „Foreign News"-Studie der UNESCO hat ergeben, dass der Umfang der Auslandsberichterstattung der Massenmedien in der Bundesrepublik Deutschland *relativ* hoch ist, höher etwa als in den USA oder in den benachbarten Niederlanden.[21] Während diese Vergleichsangaben nicht als hinreichend gesichert betrachtet werden können, um eine Rangordnung des Umfangs der Auslandsberichterstattung in einzelnen nationalen Mediensystemen zu erstellen, hat die Studie Aufschlüsse über die regionale Verteilung der Berichterstattung gegeben, in denen nahezu alle Forscherteams übereinstimmten. In fast allen untersuchten Systemen war der Anteil des regionalen Auslandes an der Berichterstattung besonders hoch, so dass *Regionalismus* (*geographical proximity*) als ein universelles Merkmal der Auslandsberichterstattung zu bezeichnen ist.

Nichtsdestotrotz sind auch deutliche Akzentverschiebungen im Vergleich zu der Nachrichtengeografie der westlichen Industrie- und der Entwicklungsländer zu erkennen. Der ebenfalls ausgeprägte Regionalismus in den Medien der Entwicklungsländer wird von relativ hohen Aufmerksamkeitswerten für die westlichen Industriestaaten begleitet, d.h. neben dem Regionalismus ist eine starke Metropolenorientierung erkennbar.[22] Westeuropa und die USA finden mehr Beachtung in den Mediensystemen der Welt als Kontinente wie Asien, Afrika und Lateinamerika, obwohl diese die höchsten Einwohnerzahlen, die meisten Staaten und die größten geografischen Flächen beherbergen. Interessanterweise gibt es eine einzige Ausnahme, die aus dem Zahlenwerk der „Foreign News"-Studie hervorgeht, ohne dass sie selbst von den Autoren der Studie erkannt worden wäre: auf den Nahen und Mittleren Osten entfallen im Durchschnitt der untersuchten 29 Mediensysteme der Welt höhere Aufmerksamkeitswerte als auf Nordamerika, und die Region rangiert nach Westeuropa auf Rang zwei.

In der nachfolgenden Tabelle 1, einer um eine Gesamt-Rangordnung ergänzten Übersicht der Ergebnisse der „Foreign Images"-Studie, wird erkennbar, dass Westeuropa die meiste Beachtung in den Medien findet, gefolgt von dem Nahen und Mittleren Osten, Nordamerika, Asien, Afrika, Osteuropa, Lateinamerika und den übergeordneten internationalen Fragen ohne Möglichkeit der regionalen Zuordnung. Die starke Präsenz Westeuropas und

---

21 Sreberny-Mohammadi et al. 1985, S. 33.
22 Ebenda, S. 39-43.

Nordamerikas weist auf die Nord-Süd- bzw. Metropolenorientierung der meisten Länder hin, die auf Kosten der Süd-Süd-Kommunikation in der Auslandsberichterstattung geht. Verursacht wird Metropolenorientierung durch eine Reihe von Faktoren, wie der politischen und wirtschaftlichen Ausstrahlungskraft Westeuropas und der USA, nachwirkender Bindungen aus der Kolonialzeit usw. Ob geographische, historische, politische, wirtschaftliche oder kulturelle Faktoren dafür verantwortlich sind, dass Asien ungeachtet seiner Bevölkerungszahlen und territorialen Ausdehnung nur eine mittlere Position einnimmt und dass Lateinamerika sich als in hohem Maß medial isoliert erweist, ist nur durch thematisch aufgeschlüsselte empirische Untersuchungen zu überprüfen.

Tabelle 1: Rangfolge der Beachtung von Weltreligionen in der Auslandsberichterstattung

Region, über die berichtet wird	berichtende Mediensysteme							Rang gesamt
	Nordamerika	Lateinamerika	Afrika	Nahost	Asien	Osteuropa	Westeuropa	
Nordamerika	1	3	5	3	3	6	2	3
Lateinamerika	6	1	8	6	8	8	8	7
Afrika	5	6	1	4	5	7	5	5
Nahost	2	4	2	1	4	4	3	2
Asien	4	5	5	5	1	3	5	4
Osteuropa	7	6	7	7	6	1	4	6
Westeuropa	2	2	3	2	2	2	1	1
Internationales, allg.	8	8	5	8	7	4	7	8

Quelle: Eigene Bearbeitung auf der Basis von Sreberny-Mohammadi el al., Foreign News, S. 42

Nahezu alle empirischen Untersuchungen der Auslandsberichterstattung weisen auf eine ausgeprägte *Konfliktperspektive* hin. Über politische und soziale Krisen, Konflikte und Kriege sowie über natürliche wie menschlich verursachte Katastrophen wird relativ nachhaltig berichtet. Die Konflikthaftigkeit eines Geschehens ist demzufolge ein wesentlicher Faktor zur Überwindung der Nachrichtenschwelle.[23] Es kann die These formuliert werden,

---

23 Vgl. u.a. Manfred Wöhlcke, Lateinamerika in der Presse. Inhaltsanalytische Untersuchung der Lateinamerika-Berichterstattung in folgenden Presseorganen: Die Welt, FAZ, NZZ, Handelsblatt, Le Monde, Neues Deutschland, Der Spiegel, Stutt-

dass die Konfliktperspektive der Auslandsberichterstattung in diametralem Gegensatz zur Harmonieperspektive in der Lokalberichterstattung[24] steht und daher die Konstruktion einer negativ-chaotischen Fernwelt mit der Konstruktion einer positiv-harmonischen Nahwelt korreliert. Allerdings lassen die empirischen Daten unterschiedliche Interpretationen zu. Das Problem der bisherigen Diskussion ist es gewesen, dass zwar eine Konfliktperspektive häufig behauptet worden ist, dass jedoch das dieser These zu Grunde liegende Realitätsmodell – also die Vorstellung der realen Möglichkeit einer realitätsadäquaten Konstruktion eines durch positive, neutrale oder negative Dimensionen geprägten Auslandsbildes – kaum reflektiert worden ist. Eine Konfliktperspektive kann jedoch aus den Inhaltsdaten der Medien nur interpretiert werden, wenn diese in Beziehung zu einer theoretischen Vergleichsgrundlage, zu einem Realitätsmodell, stehen.

Unterschiedliche Modellebenen sind denkbar, unter anderem die Messung des *Berichterstattungsanteils des Negativismus*: Häufigkeit und Prozentanteil von Negativberichten, in der inhaltsanalytischen Forschung in der Regel als „Negativismus" bezeichnet, lassen sich mit Hilfe von Ereignisvalenzen, Wortfeldern (Kriege, Terrorakte usw.) und anderen Methoden für jedes einzelne Land quantitativ bestimmen. Die „Foreign News"-Studie hat darauf hingewiesen, dass es dabei weniger die absolute Häufigkeit negativer Berichte, sondern die relative Unterrepräsentiertheit positiver Berichte in der Auslandsberichterstattung (insbesondere über die Entwicklungsländer) ist, die berechtigt, von einer Konfliktperspektive zu sprechen.[25] Die Studie zeigt beispielsweise, dass der Nahe und Mittlere Osten in der internationalen Berichterstattung besonders stark mit militärischen Fragen, Kriminalität und anderen Konfliktbereichen in Verbindung gebracht wird, während andere Lebensbereiche „unsichtbar" (*invisible*) bleiben.[26] Kritik der vorstehenden

---

gart 1973, S. 30; Dritte Welt und Medienwelt. Entwicklungspolitik und das Bild der Dritten Welt in Presse, Hörfunk, Fernsehen, Eigenerhebungen und Sekundäranalysen des Zentrums für Kulturforschung/Bonn, im Auftrag des Bundesministeriums für wirtschaftliche Zusammenarbeit, Bonn 1983, S. 49; Winfried Schulz, Die Konstruktion von Realität in den Nachrichtenmedien. Analyse der aktuellen Berichterstattung, Freiburg/München 1990 (2. Aufl.), S. 84; Wolfgang Pütz, Das Italienbild in der deutschen Presse. Eine Untersuchung ausgewählter Tageszeitungen, München 1993, S. 44.

24 Vgl. Günther Rager, Publizistische Vielfalt im Lokalen, Tübingen 1982.
25 Sreberny-Mohammadi et al. 1985, S. 52.
26 Ebenda, S. 46.

Art liegt häufig die implizite Annahme zu Grunde, dass sich „Realität" durch ein dreiteiliges paritätisches Modell – ein Drittel negative, ein Drittel neutrale und ein Drittel positive Ereignisse – beschreiben lässt, und dass die Massenmedien anstreben sollten, dieser Dreiteilung zu entsprechen. Problematisch ist jedoch, dass ein solches Drittelmodell der Realität zu stark in erkenntnistheoretischen und ethischen Prämissen verhaftet ist, um für die sozialwissenschaftliche Theoriebildung tragbar zu sein, und zwar ungeachtet der Tatsache, dass im Folgenden behauptet werden wird, dass Realitätsrekonstruktion bedingt möglich und zur Theoriebildung erforderlich ist. Es ist wichtig, die Frage der medialen Konfliktperspektive nicht an einer idealen Drittelverteilung zu messen, sondern vielmehr ein flexibleres Modell der Dominanzvermeidung zur Prämisse zu erheben. Wenn man die Dreiteilung der Valenzen nicht letztlich beweisen kann, so ist doch davon auszugehen, dass die gesellschaftliche Realität eines jeden Landes komplex genug ist, um nicht ausschließlich oder ganz überwiegend aus Negativereignissen zu bestehen. Ein Wert von mehr als 50 Prozent solcher Ereignisse in den Medien müsste demnach mit einer medialen Konfliktperspektive erklärt werden.

Jüngere Forschungsberichte des internationalen Forschernetzwerks *Medien Tenor* verdeutlichen exemplarisch, welche Problematik sich hinter der Frage der Konfliktperspektive in der Praxis der Auslandsberichterstattung verbirgt. Abbildung 4 illustriert, dass im Gesamtzeitraum 2000 bis 2002 insbesondere amerikanische Fernsehnachrichten die absolute Grenze von 50 Prozent negativem Berichterstattungsanteil erreichten und dass auch die Berichterstattungskulturen in Staaten wie England und Deutschland, auch wenn die Konfliktperspektive dort weniger ausgeprägt ist, zumindest kaum positive Nachrichten über die Welt durchlassen. Abbildung 5 verweist auf die Tatsache, dass einzelne Länder, wie Israel, in deutschen und amerikanischen Fernsehnachrichten zwischen 2001 und 2003 in einem so überwältigenden Ausmaß als von gewaltsamen Konflikten geprägt präsentiert wurden, dass der zumindest für das Kernland Israel überzogene Eindruck eines Landes im Bürgerkrieg entstehen musste – ein unglaublicher Image-Verlust für Israel. Abbildung 6 wiederum zeigt, dass es bei der Darstellung von Gewalt in anderen Ländern offensichtlich nicht nur um den Gewaltkonflikt an sich geht, sondern um – aus der Sicht der berichtenden Medien – „relevante" Gewalt. Ein Land wie der Kongo mit seinen enormen Opferzahlen ist geradezu ein vom deutschen Fernsehen „vergessener Krieg", weil er für die Fernsehnachrichten weitaus weniger interessant ist als der Irakkrieg mit seiner internationalen Brisanz.

Abbildung 4: Tendenzen der Auslandsmeldungen in Fernsehnachrichten 2000-2002

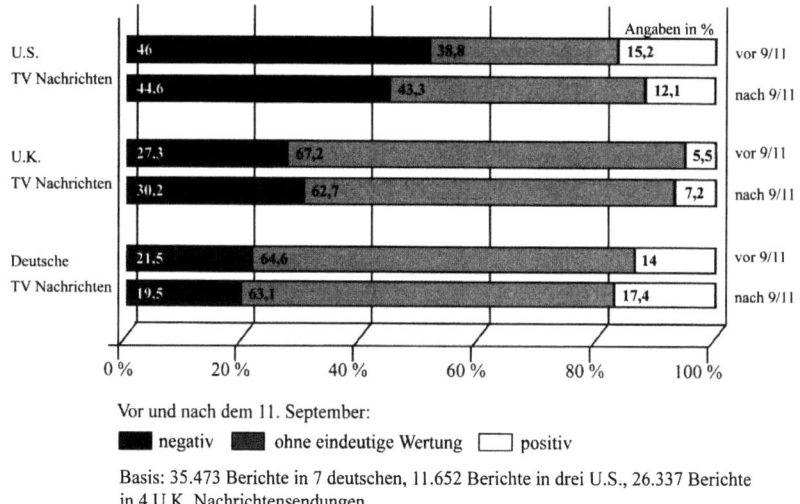

Vor und nach dem 11. September:
■ negativ   ■ ohne eindeutige Wertung   □ positiv

Basis: 35.473 Berichte in 7 deutschen, 11.652 Berichte in drei U.S., 26.337 Berichte in 4 U.K. Nachrichtensendungen

Quelle: Media Tenor international 124, Bonn, September 2002

Abbildung 5: Terror als Nachrichtenfaktor / Israel in deutschen Fernsehnachrichten 2003

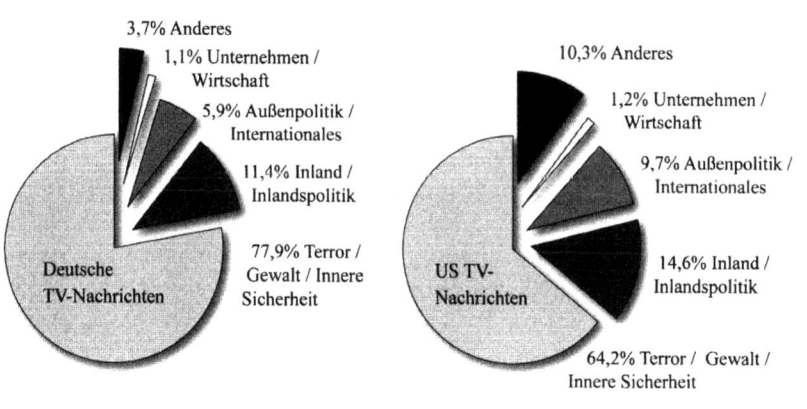

Quelle: Media Tenor international 133, Bonn, Juni 2003

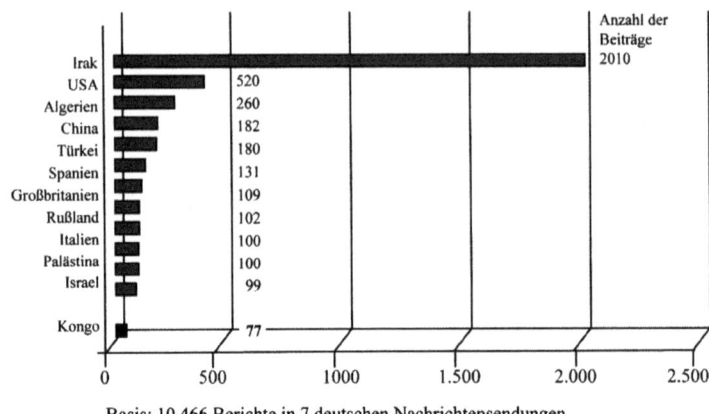

Basis: 10.466 Berichte in 7 deutschen Nachrichtensendungen

Quelle: Media Tenor international 133, Bonn, September 2002

Die *Politikzentrierung* stellt ein weiteres Strukturmerkmal der Auslandsberichterstattung dar. Handlungen der politischen Akteure und Systeme werden von der Medienberichterstattung als primäre gesellschaftliche Triebkräfte betrachtet und stellen daher einen großen Teil der Informationsvermittlung in den allgemein orientierten Print- und elektronischen Medien dar.[27] Wie die Elitenzentrierung (s.u.) wird die Politikzentrierung von mehreren Faktoren begünstigt. Die redaktionelle Knappheit der Auslandsberichterstattung hat einen Primat des Politischen gefördert; das qua Nachrichtendefinition erforderliche allgemeine Interesse ist bei politischen Ereignissen gesichert; und strategische Öffentlichkeitsarbeit politischer Institutionen erleichtert den Informationszugang im Ausland. Zu wenig untersucht worden ist bislang, welcher Zusammenhang zwischen den einzelnen Strukturaspekten des Auslandsbildes besteht.

Als Hypothese lässt sich formulieren, dass die Negativberichterstattung und Konfliktperspektive häufig keine Phänomene *sui generis* sind, sondern die Folge der übergeordneten Politikzentrierung der Medien. Die Konzentration auf die autoritäre Politikgestaltung eines Landes wird nahezu zwangs-

---

27 Josef Eckhardt, Berichterstattung über die Dritte Welt im ARD-Programm und im Westdeutschen Fernsehen, in: Media Perspektiven 12/1982, S. 768.

läufig eine negativere Färbung des Medienbildes nach sich ziehen als eine stärker kulturell oder sozial akzentuierte Berichterstattung. Erneut stellt sich in diesem Zusammenhang die Frage nach dem Realitätsmodell, an dem Medienleistungen gemessen werden sollen. Und erneut scheint es nicht sinnvoll, von einem einfachen Paritätsmodell auszugehen, wonach alle Lebensbereiche – von der Politik bis zum Sport – in gleichem Umfang existent sind und medial transportiert werden können (oder gar – normativ – „müssten"). Eine Dominanz des Politikbereichs von mehr als 50 Prozent der Auslandsberichterstattung kann jedoch andererseits als mediale Politikzentriertheit betrachtet werden.

Elitenzentrierung bezeichnet die Tendenz der Auslandsberichterstattung, sich auf offizielle Eliten oder Gegeneliten (etwa Rebellen/Putschisten) zu konzentrieren, während soziale Gruppen und Bewegungen, politische Parteien und die Bevölkerungen insgesamt in der Berichterstattung marginalisiert werden.[28] Politik- und Elitenzentrierung kombiniert ergibt eine nachhaltige Konzentration der Berichterstattung auf politische Eliten, was zum Teil zur Folge hat, dass die Darstellung dieser in den westlichen Industriestaaten bekanntesten Vertreter der Entwicklungsländer zugleich Unterhaltungselemente (*soft news*) aufweist (z.B. der Hofstaat des Schahs von Persien; die Unberechenbarkeit Muammar Gaddafis; die Ruchlosigkeit Saddam Husseins). Helmut Asche hat darauf hingewiesen, dass die Elitenzentrierung der Berichterstattung in den westlichen Industriestaaten nicht zuletzt ein Reflex der realen Situation mangelnder Partizipationsmöglichkeiten in den Entwicklungsländern ist.[29] Dennoch existieren auch in nahezu allen Entwicklungsländern politische und andere Organisationen, wenngleich sie überwiegend mit begrenzten Artikulations- und Handlungsspielräumen der politischen Betätigung ausgestattet sind. Es muss berücksichtigt werden, dass aus der Sicht des Konzepts der „Einbahnstraße" des globalen Informationsflusses des

---

28 Kurt Luger, Zwischen Katastrophen und Shangri La: Bilder von der Dritten Welt, in: Dialog 16 (1989) 3, S. 22 f.; Daniel Glass, Die Dritte Welt in der Presse der Bundesrepublik Deutschland. Eine ideologiekritische Fallstudie, Frankfurt 1979, S. 207 ff.; Kurt Luger, Dritte-Welt-Berichterstattung: eine einzige Katastrophe? Die Konstruktion von Wirklichkeit in Theorie und Praxis, in: Die Dritte Welt in den Massenmedien, Institut für Publizistik- und Kommunikationswissenschaft der Universität Salzburg, Salzburg 1985, S. 8.
29 Helmut Asche (Hrsg.), Dritte Welt für Journalisten. Zwischenbilanz eines Weiterbildungsangebotes, im Auftrag des Modellversuchs Journalisten-Weiterbildung an der Freien Universität Berlin, Saarbrücken/Fort Lauderdale 1984, S. 17.

MacBride-Berichts die politische Marginalisierung von Bevölkerungsmehrheiten nicht nur die *Ursache*, sondern auch die *Folge* ihrer Unterrepräsentiertheit in den westlichen Nachrichtenagenturen und Massenmedien ist, da
entsprechende Auslandsbilder in die Entwicklungsländer zurückwirken und
auf diese Weise zu einer systemaffirmativen und demokratiefeindlichen Sta-
bilisierung der herrschenden Eliten beitragen können. Martin Shaw hat daher
darauf hingewiesen, dass die Entwicklung der Zivilgesellschaft insbesondere
in der außereuropäischen Welt davon beeinflusst werden kann, inwieweit
zivilgesellschaftliche Fragen in der Auslandsberichterstattung der Industriestaaten repräsentiert sind, da über den Umweg der internationalen Medienöf-
fentlichkeit häufig heimische Informationskontrolle und politische Marginalisierung umgangen und politisch-transformatorische Prozesse verstärkt werden können.[30]

Als Folge der ereigniszentrierten Nachrichtendefinition kann die *Dekontextualisierung*, d.h. die Vernachlässigung von politischen, ökonomischen,
sozialen und kulturellen Ursache-Wirkungs-Zusammenhängen betrachtet
werden, die häufig an der Auslandsberichterstattung kritisiert worden ist.[31]
Dekontextualisierung steht in engem Zusammenhang mit dem Diskursbegriff
der Formierung von Auslandsbildern, wobei die zum Verständnis erforderliche Vermittlung von Bildern, Stereotypen, Frames und anderen Mikroproposi-
tionen im übertextlichen Diskurs-Kontext verloren geht oder als isoliertes
Frame-Fragment unreflektiert in Erscheinung tritt.[32] Kontextdefizite sind eng
mit der Elitenzentrierung und Personalisierung des Auslandsbildes verbunden, wobei es in der Auslandsberichterstattung, gemäß der „Foreign News"-
Studie, häufig zu einer „Reduktion komplexer internationaler Prozesse auf
das psychologische Profil einiger zentraler Akteure" kommt.[33] Dekontextualisierung ist auf verschiedenen Ebenen anzusiedeln: Sie ist das Resultat von
Raum-, Zeit- und Relevanzvorgaben der Medienorganisationen sowie dem
Prozess der Informationsbeschaffung und der unterschiedlich ausgeprägten
Kontextkompetenz des Journalisten.

---

30 Martin Shaw, Civil Society and Media in Global Crises. Representing Distant
Violence, London/New York 1996.
31 Glass 1979, S. 162-206; Luger 1989, S. 23.
32 Zum Konzept des Auslandsbildes vgl. Hafez 2002a, Bd. 1, S. 45-50.
33 Sreberny-Mohammadi et al. 1985, S. 29.

Sie ist darüber hinaus das Ergebnis eines in der Regel geringen Kontextwissens des Konsumenten über Auslandskontexte, so dass von einem weit höheren Bedarf an Kontextinformation in der Auslands- im Vergleich zur Inlandsberichterstattung auszugehen ist.

Politische und ökonomische Strukturkonflikte im System der Weltpolitik und Weltwirtschaft – etwa Zusammenhänge zwischen Fortschritt und Unterentwicklung im Kontext der Beziehungen zwischen Industrie- und Entwicklungsländern – sind selten Teil der Medienberichterstattung.[34] Diese *Nichtdarstellung von Strukturproblemen der internationalen Beziehungen* ist in weiten Teilen ein Unteraspekt der Dekontextualisierung von Auslandsberichterstattung und der Tatsache, dass Medienberichterstattung häufig ereignis- und weniger prozessorientiert ausgerichtet ist. Insofern ist nicht verwunderlich, dass im Unterschied zu den Strukturkonflikten die Gewaltkonflikte zwischen Staaten (z.B. Nahostkonflikt) in der Berichterstattung stark präsent sind.[35] Auslandsberichterstattung sucht, dies belegen empirische Untersuchungen, in der Regel einen deutlichen geographischen Bezug – ein Land oder eine Region, über die berichtet wird – oder internationale Beziehungen zwischen diesem Land und einem anderen Land. Politologische oder kulturwissenschaftliche Raumordnungen – die „Erste" und die „Dritte Welt" oder „die islamische Welt" und „der Westen" – sind analytische, zum Teil ideologisch geprägte Größen, die im Framing-Konzept eines geographisch lokalisierten Artikels in Erscheinung treten können, jedoch nur selten das Hauptthema eines Beitrags definieren.

Entstehung und Wirkung der in vielerlei Hinsicht deformierten Auslandsberichterstattung können auf verschiedenen theoretischen Ebenen angesiedelt werden. Auf der Mikroebene einer Analyse von Personen bringt etwa der Journalist sozialisationsbedingte Kompetenzen, Weltbilder, Perspektiven, aber auch Stereotype und Feindbilder in die Textproduktion ein. Bei deutschen Journalisten, etwa mit Blick auf den wohl bekanntesten deutschen Auslandsjournalisten Peter Scholl-Latour, ist in einer Reihe von Publikationen der Nachweis ethnozentrischer Nationen- und Menschenbilder geführt worden.[36] Die Durchsetzung individueller Sozialisationsneigungen fällt um so leichter, als spezifische professionelle Rollenbilder unterentwickelt sind. Fragen nach der interkulturellen und internationalen Funktion der Auslands-

---

34 Glass 1979, S. 254-278; Luger 1989, S. 23; Luger 1985, S. 7.
35 Glass 1979, S. 279-317; Asche 1984, S. 25 f.
36 Verena Klemm/Karin Hörner (Hrsg.), Das Schwert des „Experten". Peter Scholl-Latours verzerrtes Araber- und Islambild, Heidelberg 1993.

berichterstattung als „kulturellem Mittler" oder „Mitgestalter der Außenpolitik" finden kaum Beachtung in der berufsethischen Debatte des Journalismus.[37]

Im Zentrum der Untersuchung der Einflüsse der Medienorganisationen und des Mediensystems – auf der theoretischen Mesoebene – steht die Frage nach dem internationalen Informationsfluss. Auslandskorrespondenten vermitteln im Idealfall durch ihren Zugriff auf lokale Medien und Meinungsführer Selbstbilder des Berichterstattungslandes. Die bestehenden Korrespondentennetze sind aber selbst bei großen deutschen Medien unterentwickelt; einzelne Korrespondenten betreuen oft eine Vielzahl von Ländern. Da noch unklar ist, wie sich alternative Quellen (Internet) in der Auslandsberichterstattung auswirken, ist die Abhängigkeit von den großen Nachrichtenagenturen (v.a. Reuters, AP, AFP), die heute im Regelfall der Auslandsberichterstattung 50 bis 80 Prozent der Informationsquellen darstellen, groß. Dies befördert zwar die Herausbildung eines minimalen globalen Themenhaushaltes der Auslandsberichterstattung, der systemübergreifend wirksam wird. Aber die zentrale Stellung der Agenturen hat auch die Vereinheitlichung der Orientierung der Auslandsberichterstattung an Konflikten und Eliten gefördert, antizyklische Themenfindung (selbst für Korrespondenten) erschwert und die Reichweite insbesondere der westlichen staatlichen Öffentlichkeitsarbeit vergrößert. Auch Nachrichtenagenturen sind finanzschwache Einrichtungen, die nicht nur selbst recherchieren, sondern die politische Öffentlichkeitsarbeit der Staaten an die Medien weiterleiten, die sie dann an den Verbraucher übermitteln.[38]

Das entstehende Gesamt einer Weltnachrichtenlage ist ein stark selektiertes und vereinheitlichtes Spektrum von Themen und Thementypen, die zwar von Land zu Land unterschiedlich interpretiert werden können, auf die zugleich aber große westliche Industriestaaten wie die USA, England und Frankreich durch ihre marktführenden Agenturen einen erheblichen Einfluss ausüben. In der modernen Demokratie ist das *trickle down*, das „Durchsickern" von interessengeleiteten Regierungspositionen in die sogenannte

---

37 Hafez 2002a, Bd. 1, S. 72 ff.
38 Zu den politischen Tendenzen der Agenturen vgl. Jeremy Tunstall, Worldwide News Agencies – Private Wholesalers of Public Information, in: Jim Richstad/Michael H. Anderson (Hrsg.), Crisis in International News: Policies and Prospects, New York 1981, S. 258-267; Lutz M. Hagen, Informationsqualität von Nachrichten. Meßmethoden und ihre Anwendung auf die Dienste von Nachrichtenagenturen, Opladen 1995, S. 252-264.

„freie Presse" und in die Medien strukturell angelegt, womit einer propagandistischen Durchdringung der Auslandsberichterstattung Tür und Tor geöffnet wird, da sich in der Verwertungskette der Auslandsinformationen zu viele schwache Glieder befinden: Agenturen, die finanziell auf Regierungsinput angewiesen sind und nicht selten die eigenen Regierungen bevorzugen; Medien, die ohne massiven Input von Agenturen wegen der zu hohen Kosten für ausreichend viele eigene Korrespondenten nicht überleben könnten; und Verbraucher am Ende der Verwertungskette, die auf Grund der zu großen Distanz zum Geschehen über wenige Chancen verfügen, Desinformationen als solche zu erkennen (vgl. Abb.7).

Abbildung 7: "Durchsickern" politischer Öffentlichkeitsarbeit in internationale Nachrichten

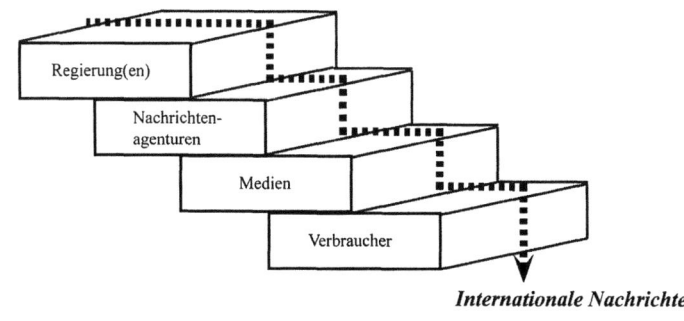

Internationale Nachrichten

Als Gegentendenz zeichnet sich in jüngeren Jahren immerhin ein verstärkter Trend zum bilateralen Nachrichtenaustausch zwischen Referenzmedien verschiedener Weltregionen ab, etwa zwischen dem ZDF und dem arabischen Sender *Al-Jazeera*, wodurch die außereuropäische Welt verbesserte Chancen zur Selbstdarstellung erhält. Sensible Fragen der Informationssicherung wie der unabhängige Zugriff der Medien auf Satellitenaufklärung, die bislang nur militärisch zensierte Standbilder liefert, sind von der Medienpolitik weltweit kaum aufgegriffen worden.

Auf der Makroebene einer Analyse der Gründe für die Probleme der Auslandsberichterstattung ist die gesellschaftliche Einbettung der Auslandsberichterstattung zu untersuchen. Aus systemtheoretischer Sicht konkurrieren

Journalisten, Politik und gesellschaftliche Gruppen und Organisationen als Subsysteme der Gesellschaft um Zugang zur Auslandsberichterstattung, während die Medien um ein Gleichgewicht zwischen Autonomiewahrung und Umweltanpassung bemüht sein müssen. Auslandsberichterstattung wird dabei in hohem Maß im Wechselspiel von Politik und Medien geprägt. Während das politische System als zentral handelndes System der internationalen Beziehungen über große Gestaltungsspielräume verfügt, sind die an Auslandsfragen interessierten Eliten und Organisationen in der Regel klein und üben nur geringen Einfluss aus. Medien erhalten zudem noch immer relativ wenig Impulse von transnational operierenden Nichtregierungsorganisationen (NGOs). „Ungewöhnliches Verhalten"[39] bis hin zum Terrorismus gilt manchen Gesellschaftskräften als Ersatz für eine erfolgreiche Medienstrategie.

Systemtheoretisch lassen sich starke Einflüsse des nationalen politischen Systems auf die Auslandsberichterstattung vor allem in extremen Krisenzeiten erkennen. In zahlreichen Fallstudien[40] sind patriotische Konsenstendenzen auch bei Medien nachgewiesen worden, die in Normalzeiten kritische Distanz zum Regierungshandeln wahren. Die Zunahme von Interaktionen zwischen nationaler Politik und Auslandsberichterstattung erstreckt sich nicht nur auf Außen- und Krisenpolitik, sondern umfasst auch die Sphäre der Innenpolitik. Zu erkennen ist nicht nur eine Verschränkung von Raumdimensionen wie bei der klassischen Unterscheidung zwischen *foreign news abroad* (auswärtiges Geschehen), *foreign news at home* (z.B. inländisches Geschehen mit Auslandsbezug, z.B. Demonstrationen von Einwanderern mit Bezug zu ihrem Herkunftsland), *home news abroad* (auswärtiges Geschehen mit Inlandsbezug, z.B. dt. Staatsbesuche), sondern eine komplexe thematische Vernetzung aller Lebensbereiche.[41] Historische Erfahrungen, politische Kulturen und aktuelle Ereignisse im Inland können Umfang und Inhalt der Auslandsberichterstattung beeinflussen, das Interesse steigern, aber auch das Fernbild „deformieren", etwa wenn das amerikanische Hochschulsystem

---

39 Gadi Wolfsfeld, Media and Political Conflict. News from the Middle East, Cambridge 1997.
40 W. Lance Bennett/David L. Paletz (Hrsg.), Taken by Storm. The Media, Public Opinion, and U.S. Foreign Policy in the Gulf War, Chicago/London 1991; Hafez 2002a, Bd. 1, S. 151 ff. und Bd. 2, S. 194-207; Martin Löffelholz, Krisen- und Kriegskommunikation als Forschungsfeld, in: ders. (Hrsg.), Krieg als Medienereignis II. Krisenkommunikation im 21. Jahrhundert, Wiesbaden 2004, S. 34 f.
41 Hafez 2002a, Bd. 1, S. 137 ff.

fälschlicherweise als identisch mit „Harvard" charakterisiert wird, weil in Deutschland nach Vorbildern für eine eliteorientierte Universitätsreform gesucht wird.

Im Vergleich zu den nationalen Prägungen der Auslandsberichterstattung bleiben internationale Interdependenzen, der Einfluss von Märkten, politischen Meinungen, Organisationen, Medien und kulturell kompetenten Gesprächspartnerschaften von jenseits der eigenen Grenzen in der Regel gering. Das mediale Subsystem der Auslandsberichterstattung bedient sich zwar des Auslands als „Informationsrohstoff". Es lässt sich aber nur sehr bedingt als integrierter Bestandteil eines kommunikativen Weltsystems beschreiben. Insbesondere fehlen interdependente Zusammenhänge, weil die Auslandsberichterstattung in aller Regel in den Mediensystemen dieser Welt für ein heimisches Publikum aufbereitet wird, nicht aber für die betroffenen Regionen selbst – ein Tatbestand, an dem sich auch im Zeitalter des Satellitenfernsehens wenig geändert hat (vgl. Kap. 3). Ohne derartige Vernetzungen aber gibt es zwar Kommunikation *über*, aber nicht *mit* den betroffenen Ländern, weswegen eine echte Qualitätssicherung der Auslandsberichterstattung fehlt, denn das heimische Publikum verbleibt in einer Situation geokultureller Distanz mit geringen Kenntnissen und Urteilsvermögen. Einflüsse auf die Nachrichtenagenda sind dadurch unipolar, nicht multipolar. Sie zementieren die Deutungshoheit des jeweiligen nationalen Mediensystems. In der globalen Welt wird zwar der grenzüberschreitende Informationsstrom vergrößert – was aber bleibt, sind die Mechanismen der lokalen Eindeutung und Domestizierung. Der Grundcharakter eines „ego-zentrierten" Mediensystems wird nicht angetastet. Die ethnozentrischen Weltbildapparate haben auch im Zeitalter der Globalisierung überlebt. Sichtweisen „des Anderen" können zwar durchdringen, aber Ideologien, kulturelle Stereotype und nationale Interessen wirken vielfach als Filter, dem nur dialogische und interaktive Formen des Auslandsjournalismus Abhilfe verschaffen könnten. Der deutsche Medienwissenschaftler und Politologe Hans Kleinsteuber hat in diesem Zusammenhang gefordert, sich vom veralteten Konzept der monologischen Auslandsberichterstattung zu trennen und die dialogischen Elemente zu stärken, vor allem, indem Journalisten aus den Berichterstattungsstaaten sowie mehr Stimmen aus den Zivilgesellschaften der Länder einbezogen werden.[42]

---

42 Hans J. Kleinsteuber, Bausteine für einen dialogischen Journalismus: Zur Umsetzung des Prinzips „Dialog der Kulturen", in: Jörgen Klussmann (Hrsg.), Interkulturelle Kompetenz und Medienpraxis. Ein Handbuch, Frankfurt 2004, S. 52 f.

In der gegenwärtigen Situation aber ist eine solche Reform der Auslandsberichterstattung in keiner Weise absehbar, was bedeutet, dass derzeit weitaus eher das genaue Gegenteil einer globalen Multikultur gefördert wird, nicht aber eine Form der Auslandsberichterstattung, die den Grundwiderspruch zwischen Systemverbundenheit, Systemwandel und Systeminterdependenz, der derzeit noch vorherrscht, auflöst.

Es gehört zu den zentralen Paradoxien der Globalisierung, dass in der Gegenwart die Voraussetzungen für einen solchen Wandel ungünstig erscheinen, weil das Interesse an Auslandsberichterstattung bei Medienproduzenten und -konsumenten nach Beendigung des Ost-West-Konflikts abgenommen hat. Auslandsberichterstattung führt zumindest im deutschen Fernsehen eine Randexistenz. Das vielfach unterschätzte Medium Radio ist mit Sendern wie dem Deutschlandfunk noch am ehesten in der Lage, breitere Bevölkerungsschichten zu erreichen. Während Auslandsberichterstattung bei vielen proaktiven Zeitungslesern der überregionalen Presse einen konsolidierten Stellenwert innehat, sind Reichweiten beim nur zum Teil politisch interessierten Fernsehpublikum nur schwer zu erzielen. Zur Zeit des Kalten Krieges war die internationale Aufmerksamkeit höher als in der Ära der sogenannten „Globalisierung", die eher Rückzugstendenzen beim Publikum gefördert hat.

Mit der Zunahme der Gefahren seit den Attentaten des 11. September schien die Auslandsberichterstattung in eine neue Phase einzutreten, weil erstmals seit vielen Jahren die Niedergangstendenz der Auslandsberichterstattung in den Medien umgekehrt werden konnte (siehe Abb.8). Allerdings ließ dieser Effekt schon bald nach den Ereignissen wieder nach (Abb.9), und das gewachsene Interesse am Ausland war ohnehin sektoral auf Fragen des internationalen Terrorismus und verwandte Themen beschränkt, ohne dass ein neues globales Interesse etwa an den Entwicklungsländern erkennbar wurde. Ein Indikator dafür war, dass zwar die Zahl von Sondersendungen im deutschen Fernsehen seit dem 11. September 2001 stieg, zugleich aber feste Sendeplätze der Auslandsberichterstattung (z.B. „Weltspiegel") seit Jahren abnehmen oder stagnieren.

Abbildung 8: Anteil der Auslandsmeldungen in Fernsehnachrichten 2000-2002

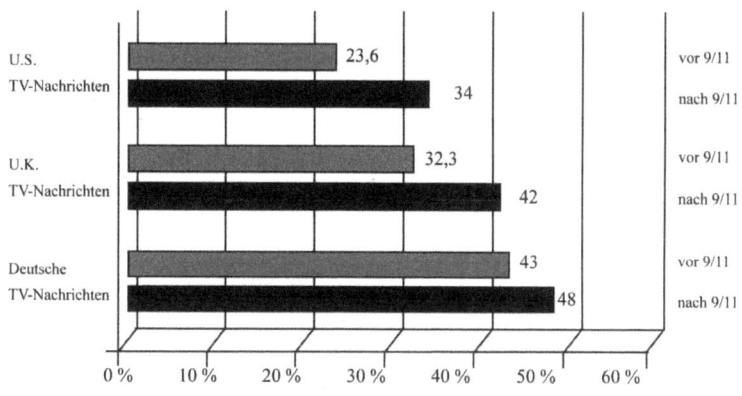

Basis: 35.473 Berichte in 7 deutschen, 11.652 Berichte in drei U.S. und
26.337 Berichte in 4 U.K. Nachrichtensendungen

Quelle: Media Tenor international 124, Bonn, September 2002

Abbildung 9: Anteil der Auslandsberichterstattung in US-Nachrichten

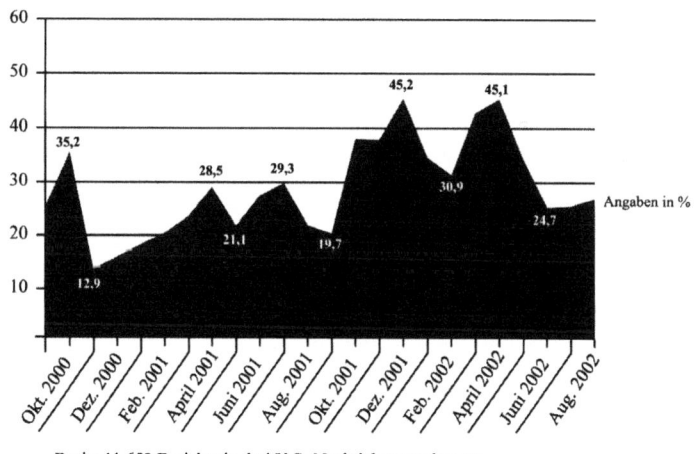

Basis: 11.652 Berichte in drei U.S.-Nachrichtensendungen

Quelle: Media Tenor international, Bonn, September 2002

61

Gerade von privaten Fernsehanstalten wird Auslandsberichterstattung als wenig rentabel betrachtet, zumal, so die Argumentation, selbst in Krisenzeiten Werbeausfälle zu kommerziellen Einbußen führen können. Dass man von Auslandsberichterstattung auch profitieren kann, zeigt insbesondere die Geschichte von CNN, dem amerikanischen Nachrichtensender, der erst durch den Golfkrieg von 1991 aus den roten Zahlen gelangte. Schwer nachzuvollziehen an kommerziellen Argumenten ist, dass bislang eigentlich keine soliden Nutzungsstudien vorliegen und sich die Reichweitenzahlen auf Reaktionen auf das bestehende stark politik- und krisenorientierte Programm beschränken.

Bislang ist nicht klar, ob die derzeitige Rezession der Auslandsberichterstattung angebots- oder nutzungsbedingt ist. Sicher ist hingegen, dass die Auslandsberichterstattung zahlreiche potentielle Reformbereiche aufweist: von der Journalistenausbildung und notwendigen interkulturellen Kompetenzschulung über die Ressourcenausstattung und Optimierung des Informationsflusses bis hin zum redaktionellen Krisenmanagement und der globalen Vernetzung.

2.2 Die globalen Nicht-Dialoge des 11. September 2001

Viele Beobachter haben sich nach den Terrorattentaten auf das *World Trade Center* und das Pentagon am 11. September 2001 enttäuscht über die aus ihrer Sicht stark zum Patriotismus neigende Medienberichterstattung in den USA gezeigt. Bekannte Nachrichtenmoderatoren wie Dan Rather von CBS ließen sich dazu hinreißen, alle Amerikaner aufzufordern, sich bedingungslos hinter ihren Präsidenten zu stellen.[43] Sprachanalysen zeigen, dass das kollektive „Wir" oder „Unser" sich durchsetzten. CNN verließ sich fast vollständig auf amerikanische Regierungsquellen und erzeugte so rasch den Eindruck, dass Kriege als Folge des Ereignisses unabdinglich seien.[44] Die amerikanischen Fernsehanstalten wurden zur Drehscheibe politischer Parolen des nationalen Zusammenhalts und der Unterstützung des Präsidenten George W. Bush, wobei vorsichtigere, abwägendere Stimmen an den Rand gedrängt

---

43 *Far Eastern Economic Review*, 8. November 2001, S. 20 f.
44 Amy Reynolds/Brooke Barnett, „America under Attack": CNN's Verbal and Visual Framing of September 11, in: Steven Chermak/Frankie Y. Bailey/Michelle Brown, Media Representations of September 11, Westport, CT/London 2003, S. 85-101.

wurden.[45] Große amerikanische Fernsehanstalten trafen Abkommen mit der US-Regierung, bestimmte Materialien, zum Beispiel Videobotschaften der Terroristen, nicht zu senden. Einmal mehr erwiesen sich demokratische Mainstream-Medien, insbesondere das Fernsehen, aber auch die Presse,[46] in außergewöhnlichen Krisenzeiten als Spielbälle der Exekutive (vgl. Kap. 2.3). Jede noch so kleine Regung eines gesellschaftlichen Dialogs über Grundfragen von Krieg und Frieden wurde im Keim erstickt.

Diese Form eines nationalen Selbstbezuges in extremen Krisenzeiten ist nicht der einzige Faktor, der einem globalen Dialog über internationale Konflikte im Wege steht. Ein Vergleich der deutschen mit arabischen Reaktionen in Medien und Öffentlichkeit auf die Ereignisse des 11. September etwa zeigt, dass viele Perspektiven nahezu spiegelbildlich angeordnet waren – und zwar, obwohl weder Deutschland noch die meisten arabischen Länder unmittelbar von den Attentaten betroffen waren. Dennoch wurde rasch erkennbar, dass, über die akute Bedrohung des Nationalstaats hinaus, internationale Krisen kulturelle Reflexe und Interpretationsweisen freisetzen können, die globale Dialoge behindern und die Entwicklung einer verbesserten Wahrnehmung des Kulturkonflikts fördern. Viele Medienreaktionen in Deutschland und der arabischen Welt erweisen sich als unterschiedliche Sichtweisen auf denselben Zusammenhang, wobei Manches Ausdruck einer geradezu irrationalen Fehlwahrnehmung des „Anderen" war. Manche Perspektiven hingegen waren eindeutig rationalen Ursprungs und Aspekte einer bedeutsamen Kritik an den internationalen Beziehungen. Diese Kritik drang aber nur zu wenigen Eliten auf der jeweils anderen Seite durch. Dabei wäre vor allem in extremen Krisensituationen eine bessere Vernetzung von Öffentlichkeiten von größter Bedeutung. Medien in den jeweiligen nationalsprachlichen Räumen fungieren aber vielfach geradezu als „Kritikfilter", an denen Vieles von dem hängen bleibt, was die gewohnten Perspektiven auf weltpolitische Problemlagen ins Wanken bringen würde.

Unmittelbar nach dem Attentat begannen deutsche Medien Erklärungen für die Vorgänge beim „Islam" zu suchen. Die meisten der damals aktiven großen Wochenzeitungen, etwa *Stern, Der Spiegel, Die Woche* oder *Focus,* widmeten der „Weltmacht Islam" häufig mehrere Titelgeschichten. Gegenüber den vielfach untersuchten Deformationen des deutschen Islambildes,

---

45 Ebenda, S. 94 ff.

46 Vgl. mit dem selben Tenor: David Domke, God Willing? Political Fundamentalism in the White House, the ‚War on Terror' and the Echoing Press, London/Ann Arbor 2004.

das den Islam als gewalttätige Religion und Ideologie darstellt,[47] zeigte die Islamberichterstattung des 11. September einige positive Fortschritte. Anders als während früherer Krisen, etwa der Rushdie-Affäre von 1989,[48] dem Algerienkonflikt von 1991/92[49] oder dem Golfkrieg von 1991,[50] bemühten sich viele deutsche Medien um eine deutlichere Trennung zwischen „dem Islam" und der Mehrzahl der friedlichen Muslime einerseits und gewaltbereiten Fundamentalisten andererseits. Die mittlerweile eingestellte Zeitschrift *Die Woche* warnte sogar in einem Leitartikel vor dem „Feindbild Islam".[51] Printmedien bemühten sich in Titelgeschichten um ein ausgewogenes Islambild und kritisierten die verbreiteten Zerr- und Feindbilder des Orients und des Islams.[52] Eine neue Generation von Journalisten, die mit der Kritik an einseitigen Islam- und Orientbildern aufgewachsen waren, brachte sich publizistisch zur Geltung – aber der Weg zu einer ausgewogeneren Sicht ist auch nach dem 11. September noch sehr weit.

Zwar ist methodisch schwer nachweisbar, dass die Medien eine Mitverantwortung dafür tragen, dass zwischen 70 und 80 Prozent der Deutschen in Umfragen ihre Angst und Aversion gegenüber dem Islam bekunden[53] – aber der Zusammenhang scheint doch sehr plausibel. Auch in den differenzierenden Beiträgen war der Islam nahezu ausschließlich in seiner Ausprägung als „politischer Islam" von Interesse. Erst durch die Verbindung der Themen „Islam" und „Gewalt" gelangte der Islam auf die Medienagenda, und eine geradezu blutrünstige Bildsprache stand in den großen Illustrierten nicht selten in einem eklatanten Widerspruch zu durchaus differenzierten Texten. Nicht zuletzt erwiesen auch scheinbar aufgeklärte Journalisten dem Islambild

---

47 Hafez 2002a, Bd. 2; Jochen Hippler/Andrea Lueg (Hrsg.), Feindbild Islam, Hamburg 1993.

48 Kai Hafez, Salman Rushdie im Kulturkonflikt. Zum Problem der transkulturellen Kommunikation in der deutschen Presseberichterstattung, in: Orient 37 (1996a) 1, S. 137-161.

49 Kai Hafez, The Algerian Crisis as Portrayed in the German Press: Media Coverage of Political Islam, in: Communications. The European Journal of Communication Research 21 (1996b) 2, S. 155-182.

50 Christina Ohde, Der Irre von Bagdad. Zur Konstruktion von Feindbildern in überregionalen deutschen Tageszeitungen während der Golfkrise 1990/91, Frankfurt et al. 1994.

51 Titelgeschichte am 21. September 2001.

52 Z.B. Titelgeschichten: *Die Woche*, 21. September 2001; *Focus*, 1. Oktober 2001; *Stern*, 4. Oktober 2001; *Der Spiegel*, 8. Oktober 2001; *Stern*, 25. Oktober 2001.

53 *Focus*, 40/2004, S. 62 ff.

einen Bärendienst, indem sie den Islam überhaupt als zentralen Ankerpunkt zum Verständnis des Terrorismusphänomens heranzogen, statt nach den komplexen politischen und gesellschaftlichen Ursachen (Zerfall staatlicher Gewaltmonopole in Nah- und Mittelost, neokoloniale Restkonflikte wie in Palästina etc.) zu forschen. Den nahöstlichen Terrorismus hat es im „säkularen Gewande" schon gegeben als der islamische Fundamentalismus noch kaum existierte – etwa in Gestalt des palästinensischen Attentats auf israelische Sportler bei der Münchner Olympiade von 1972 oder palästinensischer Flugzeugentführungen. Die islamische Rhetorik der Fundamentalisten lenkt offenbar erfolgreich von den dahinter stehenden strukturellen Gewaltfragen ab.

Während von einzelnen Autoren eine generelle Verbesserung des Islambildes in den US-amerikanischen Medien nach dem 11. September festgestellt worden ist,[54] war in der deutschen Presse zwar ein Bemühen um die Vermeidung unnötiger Feindbilder zu erkennen, aber das Islambild litt unter einer offensichtlich zum Kulturgut gewordenen Politisierung, die, ohne diffamierend sein zu wollen, genau dies war, weil sie lediglich einen kleinen Ausschnitt der muslimischen Lebensrealität – radikale Fundamentalisten und Terroristen – auf die Medienagenda hob, während die am Rande erwähnten „friedlichen Muslime" medial kaum in Erscheinung traten. Insgesamt erzeugt der Umgang der deutschen Medien mit dem Islam nach dem 11. September in seiner neuen Mischung aus Differenzierung und struktureller Fehleinschätzung den Eindruck einer „aufgeklärten Islamophobie".

Für den Vergleich mit den arabischen Medienreaktionen ist eine Zeitverlaufsanalyse der deutschen Medienberichterstattung interessant. Nach den unmittelbaren Reaktionen auf das Phänomen des Terrorismus beschäftigten sich beispielsweise viele Printmedien von Ende September bis Ende Oktober 2001 vor allem mit Fragen im Schnittfeld von Islam und Terror. Genau in diese Zeit fiel auch der Beginn des militärischen Schlags der USA und des Krieges in Afghanistan, der am 7. Oktober ausbrach. Erst ab Mitte November 2001 aber erklomm die Grundsatzfrage nach dem Sinn und Zweck des Krieges als Reaktion auf den Terror die Titelseiten der deutschen Wochenzeitungen.[55] Der Pazifismus-Frame, wie man die mediale Gegenposition zum Krieg

---

54 John Strawson, Holy War in the Media: Images of Jihad, in: Steven Chermak/Frankie Y. Bailey/Michelle Brown, Media Representations of September 11, Westport, CT/London 2003, S. 17-28.
55 Z.B. *Stern*, 15. November 2001; *Die Woche*, 7. Dezember 2001.

diskursanalytisch bezeichnen würde,[56] war schon in den Wochen zuvor natürlich hier und dort in den deutschen Medien präsent – er hatte aber noch nicht die Höhen der Medienagenda erreicht und war in seiner Bedeutung randständig. Nachhaltig erörtert wurde die Grundsatzfrage von Krieg oder Nicht-Krieg in deutschen Medien also erst, nachdem es eigentlich längst zu spät war und niemand ernsthaft noch glauben konnte, dass es möglich sein würde, ein Meinungsklima zu erzeugen, dass die politische Entscheidungsfindung beeinflussen würde.

Dieser „phasenverschobene" Pazifismus war völlig anders geartet als die zeitgleiche Reaktion der arabischen Medien. Unmittelbar nach den Attentaten des 11. September wurde in arabischen Medien, ganz wie im Westen und in anderen Teilen der Welt, Mitleid mit den Opfern und Hinterbliebenen und Abscheu gegenüber den Tätern bekundet. Je näher der Afghanistankrieg jedoch rückte, um so weiter drifteten westliche und arabische Öffentlichkeiten auseinander.

Auf offene Sympathie trafen die Attentate auf das *World Trade Center* und das Pentagon zum Teil im palästinensischen Autonomiegebiet, im Libanon oder in den Flüchtlingslagern Jordaniens, also in Gebieten, die in jüngerer Vergangenheit immer wieder unter der Einwirkung israelischer Gewaltakte zu leiden hatten. Die arabische Öffentlichkeit war jedoch kein einheitlicher Block. Die meisten Massenmedien, insbesondere die Printmedien, übernahmen die Rolle eines Bindegliedes zwischen staatlicher Anti-Terrorpolitik und der zerrissenen Öffentlichkeit. Abdel-Moneim Said bekräftigte in der größten ägyptischen Zeitung *Al-Ahram* die Unterstützung für New York und seine Bürger:

> Der Anschlag auf das World Trade Center war (...) ein Angriff gegen die gesamte Welt, ein Angriff auf all die Völker, Hautfarben und Religionen und Rassen, die zusammen das Mosaik [New Yorks] ausmachen.[57]

In arabischen Zeitungen wurden zahlreiche Fotos von Mahnwachen für die Opfer des Terroranschlags abgedruckt, insbesondere dort, wo Muslime beteiligt waren.[58]

---

56 Als „frames" bezeichnet man Kernargumentationen, die den „Rahmen" einer Debatte abstecken.
57 *Al-Ahram Weekly* (Ägypten), 20.-26. September 2001, S. 13.
58 Z.B. *Al-Hayat* (Saudi-Arabien), 15. September 2001, S. 5; *Al-Ahram Weekly* (Ägypten), 13.-19. September 2001, S. 3; *Al-Ahram Weekly* (Ägypten), 20-26. September 2001, S. 5, 13.

Dass die Terrorismusbekämpfung ein gemeinsames Ziel arabischer und westlicher Staaten sein muss, brachte niemand deutlicher zum Ausdruck als die Presse jener autoritären Staaten im Maghreb, die wie Algerien und Tunesien in den letzten Jahren eine besonders harte Linie gegenüber der islamistischen Opposition verfolgten. Hier wurde dem Westen nach dem 11. September ein „strategischer Fehler" (*El Watan*, Algerien) vorgeworfen, denn man habe dort geglaubt, Islamisten als Asylanten aufnehmen und mit ihnen politisch paktieren zu können. Insbesondere Großbritannien wurde als Sammelbecken des Islamismus bezeichnet.[59] Enge Verbündete der USA wie Pakistan, Saudi-Arabien und die Vereinigten Arabischen Emirate wurden als „Vasallenregimes" betrachtet, die durch ihre Anerkennung der Taliban wie durch ihre finanzielle Hilfe für den algerischen *Front Islamique du Salut* (FIS) den Terrorismus gefördert hätten.[60]

Während unmittelbar nach dem 11. September das Medienecho in deutschen und arabischen Medien in seinem Zur-Geltung-Bringen eines universellen Humanismus mit Blick auf die Attentatsopfer noch sehr ähnlich war, bildeten sich in den folgenden Wochen in rasantem Tempo zahlreiche Unterschiede zwischen den beiden Sphären der Öffentlichkeit heraus, was gravierende Fragen über den Stand der Globalisierung nach sich zieht. Zur gleichen Zeit, als in Deutschland „Islamberichterstattung" im Zentrum stand und man sich fragte, wie dem „islamischen Terrorismus" entgegengetreten werden könne, während Positionen, die gegen die amerikanischen Kriegshandlungen in Afghanistan gerichtet waren, schwach vertreten waren und sich erst dann entwickelten, als eine solche öffentliche Resonanz auf Grund der fortgeschrittenen Ereignisse politisch irrelevant war, hatten sich in arabischen Medien Anti-Kriegshaltungen früher und wesentlich vehementer Geltung verschafft. Ermessen kann man dies etwa daran, dass, obwohl Medien und Öffentlichkeiten in den meisten maghrebinischen Ländern auf Grund der relativen Distanz zu den Krisenherden des Nahostkonflikts, des Irak oder Afghanistans vergleichsweise nüchtern reagierten, eine bekannte Zeitschrift wie das in Tunesien erscheinende französisch-arabische Magazin *Realités* in seiner Jahresbilanz den Krieg in Afghanistan eindeutig verurteilte. Sie bezeichnete ihn als einen Krieg, der diejenigen Werte zerstörte, die er vorgab zu verteidigen. Aus Sicht von *Realités* zeigte sich hier deutlich, dass Versprechen eines „Endes der Geschichte", die Francis Fukuyama nach der Ost-

---

59 *El Watan* (Algerien), 16. September 2001, S. 4 f.; *El Watan* (Algerien), 14.-15. September 2001, S. 3.
60 *El Watan* (Algerien), 16. September 2001, S. 4.

West-Konfrontation in den USA und weltweit so populär gemacht hatten, da in ihnen die Vision einer gleichmäßig liberalen und gerechten Weltgesellschaft Gestalt annahm, nur noch als neuer Entwurf einer imperialen Weltordnung gedeutet werden konnten. Der Krieg in Afghanistan, so urteilte die Zeitschrift, symbolisierte die völlige Unterordnung unter die Entscheidungsgewalt Washingtons.[61]

Interessant an dieser verbreiteten Sicht eines ungerechten Krieges in Afghanistan mit negativen Auswirkungen auf die Zivilbevölkerung ist, dass sie mit einer Kritik der „Globalisierung" gekoppelt war. Der Krieg, so die Argumentation, zeigte die Grenzen der „Globalisierung" auf. Krieg und Terrorismus wurden als direkte Symptome einer Weltordnung betrachtet, die durch eine fortschreitende Kluft zwischen armen und reichen Ländern geprägt war.[62] Solche Überlegungen wurden nach dem 11. September nicht nur im Nahen und Mittleren Osten angestellt, sondern sind in identischer Weise etwa auch auf dem Gründungsgipfel der deutschen Sektion der Anti-Globalisierungsbewegung Attac erörtert worden.[63] Hier deutet sich an, dass im Westen durch die Ereignisse des 11. September ein erweiterter Primat der Sicherheits- und Stabilitätspolitik entstanden war, während im Nahen Osten immer deutlicher das Fehlen politisch-konzeptioneller Ansätze zur Neuordnung der politischen und ökonomischen Beziehungen zwischen den USA/Europa und islamischen Ländern angemahnt wurde.

Vom Globalisierungszeitalter hätte man angenommen, dass eine Konflikte mindernde Vernetzung der Zivilgesellschaften erfolgen würde. Nimmt man die deutschen und arabischen Reaktionen von Medien und Öffentlichkeiten auf die Terrorattentate des 11. September zum Ausgangspunkt, so muss man allerdings eingestehen: Abschottungstendenzen überwogen. Der Westen und die arabische Welt pflegten hochgradig isolierte Mediendiskurse, die an den entscheidenden Punkten die Fähigkeit vermissen ließen, die Rezeption „des Anderen" in die eigene Perspektive zu integrieren und sinnvolle Schlussfolgerungen für die internationalen Beziehungen vorzunehmen. Dialogische Auslandsberichterstattung im Sinne Hans Kleinsteubers? Fehlanzeige!

Zwar herrschte nach den Attentaten im Grunde Konsens im Hinblick auf die Verurteilung des Terrorismus, doch wurde auf beiden Seiten der Terro-

---

61 *Realités* (Tunesien), 27. Dezember 2001, S. 16.
62 Ebenda, S. 17.
63 Nach dem 11.September ist Attac nötiger denn je, http://www.attac.de/kongress/2010v.html (25. Februar 2005).

rismus, der einem selbst zugefügt wird – hier das *World Trade Center*, dort die israelische Besatzung usw. – tendenziell als gravierender eingestuft. Und während die eine Seite massiv die Revision der amerikanischen Nahostpolitik in Richtung auf eine gerechtere Lösung von Regionalkonflikten anmahnte, entzog sich die andere Seite durch einen geradezu spekulativen Diskurs über Zusammenhänge zwischen Islam und Gewalt dieser Herausforderung. Dieses Verhalten führte wiederum zu einer ständigen Drucksteigerung bei amerikafeindlichen wie bei islamfeindlichen Motiven und zu Kettenreaktionen globaler Wahrnehmungsverzerrungen. Öffentliche Reaktionen im Orient-Okzident-Gefüge bestehen in weiten Teilen aus thematischen Zwangsfixierungen und Verschwörungsformeln. Mit rationaler Verarbeitung haben solche Diskurse oft weniger zu tun als mit öffentlichen Ritualen der Selbstbestätigung und Selbstvergewisserung.

Wen wundert es da, dass angesichts dieses gigantischen Kommunikationsstaus in den arabischen Medien allenthalben Weltpessimismus zum Vorschein kam: Das „Ende des Pazifismus", das „Ende der Globalisierung" – sind wir wirklich schon soweit?

2.3 Der Irakkrieg 2003: Kriegsberichterstattung im unaufgelösten Nationalstaat

Wie bereits der Golfkrieg von 1991 hat auch der Irakkrieg von 2003 zahlreiche wissenschaftliche Analysen über die Rolle der Medien bei der Entstehung und Durchführung des Krieges nach sich gezogen. Die allermeisten Untersuchungen konzentrierten sich bislang auf die hauptkriegsführende Partei, die Vereinigten Staaten.[64] Dabei wären gerade vergleichende Studien der Auslandsberichterstattung vor und während des Krieges geeignet, die wichtige Frage zu beantworten, ob im Zeitalter der Globalisierung das Diktat nationalistischer Kriegspropaganda gebrochen ist. Der folgende Vergleich der Medienberichterstattung über den Irakkrieg 2003 in den USA, Großbritannien und Deutschland legt einmal mehr den Schluss nahe, dass das System der Auslandsberichterstattung nach wie vor nationalen Interessen und

---

64 Howard Tumber/Jerry Palmer, Media at War. The Iraq Crisis, London et al. 2004; Stephen Hess/Marvin Kalb (Hrsg.), The Media and the War on Terrorism, Washington, D.C. 2003; Daya Kishan Thussu/Des Freedman (Hrsg.), War and the Media, London et al. 2003; David Miller (Hrsg.), Tell Me Lies. Propaganda and Media Distortion in the Attac on Iraq, London/Sterling 2004.

politischen Akteuren untergeordnet ist – auch wenn gerade die britische Presse Grund zu Hoffnung gibt.

Vom großen amerikanischen Meinungsforschungsinstitut *Gallup* ermittelte Daten zeigen, dass sich die öffentliche Meinung in den USA vor, während und nach dem Irakkrieg 2003 geradezu schulbuchmäßig entwickelte (Abb.10). Die sowohl vor als auch nach dem Krieg durchaus kritikbereite Öffentlichkeit scharte sich während der akuten Kriegshandlungen mit hohen Unterstützungswerten um ihren Präsidenten George W. Bush – ein Phänomen, das Kommunikationswissenschaftler als Rallying-Round-the-Flag bezeichnen. Vor dem Krieg gab es mehr Skeptiker, nach dem Krieg drückte die Sorge über die hohen menschlichen und finanziellen Kosten der Besatzung die Stimmung.

Abbildung 10: Unterstützung für George W. Bushs Irakpolitik in den USA

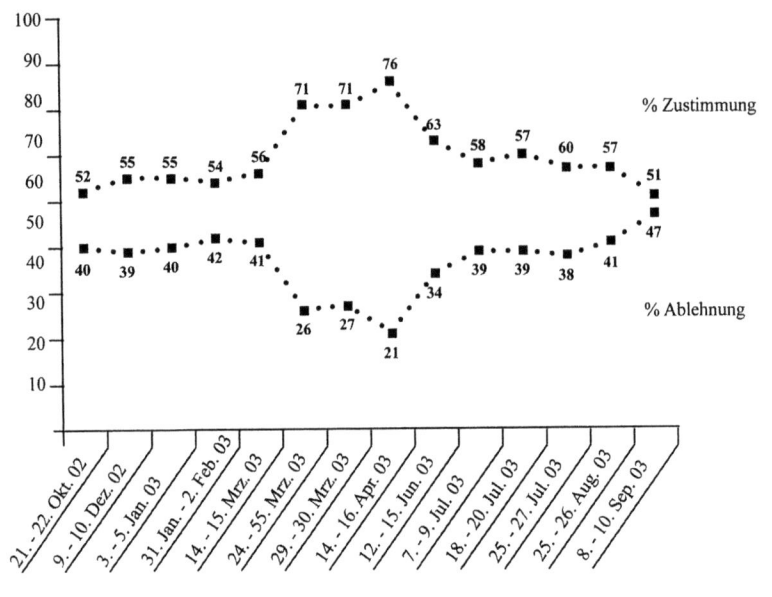

Quelle: www.gallups.com/poll/releases/pr030912.asp (15. Mai 2003)

Was die amerikanische Medienreaktion auf den Irakkrieg angeht, so herrscht in der Literatur weitgehend Einigkeit über die ausgeprägte patriotische und regierungsfreundliche Neigung weiter Teile der großen Massenmedien. Die amerikanische Watchdog-Organisation FAIR (*Fairness and Accuracy in Reporting*) klagte etwa darüber, dass die großen Zeitungen *New York Times* und *Washington Post* Kriegsgegner kaum zu Wort kommen ließen.[65] Amerikanische Fernsehsender heizten die öffentliche Stimmung mit Sonderberichten wie „Countdown Iraq" oder „Showdown with Saddam" an. Der damalige Leiter der englischen Fernsehanstalt BBC, Greg Dyke, kritisierte die proamerikanische Einseitigkeit und die latente Kriegspropaganda amerikanischer Rundfunk- und Fernsehmacher. *Fox News*, der zum damaligen Zeitpunkt führende Nachrichtensender in den USA, zeigte offen seine Sympathie für die neokonservative Agenda von Präsident Bush. Die größte Radiokette der Vereinigten Staaten, *Clear Channel Communication Inc.*, wurde von Dyke dafür kritisiert, aktive Kriegsmobilisierung im gesamten Land zu betreiben.[66]

Die Liste der Vergehen gegen den Objektivitätsgrundsatz durch amerikanische Medien vor und während des Irakkriegs 2003 ist schier endlos und wird durch eine Studie gestützt, die FAIR während der Kriegswochen im März und April 2003 durchführte.[67] Seit Beginn der Invasion waren demnach Regierungsakteure bei den großen Networks ABC, CBS, NBC, CNN, Fox und PBS in der Mehrheit, während Kriegsgegner unterrepräsentiert waren. Mehr als 70 Prozent aller eingeladenen Interviewpartner sprachen sich für den Krieg aus, lediglich 10 Prozent waren dagegen. Offizielle Stimmen, ob aktiv in der Regierung oder als ehemalige Regierungsmitglieder, machten mehr als die Hälfte (ca. 60%) aller Gäste aus, wobei das Militär doppelt so stark vertreten war wie Zivilisten.

Diese Untersuchungsergebnisse sind vom internationalen Forschungsnetz *Medien Tenor* bestätigt worden, das die Präsenz amerikanischer Regierungsvertreter auf amerikanischen Fernsehbildschirmen ebenfalls mit 60 Prozent veranschlagt. Dass dies tatsächlich ein nationaler Reflex der amerikanischen Medien war, zeigt der Vergleich mit Deutschland und England (Abb.11), wo weitaus weniger amerikanische, dafür aber um so mehr irakische Regierungsvertreter zu sehen waren. Man erkennt deutlich, dass in den Medien des Hauptakteurs des Irakkrieges, in den USA, eigene Eliten und

---

65 Jim Naureckas, When 'Doves' Lie. The New York Times Plays Down Anti-War Opinion, http://www.fair.org/extra/0304/nyt-doves.html (13. Mai 2003).
66 Merissa Marr, BBC Chief Attacks U.S. Media War Coverage, http://www. veteransforpeace.org/BBC_chief_attacks_042403.htm (28. März 2005).
67 Steve Rendall/Tara Broughel, Amplifying Officials, Squelching Dissent, http://www. fair.org/extra/0305/warstudy.html (13. Mai 2003).

damit die eigenen nationalen Interessen und Begründungszusammenhänge im Vordergrund standen.

Abbildung 11: Protagonisten der Irak-Berichterstattung in den Fernsehnachrichten 2001-2002

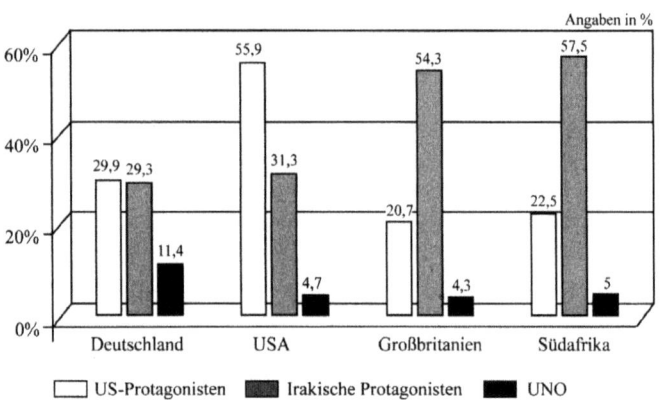

Basis: 464 Irak-Beiträge in 19 Nachrichtensendungen

Quelle: Media Tenor international 124, Bonn, September 2002

Die öffentliche Meinung in Großbritannien stand dem Krieg kritischer gegenüber als in den USA, war aber weniger kritisch als fast der gesamte Rest Europas (mit Ausnahme vielleicht Polens). Mit Beginn des Krieges wuchs auch im Königreich die Unterstützung der Regierung auf über 50 Prozent und erklomm ihren Höhepunkt, als alliierte Truppen den Krieg gewonnen hatten.[68] Die Bilder der stürzenden Statue von Saddam Hussein in Bagdad und von jubelnden Irakern verschaffte Premierminister Tony Blair die bis dahin unsichere öffentliche Unterstützung seiner Kriegspolitik. Dass es sich bei dem Sturz der Statue um eine Inszenierung von nur etwa hundert von den Amerikanern ermunterten Irakern in einer ansonsten verlassenen Hauptstadt Bagdad handelte, spielte dabei keine Rolle, weil die meisten Medienkonsumenten ihrer Auslandsberichterstattung in dieser Frage vertrauten – völlig zu

---

68 TV, Patriotism Helped Swing British Opinion on Iraq War, Agence France-Presse, http://quickstart.clari.net/qs_se/webnews/wed/az/Qiraq-war-britain (10. Mai 2003).

Unrecht, wie sich bald herausstellte. Die Boulevardzeitungen des Medienzaren Rupert Murdoch, *The Sun* und *News of the World*, hatten sich vom ersten Moment an hinter Blairs Kriegskurs gestellt.[69] Als der britische Unterhausabgeordnete Galloway während des Krieges Sanktionen gegen die Vereinigten Staaten forderte, stellte ihn *The Sun* als „Verräter" an den Pranger.[70] Die seriösen Tageszeitungen *The Guardian*, *The Times* und *The Independent* blieben dagegen relativ objektiv. Als der Krieg ausbrach, berichtete etwa der Starreporter des *Independent*, Robert Fisk, in allen Einzelheiten davon, wie ein Taxifahrer durch eine alliierte Bombe getroffen wurde, und er kritisierte die mangelnde Humanität der Regierung Blair. Überschriften wie „Night of Terror"[71] oder die Bezeichnung der Bombardierung eines Marktplatzes in Bagdad als „obszön" waren deutlich, aber die Kriegskritik nahm im Verlauf des Kriegs mit dem wachsenden Erfolg der Briten ab, bis auch der *Independent* den „Final Countdown for Baghdad"[72] und mit der stürzenden Statue Saddam Husseins wortlos die erste Seite füllte. Während bei *The Times* und *The Independent* Kritiker zumindest auf den hinteren Seiten zu Wort kamen, war die Bildsprache der *Times* stark militaristisch: Pressebriefings der Armee, Soldaten in Aktion, Soldaten, die Blumen überreicht bekamen usw. *The Times* redete gerade in den Überschriften eine deutlich kriegsbefürwortende Sprache: „Wir befreien ein Land, das von einem Verrückten versklavt wird"[73], „Blitzkrieg in Bagdad"[74] oder „Ruchloser Despot kann dem Spiel nicht widerstehen".[75]

Während die britische Presse also insgesamt zwischen Patriotismus und Neutralität schwankte, waren der britische Rundfunk und das Fernsehen deutlich distanzierter und nüchterner als ihre amerikanischen Counterparts, wenngleich auch ihnen vorgeworfen wurde, Kriegsgegner, die es im Lande reichlich gab, zu wenig zu Wort kommen zu lassen.[76]

---

69 Ebenda.

70 Doing the Dissent Thing ?, http://news.bbc.co.uk/1/hi/uk/2907599.stm (10. Mai 2003).

71 *The Independent*, 22. März 2003.

72 *The Independent*, 2. April 2003.

73 'We are Liberating a Country that Is Enslaved by a Lunatic', *The Times*, 20. März 2003.

74 The Blitzing of Baghdad, *The Times*, 22. März 2003.

75 Ruthless Despot who Can't Resist a Gamble, *The Times*, 20. März 2003.

76 Ted Turner Calls Murdoch Warmonger, http://www. Thetruthseeker.co.uk/ article.asp ?ID=727 (7. Mai 2003).

Die öffentliche Meinung in Deutschland wendete sich eindeutig gegen den Krieg im Irak, ähnlich wie in Staaten wie Frankreich, Spanien, Portugal, Italien, Dänemark, Schweden, Finnland, Belgien, den Niederlanden, Russland oder der Türkei: Staaten also, in denen die Regierungen zum Teil den Krieg befürworteten.[77] Anders als die öffentliche Meinung jedoch war die deutsche Presse weitaus weniger deutlich auf eine Anti-Kriegsposition festgelegt.[78] Liberale und konservative Blätter wie *Die Zeit* oder die *Frankfurter Allgemeine Zeitung* kritisierten Kanzler Schröder scharf für dessen undiplomatische Absage an den Krieg und für die Beschädigung der deutsch-amerikanischen Beziehungen. Linksliberale Zeitungen wie die *Frankfurter Rundschau* zeigten sich überwiegend pazifistisch, aber das deutsche Fernsehen bemühte sich in zahlreichen Sendungen, sowohl Befürworter als auch Gegner des Kriegs zu Wort kommen zu lassen.

Wie lässt sich diese empirische Sachlage der Kriegsberichterstattung in den Vereinigten Staaten, Großbritannien und Deutschland vor dem Hintergrund der Globalisierungsdebatte deuten? Die Beispiele der USA und, in geringem Maß, auch Großbritanniens, bestätigen, dass das "Scharen um die heimische Flagge" (*rally round the flag*)[79] ein verbreiteter Mechanismus ist und moderne demokratische Staaten als „wehrhafte Gesellschaften" nicht anders funktionieren als jeder autoritäre Propagandastaat. Dabei sind es weniger die Regierungen, die ihre Bevölkerung aktiv beeinflussen, sondern sie stellen durch ihr kriegsaktives Handeln die Weichen für das Auslösen von Verteidigungsinstinkten der Bevölkerung, die sich als Schutzgemeinschaft sieht. Es ist daher völlig falsch, anzunehmen, dass wir uns gegenwärtig bereits in einer Ära befinden, in der globale Meinungslagen – im vorliegenden Fall also die überwältigende Ablehnung des Krieges durch die allermeisten Staaten und Öffentlichkeiten im Nahen und Mittleren Osten – die Medien und die öffentliche Meinung in kriegsbereiten Staaten signifikant beeinflussen oder auch prägen könnten. Im Spezialfall der Auslandsberichterstattung in Staaten, die ins Kriegsgeschehen involviert sind, gibt die nationale Regierung den Ton an, und Argumente von Regierungen und Institutionen anderer Länder oder gar vom „Weltsystem" der Vereinten Nationen erweisen sich als schwach. Der Informationsrohstoff der Nachrichten mag von außen kom-

---

77 *Frankfurter Rundschau*, 13. Februar 2003, S. 2.

78 Ingrid A. Lehmann, Transatlantic Media Divide over Iraq, in: Medien Tenor Forschungsbericht Nr. 147, September 2004, S. 66-69.

79 Zum Phänomen des Rallying-Round-the-Flag vgl. John E. Mueller, War, Presidents, and Public Opinion, New York 1973.

men, er mag richtige (und falsche) Fakten und Berichte aus Ländern wie dem Irak enthalten, aber die „story" des Krieges wird im Inland gemacht, und sie ist im Zweifel partikularistisch und kriegerisch wie eh und je.

Versucht man diese Situation systemtheoretisch zu deuten, dann wird klar, dass die Auslandsberichterstattung in Kriegszeiten auf ihre strukturellen Mängel im Bereich der globalen Interdependenz zurückgeworfen wird. Weder handelt es sich bei den meisten Medien um transnational operierende und verankerte Medien, die unterschiedliche Märkte und damit auch Meinungslandschaften und nationale Interessensphären bedienen. Noch sind ungeachtet aller Diskussionen über die Vereinten Nationen und den Sicherheitsrat politische Einflüsse auf Medien und Öffentlichkeiten in der Weise globalisiert, dass die starke Präsenz des kriegsführenden Nationalstaates ausgeglichen werden könnte. Die Medien müssen sich diesen „rauen" internen wie externen nationalen Umwelten in Kriegszeiten kurzfristig stark anpassen. Nach dem Krieg kann dann eine gewisse Entspannung einsetzen, die sich in wachsendem Pluralismus und einer neuen Weltoffenheit bemerkbar macht.[80]

Wie aber erklärt man die außergewöhnliche Widerständigkeit von Teilen der britischen Medien und des Fernsehens? Die sogenannte „Heimatfront" der Medien in dem kriegserprobten Land geriet phasenweise ins Wanken. War das Globalisierung?

Zumindest lässt sich erkennen, dass sich auch ein „narzistisches" System wie das der Auslandsberichterstattung unter günstigen Rahmenbedingungen einer Vereinnahmung durch die nationale Politik widersetzen und Normen des Multinationalismus und des globalen Friedens hochhalten kann. Zu diesen Rahmenbedingungen zählten im Jahr 2003, dass ein Land wie Deutschland nicht ins Kriegsgeschehen eingebunden und der nationale Druck auf die Medien gering war und dass die britische Öffentlichkeit als Teil eines Staatenbündnisses wie der Europäischen Union unterschiedlichen politischen Einflüssen ausgesetzt war, die in den Medien zur Geltung kamen und langsam den Primat der nationalen Fixierung der Medien in Kriegszeiten relativierten. Gerade die letzte Entwicklung legt die Annahme nahe, dass es einen engen Zusammenhang zwischen der Herausbildung eines transnationalen politischen Systems und der Entstehung transnationaler Kulturen der Auslandsberichterstattung gibt. Erst wenn Kräfte von jenseits der Nationalstaatsgrenzen einen als legitim angesehenen Einfluss auf Öffentlichkeiten ausüben, haben sie die Chance, sich in den Medien zu etablieren – nicht umgekehrt.

---

80 Vgl. Fußnote 40.

Da sich allerdings ein politisches Weltsystem angesichts der Schwäche der Vereinten Nationen noch nicht erkennen lässt, ist der Einfluss, den das sehr vitale System der Europäischen Union ausübt, eher ein Phänomen der Regionalisierung als eines der Globalisierung.

2.4 Mythos im Mythos: der „CNN-Effekt"

Der „Mythos der Globalisierung" basiert auf einigen ständig wiederholten Geschichten, die Autoren oft ungeprüft voneinander übernommen haben – ohne dass sie dadurch richtiger geworden wären. Im Themenbereich „Medien und Globalisierung" werden gleich mehrere Mythen miteinander verquickt: die Globalisierung als grenzüberschreitende Kraft der Massenkommunikation wird mit dem Mythos der „Mediatisierung" von Politik und Gesellschaft[81] bis hin zur Vorstellung einer immer stärker wachsenden politischen Durchschlagskraft der Medien verwoben.[82] Geradezu ein Symbol einer mythischen Überfrachtung ist die Geschichte des amerikanischen Nachrichtensenders CNN, der während des zweiten Golfkriegs 1991 einen rasanten Aufstieg zum globalen Leitmedium erlebte und einen neuen Typus des Fernsehens zu repräsentieren schien.[83] Er operierte schneller als herkömmliche Medien, und er war vor allem per Satellit global verfüg- und erreichbar, so dass erstmals das Prinzip der nationalen Auslandsberichterstattung gebrochen war. CNN schien in den neunziger Jahren durch diese herausragenden Eigenschaften zugleich in wachsendem Maß politikrelevant zu werden. Es erzeugte den Eindruck, als sei der Sender in der Lage, die Außenpolitik der Vereinigten Staaten zu beeinflussen und mit dem Diktum zu brechen, dass in internationalen Fragen, nicht zuletzt auf Grund der Distanz des Verbrauchers zum Geschehen, die Politik ihren Erfahrungsvorsprung ausspielen kann und das Geschehen weitgehend beherrscht. Quasi über Nacht glaubten viele Beobachter weltweit, dass es hier einem Medium gelungen sei, seine globalen Vorteile bei Produktion, Informationsbeschaffung und Zuschauerreichweiten für sich zu nutzen, um der internationalen Politik

---

81 „Mythos Mediatisierung" war das Oberthema der Jahrestagung der Deutschen Gesellschaft für Publizistik und Kommunikationswissenschaft im Mai 2004 an der Universität Erfurt.
82 Thomas Meyer, Mediokratie. Die Kolonisierung der Politik durch die Medien, Frankfurt 2004.
83 Volkmer 1999.

insgesamt ein kosmopolitischeres Gesicht zu verschaffen und sie aus der Enge nationaler Interessen herauszuführen. Im Laufe der Zeit wurde der Begriff des „CNN-Effekts" auch auf andere Medien wie den arabischen Sender *Al-Jazeera* (vgl. Kap. 3.4) übertragen und geriet zu einem wichtigen Slogan der Globalisierungsdebatte. War damit der Traum von Weltöffentlichkeit Wirklichkeit geworden?

Im Fortgang des Buches wird gezeigt werden, dass transnationale Fernsehnutzung über Satelliten, auf der die Attraktivität von CNN basierte, die Interpretationshoheit der nationalen Auslandsberichterstattung *nicht* durchbricht, weil sie kein kulturelles Massenphänomen ist (vgl. Kap. 3.1). Bereits aus der im vorangehenden Kapitel geäußerten Kritik an der Auslandsberichterstattung und an der amerikanischen Berichterstattung über den Irakkrieg 2003 lassen sich aber Anhaltspunkte dafür gewinnen, dass auch der zweite Aspekt des sogenannten „CNN-Effekts", seine politikverändernde Wirkung, stark mythisch überhöht worden ist. Wie können Medien, die sich selbst derartig von der Politik und nationalen patriotischen Gefühlen beeinflussen lassen, ihrerseits die Politik beeinflussen – noch dazu in Richtung auf einen globalen Konsens?

Es ist kaum verwunderlich, dass in den letzten Jahren eine kritische Neubewertung des CNN-Effekts erfolgt ist. Piers Robinson erklärt weite Teile dieses Komplexes tatsächlich zum „Mythos", und verschiedene Autoren haben Untersuchungen vorgelegt, die zeigen, dass, wenn überhaupt, Wirkungen des Fernsehens und der Medien in der Außenpolitik eher auf Nebenschauplätzen der internationalen Politik erkennbar werden.[84] Dies deckt sich auch mit früheren Analysen, etwa über die treibende Rolle deutscher Medien bei der Beendigung des deutsch-iranischen sogenannten „kritischen Dialogs" Mitte der neunziger Jahre.[85] Royce J. Ammon und Piers Robinson haben unabhängig voneinander Fragen der internationalen Politik wie die kurdische Autonomie nach dem Golfkrieg von 1991 oder die Konflikte in Somalia, in Bosnien und im Kosovo untersucht, in denen häufig eine Wirkung von Medien behauptet worden ist, und sind zu ähnlichen Ergebnissen gelangt. In fast

---

84 Piers Robinson, The CNN Effect. The Myth of News, Foreign Policy and Intervention, London/New York 2002; Royce J. Ammon, Global Television and the Shaping of World Politics. CNN, Telediplomacy, and Foreign Policy, Jefferson/London 2001; Eytan Gilboa, The CNN Effect: The Search for a Communication Theory of International Relations, in: Political Communication 22 (2005) 1, S. 27-44.
85 Kai Hafez, Dialog mit dem Islam. Die Debatte über Medien und Außenpolitik, in: Die Brücke 93/1997c, S. 56-59.

allen Fällen fielen politische Entscheidungen für oder gegen westliche Interventionen bereits vor einer größer angelegten Medienberichterstattung.

Folgt man den Autoren, dann können Medien in der Außenpolitik Wirkungen vor allem in humanitären Krisengebieten (z.B. Somalia, Ruanda) geltend machen, und auch hier nur, wenn folgende Faktoren zusammentreffen:

- Es muss ein politisches Entscheidungsvakuum existieren, das dadurch gekennzeichnet ist, dass verschiedene Regierungsfraktionen oder politische Institutionen (z.b. Regierung, Parlament) uneinig über die Außenpolitik sind;
- die Krise muss sich für das Fernsehen „eignen", das heißt, sie muss emotional bewegende Bilder produzieren, die den Medien zugänglich sind und die Bevölkerung berühren (was etwa im Fall des Bürgerkriegs in Ruanda nicht der Fall war);
- es muss einen Konsens hinsichtlich der Bewertung der politischen Situation geben, was bei humanitären Katastrophen und Völkermorden in der Regel der Fall ist, weniger aber bei „einfachen Kriegen", auch wenn Übergänge hier oft fließend und politisch funktionalisierbar sind.

Ammon und Robinson haben mit unterschiedlichen Akzenten einen gewissen Einfluss der amerikanischen Medien im Fall der Einrichtung von Flugverbotszonen zum Schutz der Kurden im Irak (*nach* dem Krieg von 1991!) sowie bei luftgestützten Militäraktionen der Amerikaner in Bosnien Mitte der neunziger Jahre oder in Somalia beobachtet. Aber schon im Fall Somalias weist Robinson darauf hin, dass die weitreichendere Entscheidung, Bodentruppen zu entsenden, bereits vor einer breiten Medienberichterstattung gefallen war. Robinson kommt deshalb zu dem Fazit, dass der „CNN-Effekt" eine untergeordnete Größe in der Weltpolitik darstellt:

Ein starker CNN-Effekt ist im Zusammenhang mit luftgestützten militärischen Interventionen in humanitären Krisengebieten zu erkennen. Aber bei der kostenaufwendigen und riskanten Entsendung von Bodentruppen ist die Medienberichterstattung kein bedeutsamer Faktor. Die verbreitete Annahme, dass solche Interventionen von Medien angestoßen und bewirkt würden, ist ein Mythos. (...) Die Annahme von Kommunikationswissenschaftlern wie [Ingrid/K.H.] Volkmer, dass heutzutage eine weltweite politische Biosphäre existiere, in der politisches Handeln (...) durch CNN beeinflusst oder vermittelt werde, ist weit übertrieben. Entgegen dieser radikalen Sichtweisen haben die neuen Kommunikationstechnologien die Weltpolitik und das Verhältnis zwischen Medien und Politik nicht verändert.[86]

Dabei macht vor allem Ammon klar, dass die Geschwindigkeit des Fernsehens und der Zugang zu Bildern die Medien tatsächlich zu einem Akteur der Politik machen können. Aber auch er erkennt, dass hier viele günstige Umstände zusammentreffen müssen, und auch die Militärs haben, nicht zuletzt während der Golfkriege 1991 und 2003, gezeigt, dass sie aus ihrem „Versagen" während des Vietnamkrieges gelernt haben und den Bildzugang heute entweder restriktiv oder proaktiv (Informationspools, *embedding* etc.) steuern können. Der Bürgerkrieg in Ruanda mit seinen 1 Millionen Toten produzierte keine Opferbilder, und auch eine rasch anschwellende Berichterstattung konnte keine humanitäre Intervention bewirken. Bei der derzeitigen rückläufigen Entwicklung der finanziellen Ausstattung der Auslandsberichterstattung, in der diese immer mehr zur „Restgröße" (Meckel) verkommt, wird aber nicht zu erwarten sein, dass die Medien den Wettlauf mit den Militärs oder der Außenpolitik gewinnen können.[87]

In vitalen Fragen der nationalen Außenpolitik gilt nach wie vor die Regel, dass die Medien *folgen*, nicht aber *führen*. Die eigentliche Stärke der Medien besteht nicht in der vom „CNN-Effekt" unterstellten politikverändernden Wirkung, sondern in der Affirmation und Legitimation nationaler Politik, verbunden mit der Gefahr einer Förderung des „Hurra-Patriotismus" wie in den USA während des Irakkriegs 2003 und einer Verschärfung internationaler Konflikte. Diejenigen, die sich intensiver mit der Frage der globalen Friedensförderung durch Medien beschäftigen, gelangen, wie etwa Robinson in Anlehnung an Noam Chomsky, zu dem Schluss, dass die Herstellung und Aufrechterhaltung des politischen Konsenses (*manufacturing consent*) an der „Heimatfront" spätestens seit dem Ersten Weltkrieg zwei der wesentlichen Aufgaben der Medien und der Auslandsberichterstattung darstellen.[88] Mit dem ehemaligen Geschäftsführer der großen Nachrichtenagentur *Agence France Presse* (AFP), Claude Moisy, ist denn auch zu be-

---

86 Robinson 2002, S. 126, 129.
87 Miriam Meckel, Internationales als Restgröße? Struktur der Auslandsberichterstattung im Fernsehen, in: Klaus Kamps/Miriam Meckel (Hrsg.), Fernsehnachrichten. Prozesse, Strukturen, Funktionen, Opladen 1998, S. 257-274.
88 Robinson verdeutlicht dies etwa am Beispiel des Kosovo-Krieges: Robinson 2002, S. 108 f.

fürchten, dass eine inadäquate internationale Medienberichterstattung gerade unter Krisen- und Zeitdruck gefährliche politische Entscheidungen fördert.[89]

Technische, institutionelle sowie Produktions- und Inhaltsaspekte der Medien entwickeln sich derart, dass immer mehr und mit immer größerer Reichweite, aber nicht unbedingt immer sinnvoller und verständiger kommuniziert wird. Die Globalisierungseuphorie mit dem Hinweis auf die Medieninhaltsforschung zu bremsen, bedeutet nicht, die Globalisierung der Medien gänzlich zu bestreiten. Es wäre aber eine Illusion zu glauben, dass im Zeitalter der Massendemokratie Medien keine propagandistischen Wirkungen mehr entfalten könnten und dass Mediendiskurse jederzeit pluralistisch seien. Durch eine Zunahme an Kommunikation und kommunikativen Systemverbundenheiten können Probleme nicht nur beseitigt, sondern ebenso vertieft werden, etwa durch optische Untermalungen von Kriegspolitik. Solange die Auslandsberichterstattung und die nationalen Mediensysteme keine weiter reichenden Interdependenzen eingehen, werden auch die Konflikte zwischen Nationalstaaten tonangebend bleiben. Solange besteht auch die Gefahr, dass Medien nicht globale „Mediendiplomatie" betreiben, sondern konfliktive politische Kulturen zementieren, die dem Nationalstaat unterliegenden nationalen Identifikationen stärken, Kulturkonflikte fördern (wie nach dem 11. September) und dadurch sogar Spannungen zwischen Bevölkerungsmehrheiten und religiösen, ethnischen oder kulturellen Minderheiten verstärken. Auslands- und Weltbilder der Medien können gerade in Zeiten der Migration das öffentliche Bild von Minoritäten prägen.[90]

---

89 Moisy 1997.
90 Hafez 2002a, Bd. 1, S. 175-177 und Bd. 2, S. 261-265.

3 Satellitenfernsehen – Die Renaissance der Weltregionen

Eine zentrale Utopie der Globalisierung besagt, dass der Ethnozentrismus des nationalen Auslandsjournalismus durch direktempfangbaren Satellitenrundfunk durchbrochen werden kann. Die Überwindung von nationalstaatlichen Grenzen der Mediennutzung wäre demnach ein wichtiger Schritt zur Erweiterung nationaler Horizonte und zur Herausbildung einer globalen Identität.

Die kommunikative Vernetzung der Welt durch direktempfangbaren Satellitenrundfunk, Fernsehen ebenso wie Radio, bleibt allerdings bislang lediglich ein Mythos der Globalisierung. Allenfalls kleine Teile des Publikums nutzen regelmäßig Fernsehprogramme aus anderen Ländern. Das „Fernsehen ohne Grenzen" wird von kosmopolitischen Informationseliten bestimmt, die Auslandsrundfunksender anderer Staaten oder bekannte Sender wie CNN verfolgen, von Überlappungen der Fernsehnutzung in sprachlich homogenen Regionen (wie bei den deutschsprachigen Staaten Europas) und von Spezialinteressen der Einwanderung. Von einer flächendeckenden globalen Vernetzung der Konsumgewohnheiten kann nicht die Rede sein. Der direkte, authentische, nicht vom Journalismus des eigenen Landes gefilterte Zugriff auf die kulturelle Produktion anderer Staaten bleibt eine riesige ungenutzte Ressource der Globalisierung.

Sprachhürden erweisen sich als nahezu unüberwindbar, und nationale Mediendiskurse sind außerhalb der Landesgrenzen nur von geringem Interesse. Die Defizite der Auslandsberichterstattung, die internationale Fragen als manipulierbare Restgrößen behandelt, werden über den Umweg des Satellitenfernsehens in die Welt versendet und erzeugen dort nur geringe gesellschaftliche Resonanz. Gerade die westliche Auslandsberichterstattung ignoriert trotz ihres ideellen Anspruchs auf demokratische Verankerung und eine Führungsrolle in der Globalisierung diejenigen Oppositionseliten, die in anderen Weltteilen um die Durchsetzung der Demokratie kämpfen. Von wenigen historischen Momenten nach dem Typus des Berliner Mauerfalls einmal abgesehen, verharren die westlichen Medien auch im Zeitalter der angeblichen Globalisierung in einer vor-globalistischen „Schweigespirale"[1] ungeahnten Ausmaßes.

Es ist daher kein Wunder, dass das Zeitalter der Globalisierung bislang in Wirklichkeit von einer geradezu paradoxen Zunahme und Vervielfältigung von nationalen Programmen und vom Ausbau regionaler Medienimperien geprägt ist. Der technisch mögliche und scheinbar mühelose Zugriff auf fremde Fernsehwelten bleibt die Ausnahme – die Reproduktion und Ausdifferenzierung nationaler und regionaler Medienkulturen infolge der Beseitigung des terrestrischen Frequenzmangels durch die digitalen Medien hingegen die Regel.

Das Anwachsen nationaler und regionaler Fernsehmärkte vor allem in den ehemaligen Kolonialsphären Lateinamerika, Nordafrika und Nahost sowie Asien ist derzeit die primäre Mediensysteme verändernde Größe – und ihr Verhältnis zur Globalisierung ist ambivalent. Ist die Regionalisierung ein Durchlaufstadium auf dem Weg von nationalen zu globalen Fernsehkulturen? Oder erweist sich das nationale und regionale Wachstum als so dominant, dass es wie ein Bollwerk gegen die globale Vernetzung der Medien wirkt? Schotten sich Nationen und kulturell-religiös geprägte Großregionen wie die chinesische Sphäre, „der Westen" oder die „islamische Welt" voneinander ab? Ist Samuel Huntingtons „Clash of Civilizations" also in Wirklichkeit ein „lack of communication"?

Welche unterschiedlichen Dimensionen die derzeitige Entwicklung aufweist, zeigt beispielhaft der Fall des arabischen Satellitensenders *Al-Jazeera* aus dem Emirat Qatar am Persischen Golf. Er wurde nach den Attentaten auf das *World Trade Center* und das Pentagon vom 11. September 2001 weltberühmt, als er mehrfach Videobotschaften von Usama Bin Laden, dem mutmaßlichen Attentäter, sendete und in den Jahren danach zur amerikakritischen Stimme der arabischen Welt wurde. Der Sender vereint konventionelle Auslandsberichterstattung, die vornehmlich für ein arabisches Publikum gemacht wird, mit einem deutlichen Demokratisierungsimpuls, der universelle Werte der Menschenrechte transportiert und einer globalen Wertekultur entspricht, wie sie vielen Globalisierungsbefürwortern vorschwebt. Ob eine Globalisierung stattfinden wird, die diesen Namen auch verdient, weil sie nicht nur Hemisphären technisch vernetzt, sondern die Medien, ihre Nutzer

---

1 Der Begriff der „Schweigespirale" ist ursprünglich dem deutschen Kontext entlehnt: Elisabeth Noelle-Neumann, Die öffentliche Meinung und die Wirkung der Massenmedien, in: Jürgen Wilke (Hrsg.), Fortschritte der Publizistikwissenschaft, Freiburg 1990, S. 11-23.

und deren Gesellschaften und Kulturen verändert, hängt in hohem Maß von der Entwicklung solcher regionaler Leitmedien ab.

3.1 Grenzüberschreitende Mediennutzung und der Siegeszug der monolingualen Mittelklassen über die kosmopolitischen Eliten

Eine schier endlose Zahl von Zeugen könnte angeführt werden, die das Zusammenwachsen der Welt maßgeblich auf die Entwicklung einer globalen Fernsehlandschaft zurückführen. Zentrale programmatische Zusammenkünfte der Vereinten Nationen wie etwa das von der UNESCO veranstaltete „Forum Barcelona 2004" haben einen Zusammenhang zwischen dem Verfall staatlicher Grenzen und der Globalisierung des Fernsehpublikums konstatiert, der vor allem aus dem wachsenden Zuspruch transnationaler Sender resultiert.[2]

Wissenschaftliche Vordenker der Globalisierung wie Anthony Giddens, der langjährige *Direktor der London School of Economics and Political Science*, bezeichnen die Einführung der modernen Satellitenkommunikationstechnik als „dramatischen Bruch mit der Vergangenheit", da zum ersten Mal zeitgleiche Kommunikationsbeziehungen zwischen verschiedenen Weltteilen möglich seien.[3] Einer der tonangebenden Soziologen und Kulturwissenschaftler der Globalisierungsdebatte, John Tomlinson, betrachtet das Fernsehen auf Grund seiner breiten Popularität als das Medium der Globalisierung „par excellence".[4] Auch Kommunikationswissenschaftler wie Stephen Dahl meinen, durch das Internet und durch das Satellitenfernsehen sei zumindest die Welt der Industriestaaten näher zusammengerückt.[5] Andere tonangebende Wissenschaftler wie David Held und Anthony McGrew verknüpfen entsprechende Gedanken, indem sie Geschwindigkeit, Umfang und Intensität der unter anderem durch das Satellitenfernsehen ermöglichten

2 Forum Barcelona 2004, UNESCO http://www.barcelona2004.org/eng/banco_ del_conocimiento/documentos/ficha.cfm?IdDoc=230 (23. Dezember 2004).
3 Anthony Giddens, Lecture 1 – GLOBALISATION, http://www.lse.ac.uk/ Giddens/reith_99/week1/week1.htm (16. Dezember 2004).
4 John Tomlinson, Globalisation and National Identity, in: John Sinclair (Hrsg.), Contemporary World Television, London 2004, S. 27.
5 Stephen Dahl, Communications and Culture Transformation. Cultural Diversity, Globalization and Cultural Convergence, http://www.stephweb.com/capstone/ capstone.shtml (11. Dezember 2004).

weltumspannenden Kommunikation als Ausweis für die Herrschaft von „Unternehmen" und die Verdrängung der historischen Herrschaftsformation des Staates und der „Theokratie" bezeichnen.[6]

Selbst Politiker nutzen den Mythos des weltverbindenden Satellitenfernsehens für ihre politischen Botschaften. Evelyn S. Lieberman, Staatssekretärin für Public Diplomacy und Public Affairs, beispielsweise wagte bei einem Auslandsbesuch in Marokko im Jahr 2000 die Prognose, das Land werde, wie nahezu jeder andere Staat auch, von der Globalisierung „grundlegend verändert", zumal es bereits mehr als 40.000 Internetanschlüsse in dem Land gäbe und Satellitenfernsehen selbst in die kleinsten Häuser Einzug gehalten habe. Das Internet, das Satellitenfernsehen und die ökonomische Globalisierung, schlussfolgerte die Staatssekretärin, bildeten die drei zentralen Kräfte, die nicht nur das Alltagsleben, sondern auch die amerikanische Außenpolitik beeinflussten, da diese in eine „Ära neuer Realitäten, neuer Probleme und neuer Möglichkeiten" katapultiert werde:[7] Eine ebenso weitreichende wie kryptische Vision, die so unterschiedliche Bereiche wie den Alltag und die Außenpolitik in so verschiedenartigen Ländern wie der Supermacht Vereinigte Staaten und dem arabischen Randstaat Marokko nachhaltig vom Satellitenfernsehen beeinflusst sieht und dieses Medium auf eine Ebene mit den mächtigen Umbrüchen der globalen Ökonomien erhebt.

Angesichts der enormen Bedeutung, die dem Satellitenfernsehen von unterschiedlichen Regierungen, Organisationen und Experten in den letzten zwei Dekaden immer wieder zugeschrieben wurde, ist es um so erstaunlicher, dass bislang keine auch nur einigermaßen zufriedenstellende und umfassende wissenschaftliche Untersuchung der internationalen Nutzung des Satellitenfernsehens vorliegt. Lediglich empirische Bausteine sind vorhanden, was theoretische Schlussfolgerungen erschwert – als ob es da gar kein Phänomen gäbe, das es sich zu untersuchen lohnt. Damit überlässt die Wissenschaft die Erstellung von Reichweiten- und Nutzungsstatistiken im Fernsehbereich weitgehend den Sendern selbst, die sie aus Gründen der Marktstellung und Konkurrenz gerne in einem positiven Lichte erscheinen lassen. Dies wiederum veranlasste Matthew Engel, einen Journalisten der englischen

---

6 David Held/Anthony McGrew/David Goldblatt/Jonathan Perraton, Global Transformations, http://www.polity.co.uk/global/executiv.htm#whatis (13. Dezember 2004).
7 Remarks by Evelyn S. Lieberman, Al-Akhawayn University, April 5, 2000, http://www.usembassy.ma/Themes/EconomicIssues/lieberman.htm (23. Dezember 2004).

Zeitung *The Guardian*, zu dem Ausspruch: „Es gibt Lügen, schlimme Lügen und globale Fernsehstatistiken."[8]

Tatsächlich mehren sich seit einigen Jahren die wissenschaftlichen Stimmen, die einen neuen Realismus in die Debatte um die globalisierende Wirkung des Satellitenfernsehens zu bringen trachten. Richard Collins hat in seiner Analyse des europäischen Satellitenfernsehmarktes eine schonungslose Abrechnung mit den medienpolitischen Fehlannahmen der paneuropäischen Fernsehprojekte wie „Eurikon" oder „Europa" vorgenommen. Die PETAR-Studie (*Pan European Television Audience Research*), die in den Jahren 1987 bis 1995 wiederholt die Reaktionen der Europäer auf kommerzielle Satellitensender wie *Super Channel* untersuchte, zeigte, dass nicht nur geringe Publikumszahlen, sondern auch enorme Unterschiede in den kulturell geprägten Zuschauerpräferenzen bestehen. Die Annahme, dass ein und dasselbe nationale oder auch pan-europäische Programmangebot in allen Staaten der Europäischen Union auf Akzeptanz stoßen könnte, bezeichnet Collins als illusorisch.[9] Der renommierte britische Kommunikationswissenschaftler, der unter anderem an der *London School of Economics and Political Science* tätig gewesen ist, nennt als Hauptursache für die geringe europäische Nachfrage nach grenzüberschreitendem Fernsehen „den Widerspruch zwischen einem formal zwar integrierten, sprachlich und kulturell jedoch zerklüfteten Fernsehmarkt".[10]

Glaubt man den vorhandenen Statistiken, dann haben sich die Verhältnisse seit der PETAR-Studie wenig geändert. Uwe Hasebrink und Anja Herzog argumentieren mit Blick auf Europa völlig zu Recht, dass die technische Internationalisierung durch Satelliten- und Kabelfernsehen bislang kaum eine Entsprechung auf der Ebene der Mediennutzung gefunden habe, da weder

---

8 Zitiert nach: Colin M. Wilding, 151 Million Listeners – But what Does it Mean? Uses and Misuses of Global Audience Estimates, in: Oliver Zöllner (Hrsg.), An Essential Link with Audiences Worldwide. Research for International Broadcasting, Berlin 2002, S. 62. Vgl. a. mit gleichem Tenor: Graham Mytton, A Billion Viewers Can't Be Right, in: Intermedia 19 (1991) 3, S. 10-12; ders., Global TV Audiences: How Many Are Actually Reached? Let's Be Honest. Nobody Yet Knows, in: ESOMAR News Brief 7 (1999a) 7, S. 18 f.; ders., Handbook on Radio and Televsion Audience Research, Paris 1999b.
9 Richard Collins, From Satellite to Single Market. New Communication Technology and European Public Service Television, London/New York 1998, S. 199.
10 Ebenda, S. 11.

Programme anderer Länder noch transnationale Sender auf große Resonanz stießen.[11]

Was für Europa gilt, das trifft auch auf die meisten anderen Weltregionen[12] zu und verdichtet sich zu einem „globalen Trend": grenzüberschreitende Fernsehnutzung bleibt bislang noch die absolute Ausnahme und begrenzt auf Sondersituationen (Sprachräume und Auslandsrundfunk) sowie Sondergruppen (Einwanderer und globale Eliten):

- *Grenzüberschreitung in homogenen Sprachräumen*: In durch Staatsgrenzen getrennten homogenen Sprachräumen wie dem deutschsprachigen Raum mit Deutschland, Österreich und der Schweiz oder dem englischsprachigen Raum mit Staaten wie Großbritannien und Irland wird Fernsehen seit vielen Jahrzehnten über Grenzen hinweg genutzt. Dabei sind es vor allem die Zuschauer aus den kleineren und mit weniger Sendern ausgestatteten Staaten, die durch den Zugriff auf die Nachbarländer ihr Programmangebot erweitern. Während etwa ein Deutschschweizer bis zu zwei Dritteln seines Programms aus dem Ausland (Deutschland und Österreich) bezieht, sind es in den Niederlanden immerhin noch 10 bis 20 Prozent (je nach Untersuchung),[13] aber in Deutschland deutlich unter 5 Prozent.[14] Grenzüberschreitung in homogenen Sprachräumen mag durch Satellitenfernsehen forciert worden sein, ist aber bereits aus den Tagen der terrestrischen Fernsehübertragung bekannt und daher weit eher ein Ausdruck des Regionalismus (vgl. Kap. 3.3) und des kleinen televisionären Grenzverkehrs als der weltumspannenden Globalisierung. Für die Anhänger der Annahme einer Wechselbeziehung zwischen Satellitenfernsehen und Globalisierung und die durch eine Entgrenzung

11 Uwe Hasebrink/Anja Herzog, Mediennutzung im internationalen Vergleich, in: Internationales Handbuch Medien 2004/5, Hans-Bredow-Institut, Baden-Baden 2004, S. 157.

12 Anandam P. Kavoori, Trends in Global Media Reception, in: Daya Kishan Thussu (Hrsg.), Electronic Empires. Global Media and Local Resistance, London et al. 1998, S. 193-207.

13 Vgl. die Zahlen in: Hasebrink/Herzog 2004, S. 151; Karsten Renckstorf/Paul Hendriks Vettehen, Watching Foreign TV Channels, in: Karsten Renckstorf/Denis McQuail/Nicholas Jankowski (Hrsg.), Media Use as Social Action. A European Approach to Audience Studies, London 1996, S. 103-112.

14 Hier sind keine genauen Angaben möglich, da in dem ausgewiesenen Wert von 4,8 Prozent auch lokale Sender einbezogen wurden. Vgl. Hasebrink/Herzog 2004, S. 151.

von Fernsehwelten freigesetzte umwälzende Kraft in Politik und Alltag ist die Sprachraumnutzung nicht relevant, da sie zu althergebracht ist und im Wesentlichen im erweiterten eigenen Kulturraum verbleibt.

- *Multilingualer Auslandsrundfunk*: Auslandsrundfunksender sind ebenfalls seit Jahrzehnten bekannt. Nach den Anschlägen des 11. September 2001 wurden Radio- und Fernsehprogramme des Auslandsrundfunks von vielen Staaten als wichtiges Kommunikationsinstrument wieder entdeckt (vgl. Kap. 6). Auch diese Medien sind weitaus älter als das Zeitalter des direktempfangbaren Satellitenrundfunks. Die Verbreitung und der Empfang von Radioprogrammen werden von der Satellitentechnik auch kaum berührt, da Radio noch immer primär terrestrisch empfangen wird. Aber den Fernsehangeboten der Auslandsrundfunkanbieter entstehen neue technische Reichweiten. Solche Angebote ergänzen aber die Fernsehnutzung weltweit lediglich, und die effektiven Zuschauerreichweiten sind in der Regel sehr begrenzt. Insbesondere befindet sich der Nachrichtenjournalismus des Auslandsrundfunks in einer zunehmenden Konkurrenzsituation mit neuen Fernsehangeboten in den Empfängerländern oder deren Nachbarländern im gleichen Sprachraum (vgl. Kap. 3.3). Der Auslandsrundfunk verfügt wegen seiner Vielsprachigkeit und seines Zugangs zu weiten Bevölkerungsteilen der Länder dieser Erde zwar über ein großes Zukunftspotenzial. Er ist aber nicht ohne Weiteres als Gewinner der Globalisierung zu bezeichnen und kann ganz sicher nicht als Ausweis eines fundamental internationalisierten Fernsehnutzungsverhaltens des Konsumenten betrachtet werden.

- *Grenzüberschreitende Mediennutzung durch Einwanderer*: Das Aufkommen des Satellitenfernsehens hat Einwanderer weltweit in die Lage versetzt, mit den Medien ihrer Heimatstaaten und -regionen in Kontakt zu bleiben (vgl. Kap. 7). Zahlreiche Untersuchungen zeigen, dass sich das Mediennutzungsverhalten von Einwanderern in hohem Maße verändert hat, was dazu beiträgt, dass sie immer wieder zu Kronzeugen eines vorgeblich breiteren Trends der globalen Fernsehnutzung gemacht werden – ein Trend, der aber, wie gesagt, bei den jeweiligen Bevölkerungsmehrheiten der Staaten, in die eingewandert wird, gar nicht erkennbar ist.

- *Mediennutzung durch globale Eliten*: Bereinigt man die Zahl der grenzüberschreitenden Fernsehnutzung, indem man regionale und durch Migration und multilingualen Auslandsrundfunk erweiterte Sprachraumeffekte herausrechnet und fragt man nach der realen Situation der globalen

Fernsehnutzung, so liegt diese in den meisten Ländern der Welt nach wie vor auf einem äußerst niedrigen Niveau mit Anteilen am Fernsehkonsum, die in der Regel sicher nicht höher als 1 bis 5 Prozent liegen.[15] Ein großer Teil dieser Nutzung wird von „globalen Eliten" bestritten. Die Studie „Europe 2004" des IPSOS-Instituts hat eine repräsentative Mediennutzungsstudie unter 3,8 Prozent der europäischen Bevölkerungen durchgeführt, die zu den globalen Eliten gezählt werden können, weil sie über ein hohes Einkommen verfügen und häufig auf Geschäftsreisen sind. Hier liegt insbesondere der Anteil transnational orientierter Sender wie CNN höher als bei durchschnittlichen Nutzern. Immerhin 24,7 Prozent der befragten 3,8 Prozent Eliten nutzen CNN ein- oder mehrmals in der Woche, und 14 Prozent sehen täglich internationale Nachrichten.[16] Auch dieses Ergebnis allerdings gilt es im Kontext zu interpretieren, denn die befragten „reisenden" europäischen Eliten *müssen* häufig auf englischsprachige und transnationale Formate zurückgreifen, wenn sie sich aus ihren Heimatländern entfernen, da in den Hotels, in denen sie wohnen, ihre angestammten Programme nicht verfügbar sind. Große westliche Sender wie CNN und BBC finden in den Kabelsystemen dieser Welt eine unvergleichliche Verbreitung. Mit Globalisierung in ihrem ursprünglichen Sinn einer völligen Entgrenzung der Mediennutzung, die diese Eliten tatsächlich dafür einsetzen könnten, die Vielzahl der weltweit existierenden nationalen Fernsehangebote in Anspruch zu nehmen, ist diese Situation nicht zu verwechseln und schon gar nicht mit einer zunehmenden Nutzung ausländischer Programme durch die breite Masse der Fernsehnutzer.

Tatsächlich ähnelt die Annahme einer fortschreitenden Globalisierung vielfach einer Art „Hotel-Globalisierungsthese", bei der die bloße technische Existenz und Verfügbarkeit des Satellitenfernsehens auf eine globalisierte Mediennutzung extrapoliert wird. Insbesondere westliche Wissenschaftler und Experten zeigen sich begeistert über die Möglichkeit, in jedem Mittelklassehotel dieser Welt eine kleine Anzahl transnationaler Programme und eine

---

15 Vgl. in diesem Zusammenhang etwa die Tabelle zum Anteil der ausländischen Fernsehnutzung bei Hasebrink/Herzog 2004, S. 151. Typischer und repräsentativer als ein Land wie die Schweiz sind hier sicher Staaten wie Deutschland, Finnland oder Griechenland, da bei ihnen kaum regionale Effekte hineinspielen.
16 Europe 2004. A Survey of Decision Makers and Leading Consumers, IPSOS-RSL Ltd, http://www.ipsos-rsl.co.uk (23. Dezember 2004).

Handvoll amerikanischer und europäischer Sender vorzufinden – und sie verwechseln ihre eigene Neugier mit einer breiten gesellschaftlichen Nutzung in den Ländern, in denen sie diese Erfahrung machen. Dabei sagt die Tatsache, dass mobile Eliten unter anderem auf transnationale Medien zurückgreifen, wenig über die weltweite Stellung dieser Programme aus.

Die Tatsache, dass der Weltmarkt für Satellitenfernsehen spätestens seit Beginn der neunziger Jahre wächst, ist wiederholt als Zeichen für eine Globalisierung der Medien interpretiert worden.[17] Parabolantennen finden jedoch in vielen Ländern Asiens, Afrikas und Lateinamerikas weniger Zuspruch, um westliche Programme zu empfangen, als vielmehr um neue Satellitensender aus dem eigenen Land oder der erweiterten Sprachregion zu sehen. Die permanente Nutzung europäischer und US-amerikanischer Programme ist in den meisten Staaten ein Phänomen, das auf kleine Eliten beschränkt bleibt. Finanzielle Hürden beim Erwerb von Satellitenempfangstechnik, Sprachhürden oder mangelndes Interesse an den auf ein westliches Publikum zugeschnittenen Medienangeboten halten insbesondere Unter- und untere Mittelschichten von der regelmäßigen Nutzung westlicher Programme ab.[18] Nutzungsanalysen zeigen, dass selbst in akkulturierten Regionen wie im frankophonen Maghrebraum – also etwa in dem von Evelyn Lieberman als Beispiel für die Globalisierung herangezogenen Marokko – der regelmäßige Konsum westlicher Fernsehprogramme in der Regel auf kleine Teile der oberen Mittel- und Oberschicht beschränkt bleibt. Es ist nicht zu erwarten, dass von der Nutzung der westlichen Medienangebote durch die herrschenden oberen Schichten ein entscheidender Impuls für den Systemwandel, also etwa für politische Transformation und Demokratisierung, ausgeht.

Der Medienwissenschaftler Larbi Chouikha spricht von einer sozialen „Kluft" zwischen den Konsumenten ausländischer und nationaler Information. In der arabischen Welt etwa haben Sprachbarrieren, kulturelle Fremdheitsgefühle sowie Skepsis gegenüber der westlichen Nahostberichterstattung dazu beigetragen, dass gerade das Bevölkerungssegment, das im 20. Jahrhundert die politische Dynamik in der arabischen Welt durch nationale, isla-

---

17 Vgl. u.a. Annabelle Sreberny-Mohammadi, The Global and the Local in International Communications, in: James Curran/Michael Gurevitch (Hrsg.), Mass Media and Society, London 1994a, S. 177-203; Joana Breidenbach/Ina Zukrigl, Tanz der Kulturen. Kulturelle Identität in einer globalisierten Welt, München 1998, S. 61-67.
18 Belkacem Mostefaoui, Ausländisches Fernsehen im Maghreb – ein Medium mit kulturellen und politischen Auswirkungen, in: Wuquf 10-11/1995-96, Hamburg 1997, S. 425-455.

mistische oder andere Bewegungen bestimmt hat – nämlich die untere Mittelschicht –, ganz überwiegend nationale Angebote nutzt.[19] Gerade die untere Mittelschicht jedoch, etwa Studenten, Lehrer und kleine Händler, war in vielen Entwicklungsländern in der postkolonialen Ära die treibende politische Kraft, da sich hier ein relativ hohes Bildungsniveau mit der sozialen Misere und politischen Ausgrenzung der Entwicklungsgesellschaft verbanden. Der gering ausgeprägte Kosmopolitismus und die aus finanziellen Gründen begrenzten Reisemöglichkeiten dieser Schicht drücken sich in schwachen Fremdsprachenkenntnissen aus, was sie zu monolingualen Mittelklassen macht, die in der Wahl der Nutzung ausländischer Fernsehsender sehr beschränkt bleiben.

Die Ursachen dafür, dass die effektiven Zuschauerreichweiten von Sendern wie CNN bei außereuropäischen Zuschauern gering und diskontinuierlich bleiben, liegen nicht zuletzt in dem geringen Vertrauen begründet, das ihnen entgegen gebracht wird. Uwe Hasebrinks und Anja Herzogs Annahme, die meisten Fernsehkonsumenten blieben den Nachrichtensendungen ihrer Heimat treu verbunden,[20] bestätigt sich etwa im Fall der Fernsehkonsumenten des Nahen Ostens. Während 61 Prozent den panarabischen Sender *Al-Jazeera* für vertrauenswürdig halten, sind es bei CNN nur 10 Prozent:[21] Ein Vertrauenswert, der jedes Medium zu gesellschaftlicher Randständigkeit verurteilen muss.

Gerade das „Schicksal" der Beachtung und weltweiten Akzeptanz von CNN ist paradigmatisch dafür, dass der Boom der Technik des direktempfangbaren Satellitenrundfunks das genaue Gegenteil einer Konzentration auf bestimmte globale Leitmedien bewirkt hat und dass eine Vernetzung über Nationen und Regionen hinaus weitgehend ausgeblieben ist. CNN war während des zweiten Golfkriegs von 1991 *das* Referenzmedium für internationale Fragen, ein Pionier transnationaler Nachrichtenkanäle, der selbst im Nahen Osten hohe Vertrauenswerte genoss. CNN war der Grund, warum sich 1991 viele Menschen Parabolantennen anschafften. Aber Schritt für Schritt geriet der amerikanische Pioniersender im Laufe der Jahre und mit der Schaffung eigener Satellitensender in Europa, Lateinamerika, Asien und Nahost immer

---

19 Larbi Chouikha, Etatisation et pratique journalistique, in: Revue tunisienne de communication 22/1992, S. 37-46.

20 Hasebrink/Herzog 2004, S. 152.

21 Mark Rhodes/Carole Chapelier, "Balance-Seekers" and New Information Sources. Media Usage Patterns in the Middle East, in: Oliver Zöllner (Hrsg.), Beyond Borders. Research and International Broadcasting 2003, Bonn 2004, S. 83.

mehr ins Hintertreffen und wird heute kaum noch als globales Medium wahrgenommen, sondern als eine einigermaßen aufgeklärte Form der amerikanischen Selbstdarstellung. CNN war nicht mehr als die Initialzündung, die Fernsehmacher (und Politiker) weltweit erkennen ließ, dass mit der Satellitentechnologie ein neues technisches Medium entstanden ist, das für politische und kommerzielle Zwecke nutzbar ist. Die Existenz diente als Startzeichen für den dann auf fast allen Kontinenten einsetzenden Boom regionaler und nationaler Satellitensender.

John Sinclair, Elizabeth Jacka und Stuart Cunningham haben beschrieben, dass weder im Nahen Osten oder Asien noch in Lateinamerika, wo gerade der amerikanische Einfluss vielfach als sehr stark bezeichnet worden ist, westliche Fernsehprogramme dominieren.[22] Zu Unrecht, so meinen die Autoren, sei die Stärke der amerikanischen Fernsehfilmwirtschaft in der Frühphase der Fernsehentwicklung in den ersten Jahrzehnten nach dem Zweiten Weltkrieg als ein Dauerzustand betrachtet worden, während sie doch nur eine Übergangsphase markierte, die schon bald durch eigenständige Entwicklungen beendet wurde. Gemäß den australischen Wissenschaftlern wird das Fernsehen heute weltweit mehr denn je von regionalen Zentren wie Brasilien, Mexiko, Saudi-Arabien, Ägypten, Indien, Hong Kong oder Taiwan beeinflusst, weitaus weniger aber von globalen Zusammenhängen.

3.2 Globales Fernsehen und die „Schweigespirale" der Demokratisierung

Das Satellitenfernsehen stand seit Beginn der neunziger Jahre im Zentrum vieler Debatten, die sich von dem neuen globalen Medium eine positive Wirkung für die weltweite Ausbreitung der Demokratie versprachen. Autoritäre Zensurpolitik, so dachte man, könne in der Ära der Globalisierung dadurch umschifft und unwirksam gemacht werden, dass ausländische Medien die erzwungenen Defizite der inländischen Massenmedien ausglichen. Globale politische Information und Mobilisierung sollten an die Stelle nationalistisch-autoritärer Desinformation und Stagnation treten; nicht weniger als eine „Fernsehrevolution" wurde erwartet.

Patrick H. O'Neil ist nur einer von zahlreichen Autoren, die den nachhaltigen Einfluss grenzüberschreitender Nachrichtenflüsse auf die Weltpoli-

---

22 John Sinclair/Elizabeth Jacka/Stuart Cunningham, Peripheral Vision, in: dies. (Hrsg.), New Patterns in Global Television. Peripheral Vision, Oxford 1996b, S. 6-8.

tik und den „politischen Wandel" beschrieben haben.[23] Für diese Behauptung führt O'Neil zwei Belege ins Feld: die Chiapas-Revolte in Mexiko, die maßgeblich von seinem internationalen Echo und vor allem von der Solidaritätskampagne im Internet beeinflusst wurde, und den Systemumbruch in Osteuropa. Das Ende der Sowjetunion ist vielfach als Folge einer Fernsehrevolution betrachtet worden, weil die Systemumbrüche sich schneeballartig über Staaten wie Ungarn, die Tschechoslowakei, Polen usw. ausbreiteten und die Medien der Welt beschäftigten.

Aber so attraktiv er auch erscheint, der Gedanke leidet doch unter allzu vielen Unzulänglichkeiten. Zunächst einmal beschränkte sich die Berichterstattung auf die Umbruchphase selbst, was bedeutet, dass sie nicht der eigentliche Auslöser der Ereignisse gewesen sein kann, die schließlich zum Systemumbruch führten. Die seit Mitte der achtziger Jahre einsetzende Öffnungspolitik Michail Gorbatschows, der selbst systematisch Öffentlichkeitsarbeit für seine Zwecke betrieb, indem er sich mit den sowjetischen Medien gegen die Parteibürokratie seines Staates verbündete,[24] oder die Flucht von DDR-Bürgern in die deutsche Botschaft: alle diese und viele andere Entwicklungen und Ereignisse gingen der medialen Darstellung des Umbruchs voraus.

Bliebe das Argument einer unerlässlichen Verstärkung der politischen Ereignisse durch die globalen Medien, ohne die die politische Dynamik, die die Sowjetunion und den Ostblock schließlich zur Selbstauflösung zwangen, möglicherweise nicht erzeugt worden wäre. Hier wird allerdings verkannt, dass zur damaligen Zeit kaum ein Haushalt im Ostblock mit Parabolantennen ausgestattet war, sondern ausländische Medien allenfalls im Zuge des "kleinen Grenzverkehrs", also terrestrisch, oder durch westliche Auslandsrundfunksender wirken konnten. Wenn also westliche Medien in Osteuropa eine Rolle spielten, dann erfolgte dies weniger vor dem Hintergrund globaler als vielmehr europäisch-regionaler Parameter und auf der Basis von Sendetechniken, die so alt sind wie der Zweite Weltkrieg und daher einer vorglobalen Ära entstammen.

Mit dem Satellitenrundfunk und den Neuen Medien hatte die Wende in Osteuropa also sicher nichts zu tun, wenn Massenmedien überhaupt Aus-

---

23 Patrick H. O'Neil, Democratization and Mass Communication: What is the Link?, in: Patrick H. O'Neil (Hrsg.), Communicating Democracy. The Media and Political Transitions, Boulder/London 1998, S. 12.

24 Anthony R. DeLuca, Politics, Diplomacy, and the Media. Gorbachev's Legacy in the West, Westport/London 1998.

schlag gebend waren. Man sollte ohnehin die Wirksamkeit der interpersonalen politischen Kommunikation, also vor allem von Mund-zu-Mund-Propaganda, öffentlichen Versammlungen und Demonstrationen, nicht unterschätzen. Die These von der revolutionsfördernden Wirkung der Massenmedien in den Jahren 1989/90 ist nicht nur nicht beweisbar, da andere Kommunikationskanäle als intervenierende Variablen nicht ausgeschlossen werden können. Sie berücksichtigt auch nicht, dass revolutionäre Umbrüche ein fester Bestandteil der Geschichte sind und auch schon in Zeiten erfolgten, in denen unsere „globalen" Medien noch gar nicht existierten. Ein Ereignis wie die Französische Revolution hatte in ganz Europa gesellschaftliche Auswirkungen, fand Nachahmer von Deutschland, Polen bis zum östlichen Mittelmeer, obwohl Radio und Fernsehen noch gar nicht erfunden waren und die Wirkung der Presse durch hohe Analphabetenraten und strenge Zensur gering bleiben musste.

Auch die vom Harvard-Politologen Samuel Huntington bezeichnete „Dritte Welle der Demokratisierung" ebbte bereits wieder ab, bevor der direktempfangbare Satellitenrundfunk und das Internet überhaupt auf den Medienmärkten eingeführt werden konnten. Die „Dritte Welle" begann mit den politischen Veränderungen in Südeuropa (Griechenland, Portugal, Spanien) in den 1980er Jahren und setzte sich in Lateinamerika und in einigen Staaten Asiens fort, bis sie die ehemaligen Ostblockstaaten am Ende der 1980er Jahre erreichte. Seit sich hingegen die Neuen Medien der „Globalisierung" ausgebreitet haben, also seit Beginn der 1990er Jahre, stagniert die weltweite Demokratisierungsentwicklung (vgl. Kap. 8.2)!

Natürlich kann kein kausaler Zusammenhang unterstellt werden, wonach die Entwicklung der Neuen Medien für politische Stagnation verantwortlich wäre. Aber es verbietet sich auch eine Umkehrung der Kausalität mit dem Hinweis auf eine vorgeblich demokratisierende Kraft der neuen globalen Medientechniken. Dieser Beweis steht noch aus, denn zumindest kurzfristig hat die Verbesserung der grenzüberschreitenden technischen Zugangsvoraussetzungen zum Radio und Fernsehen keine politischen Revolutionen hervorgebracht.

Dies bedeutet nicht, dass „Medien" keine Rolle in Prozessen der Demokratisierung spielen. Sie tun es auf vielfältige Weise: als Untergrund- und Alternativmedien, durch immer wieder aufbrechende Kritik in den großen Fernseh- und Pressemedien und ein von den Menschenrechtsorganisationen in ihren Jahresberichten festgehaltenes weltweites Dissidententum im Journalismus. All dies sind mediale Beiträge zur Demokratisierung, wie sie sich an jedem einzelnen Beispiel der „Dritten Welle" belegen ließen – aber sie haben mit den Neuen Medien der Globalisierung wenig zu tun.

Um die Welt durch das Satellitenfernsehen stärker zu vernetzen, die grenzüberschreitende Fernsehnutzung zu stärken und damit auch die Herausbildung von gemeinsamen politischen Diskursen und die weltweite Verbreitung der Demokratie zu fördern, bedürfte es einer inhaltlichen Neuorientierung und Internationalisierung vieler Fernsehprogramme auf allen Kontinenten.

Diese These lässt sich am Beispiel der grenzüberschreitenden Rolle von Medien in Prozessen der Demokratisierung erklären. Wichtig ist dabei zunächst eine grundsätzliche Unterscheidung zwischen „großen" und „kleinen" Medien.[25] Kleine Medien des Untergrunds (Flugblätter usw.) sind in autoritären Phasen als „Bewegungsmedien" von großer Bedeutung. Die großen Medien, die, wie das Fernsehen, die Massen erreichen, können nur von außerhalb des betroffenen Staates einen sinnvollen Beitrag zur Demokratisierung leisten. Das heißt, vor der Etablierung einer demokratischen Ordnung liegt der „schwarze Peter" der demokratiefördernden Massenkommunikation mit Hilfe des Satellitenfernsehens entweder bei Gruppen der Auslandsopposition, die allerdings nicht ohne staatliche Hilfe agieren können, da sie in der Regel weder über die finanziellen Ressourcen noch über Lizenzen und den Zugang zur Satellitentechnik verfügen. Oder aber die oft beschworene „Weltöffentlichkeit" übernimmt diese Funktion.[26] Individuen und Oppositionsgruppen, denen in ihren eigenen Ländern der Zugang zum Fernsehen verwehrt bleibt, können über den Umweg einer Präsenz in internationalen Medien, die wiederum im betroffenen Land per Satellit empfangbar sind, den öffentlichen Druck auf die Politik vor Ort erhöhen. Solche „Bumerang-Effekte" (Sikkink/Keck) wären ein Ausweis einer global vernetzten Welt.[27]

Dämpfend auf die Globalisierungseuphorie wirkt allerdings, dass die Nachrichten, die Verbraucher in autoritären Staaten heute über den Umweg des Fernsehens der demokratischen Staaten vor allem aus Amerika, Europa und einigen Ländern Asiens und Afrikas erhalten, nur selten über den Infor-

---

25 Annabelle Sreberny-Mohammadi/Ali Mohammadi, Small Media, Big Revolution. Communication, Culture, and the Iranian Revolution, Minneapolis 1994b.

26 Zur theoretischen Grundlegung vgl.: Kai Hafez, Globalization, Regionalization and Democratization: The Interaction of Three Paradigms in the Field of Mass Communication, in: Bob Hackett (Hrsg.), Democratizing Global Media: One World, Many Struggles, New York (im Druck 2005).

27 Sikkink/Keck 1998, S. 12 ff.

mationsgehalt ihrer eigenen zensierten Medien hinausreichen. Westliche Auslandsberichterstattung eignet sich nur sehr bedingt für effektive Bumerang-Effekte, da die begrenzten Sendeplätze für internationale Nachrichten und Hintergrundberichte eine kontinuierliche Berichterstattung über Krisenmomente hinaus nicht gewährleisten (vgl. Kap. 2).

Untersuchungen der Auslandsberichterstattung deutscher Fernsehnachrichtensendungen und der deutschen überregionalen Presse haben gezeigt, dass sich nur sehr wenig Raum für ausländische politische Akteure bietet, insbesondere für die organisierte demokratische Opposition in weiten Teilen der Welt: Verhältnisse, die sich sicher nicht ohne weiteres auf die Lage globaler Medien übertragen lassen, die aber doch einen alarmierenden Anfangswert darstellen. Eine Analyse deutscher Fernsehnachrichten von ARD, ZDF, RTL und Sat.1 förderte zu Tage, dass in der Berichterstattung über die islamische Welt nur etwa ein Drittel der repräsentierten Akteure aus der islamischen Welt stammen,[28] der überwiegende Teil hingegen aus dem Westen, was die große Bedeutsamkeit solcher Nachrichtenfaktoren wie „Eurozentrismus" oder „Involvierung" belegt. Hängt das Nachrichtengeschehen mit westlichen Interessen, Politik und Personen zusammen, wächst die Wahrscheinlichkeit, dass es Eingang in die Medien findet. Anders ist dies allerdings bei der Darstellung von Gewaltopfern, die zu mehr als 50 Prozent aus der islamischen Welt kommen, was die Konzentration der Auslandsberichterstattung auf Gewaltkonflikte widerspiegelt.[29] Sicherlich ist es für den globalen Austausch wichtig, die Opfer von Krieg und Gewalt zu zeigen, zumal sie in den betroffenen Ländern selbst häufig nicht in den Medien sichtbar sind. Problematisch ist allerdings, dass durch die relative Überpräsenz von Politikern und Opfern/Bürgern fast kein Raum mehr für gesellschaftliche Organisationen und demokratische Oppositionskräfte bleibt.[30] Dabei hatten gerade sie sich von der Globalisierung viel versprochen. Am Ende ist von den kleinen Sendeplätzen des deutschen Fernsehens kaum etwas für die demokratische Opposition übrig, da es sich bei den präsentierten Organisationen in hohem Maße um nationalistische oder andere radikale, häufig terroristische Organisationen handelt.

---

28 Samera Zagala, „Kampf der Kulturen" – „Krieg der Zivilisationen": Theorien zum Konflikt zwischen dem Westen und dem Islam in deutschen Nachrichtensendungen. Eine inhaltsanalytische Untersuchung, Diplomarbeit am Institut für Journalistik, Universität Dortmund, Dortmund 2004, S. 91.
29 Ebenda.
30 Ebenda, S. 92.

Diese Tendenz wird noch klarer in den vorhandenen differenzierten Untersuchungen der deutschen Presse, dürfte aber für das deutsche Fernsehen analog gelten und auch einen Anhaltswert für andere Mediensysteme weltweit bieten. Zwar weist die deutsche Auslandsberichterstattung der Presse einige andere Merkmale auf als das Fernsehen, da hier ausländische Politiker stärker vertreten sind als die westlichen und zudem seit den achtziger Jahren die Präsenz ausländischer gesellschaftlicher Organisationen und (Oppositions-) Parteien gewachsen ist.[31] Aber auch diese auf den ersten Blick positive Tendenz verlief parallel zur Radikalisierung des Auslandsbildes und zur Verdrängung gewaltfreier Oppositionsgruppen aus deutschen Medien. Die deutsche Presse wendet häufig nicht den demokratisch orientierten Kräften der Opposition die meiste Aufmerksamkeit zu, sondern sie beachtet die radikale, terroristische, religiös-ethnisch orientierte, kurz: die maximalistische Opposition stärker als die gemäßigte Opposition.[32]

Dies bedeutet aber auch: Radikalen Kräften gelingt es leichter als der moderaten Opposition, über den Umweg der globalen Öffentlichkeit (Satellitenfernsehen, Internet usw.) in ihre Länder zurück zu wirken. Was sich hier andeutet, ist eine funktionale Symbiose zwischen demokratischen westlichen Medien und radikalen Kräften in den Entwicklungsländern, zwischen der Tendenz zur Konfliktberichterstattung und den Propagandainteressen radikaler Kräfte. Sowohl die Geschichte der PLO als auch die der kurdischen PKK, die sich am palästinensischen Vorbild in starkem Maß orientiert, muss in weiten Teilen aus der Perspektive einer bewussten Strategie beschrieben werden, durch Gewalt politische Forderungen auf den Agenden der internationalen Medien zu etablieren.

Ungeachtet des defizitären Forschungsstandes auf diesem Gebiet, der nur durch Fallstudien über die Akteurskompositionen von Auslandsnachrichten in großen komparativen Untersuchungen auszugleichen wäre, muss davon ausgegangen werden, dass die regulären nationalen Fernsehprogramme dieser Erde – von Revolutions- und Umbruchsituationen einmal abgesehen –, nicht geeignet sind, das politische Geschehen in entfernten Ländern in einem Differenzierungsgrad darzustellen, der für die Länder selbst und für die Demokratisierungs- und Entwicklungsprozesse vor Ort von Belang und Interesse wäre. Es kann schon sein, dass man ausländische Sender sieht, um mehr über die Welt zu erfahren („Demonstrationseffekt")[33] – aber mit Ausnahme

---

31 Hafez 2002a, Bd. 2, S. 73 ff.
32 Ebenda, S. 134-143.
33 Hafez 2005.

besonderer Krisensituationen, in denen das globale Fernsehen eine katalytische Wirkung haben kann, wird man ausländisches Fernsehen sicher nicht nutzen, um mehr über die Verhältnisse im *eigenen* Land zu erfahren.

Von dieser deprimierenden Bilanz auszunehmen ist der fremdsprachliche Auslandsrundfunk, zu dessen Hauptaufgaben es oft gehört, Oppositionskräften Zugang zu verschaffen (obwohl dies nicht immer der Fall ist, wie das Beispiel des amerikanischen Senders in arabischer Sprache *Al-Hurra* zeigt; vgl. Kap. 6). Auch die grenzüberschreitende Ausstrahlung von Fernsehprogrammen der Auslandsopposition hat in den letzten Jahrzehnten zugenommen.[34] Sowohl im großen internationalen Rahmen, also etwa durch Sender aus den USA, die in den Iran ausstrahlen, als auch im kleinen Grenzverkehr aus den jeweiligen Nachbarländern hat die Auslandsopposition neue Wege der Kommunikation mit ihren Heimatbevölkerungen gefunden. Aber hierbei handelt es sich bei näherer Betrachtung doch eher um Phänomene, die innerhalb eines homogenen Sprachen- und Kulturraums verbleiben, oft sogar innerhalb einer Sub-Region der Welt (vgl. Kap. 3.3), wenngleich man anerkennen muss, dass Oppositionskulturen sich häufig freier in den konsolidierten Demokratien der großen Industriestaaten Amerikas, Europas und Asiens entfalten können als andernorts. Auch vor diesem Hintergrund bleibt zu fragen: Ist der Einfluss der Auslandsopposition erheblich? Lassen sich, um theoretisch zu argumentieren, durch diese Form der globalen Vernetzung tatsächlich Veränderungen der politischen Kulturen bewirken? Die positiven Beispiele, die es hierfür gibt – vor allem die von Paris aus organisierte Iranische Revolution 1978/79 – weisen auf ein entsprechendes Potenzial. Aber selbst hier gelangen die Umstürze nicht mit Hilfe der Techniken der Globalisierung, wie dem Satellitenfernsehen, in den Iran, sondern durch ins Land geschmuggelte Video- und Tonkassetten mit den Reden des Ajatollah Khomeini.[35]

Sicht man vom fremdsprachlichen Auslandsrundfunk und den Sendern der Auslandsopposition einmal ab, kann sicher nicht von einem generellen direkten „Demokratisierungseffekt" des grenzüberschreitenden Satellitenfernsehens in unseren Tagen gesprochen werden. Für die relativ kleinen Bevölkerungssegmente, die das Satellitenfernsehen überhaupt regelmäßig für ausländische Programme nutzen, besteht die hauptsächliche Wirkung wahrscheinlich in einem schwer erfass- und beschreibbaren „Demonstrationsef-

---

34 Vgl. z.B. Saloumeh Peyman, Iranian Exiles Use Satellite TV to Promote Change, http://www.antiwar.com/ips/peyman.php?articleid=3811 (15. Dezember 2004).
35 Sreberny-Mohammadi/Mohammadi 1994b

fekt", das heißt einem durch das Fernsehen ermöglichten Einblick in andere Lebenswelten und politische Zusammenhänge; eine unzweifelhafte kulturelle Horizonterweiterung für relativ kleine Eliten: nicht mehr, aber auch nicht weniger. Die moderate demokratische Opposition, die es weltweit in allen Ländern gibt, profitiert hiervon nur sehr indirekt. Sie kann auf die mobilisierende Wirkung der Sender der Auslandsopposition hoffen, aber sicher nicht auf die globale Kakophonie der Fernsehsendungen, die aus anderen Ländern auf ihre Länder einstrahlen. Die Technologie des direktempfangbaren Satellitenfernsehens hat das Problem des Frequenzmangels beseitigt und eine Differenzierung der nationalen und regionalen Fernsehkulturen in homogenen Sprachräumen ermöglicht – die Globalisierung hat sie hingegen kaum gefördert.

3.3 Regionalisierung der Medien in geo-linguistischen Räumen: „Huntington" im Fernsehformat

Energischen Einwand gegen die Ernennung der Globalisierung zum zentralen Paradigma der Kommunikations- und Medienentwicklung hat der amerikanische Fernsehforscher Joseph D. Straubhaar erhoben. Straubhaar bezog sich dabei auf Marjorie Fergusons Beitrag zum Mythos der Globalisierung (vgl. Einleitung):

> Bedeutsamer als die Vorstellung von der Globalisierung ist die ,Regionalisierung' des Fernsehens durch die Entstehung von Viel-Länder-Märkten, die durch Geographie, Sprache und Kultur verbunden sind. Genauer sollte man solche Märkte nicht als regionale, sondern als geo-kulturelle Märkte bezeichnen, da nicht alle in dieser Weise verbundenen Bevölkerungsteile und Kulturen geographisch zusammenhängen müssen.[36]

Sieht man einmal von der letzten Einschränkung ab, dass es sich hier streng genommen eher um ein geo-kulturelles als ein regionales Phänomen im Sinne der grenzüberschreitenden Mediennutzung innerhalb von Weltregionen handelt, da zum Beispiel auch Einwanderer heute die Satellitensender der Heimat nutzen können (Kap. 7), so haben Autoren wie Ferguson und Straub-

---

36 Straubhaar 1997, S. 285; vgl. mit demselben Tenor: Joseph Straubhaar, Brazil: The Role of the State in World Television, in: Nancy Morris/Silvio Waisbord (Hrsg.), Media and Globalization. Why the State Matters, Lanham et al. 2001, S. 133-153.

haar die herkömmlichen mit den Medien verbundenen Globalisierungsvorstellungen geradezu auf den Kopf gestellt. Die Globalisierung ist demnach nicht viel mehr als ein Wunschtraum des westlichen Medienkapitals – die Regionalisierung der Medien hingegen die flächendeckende Realität in der außereuropäischen Welt. Für diese These sprechen tatsächlich viele empirische Indikatoren, auch wenn sie im Verhältnis zum weltweiten Nachdenken über „Globalisierung" fast das Geheimwissen weniger eingeweihter Forscher geblieben sind, die sich mit internationaler und vergleichender Fernsehentwicklung beschäftigen. Nicht sie, sondern die Wissenschaftler der großen Fachrichtungen der Politologen und Soziologen geben weltweit den Ton in der Globalisierungsdebatte an. Ungeachtet der Tatsache, dass Medien neben der Wirtschaft der zentrale Referenzbereich des Phänomens sind, kommt medienwissenschaftliche Expertise zu wenig zum Tragen (vgl. Einleitung).

Weil internationale Reichweiten dort, wo sie über Sprachgrenzen hinausweisen, oft zu klein und zu elitär sind, um bedeutsam zu sein, bleiben die indirekten Folgen der Globalisierung wichtiger als die direkten. Nicht die Einschaltung Asiens, Afrikas und Lateinamerikas in westliche Programme (oder umgekehrt) ist die zentrale Entwicklung der Gegenwart, sondern die Technik und Machart des modernen westlichen Fernsehwesens haben Nachahmungen und Weiterentwicklungen in anderen Ländern und Regionen der Welt hervorgerufen.[37]

Seit etwa einem Jahrzehnt beschäftigen sich Sozialwissenschaftler mit dem Phänomen des "neuen Regionalismus". Es bezeichnet die Zunahme informeller, nicht-hierarchischer, umfassender und multi-dimensionaler Interaktionen in verschiedenen Bereichen von Wirtschaft und Gesellschaft.[38] Während der „alte Regionalismus" eindeutig durch Beziehungen zwischen Regierungen dominiert war, basiert der neue Regionalismus auf Netzwerken und Interaktionen zwischen Gesellschaften innerhalb der verschiedenen Weltregionen der Erde. Dies bezieht politische Netzwerke zwischen Nichtregierungsorganisationen ebenso ein wie die Ausstrahlung und Nutzung von Medien über staatliche Grenzen hinweg.

---

37 Sinclair/Jacka/Cunningham 1996b, S. 2; Kai Hafez, Mass Media in the Middle East: Patterns of Societal Change, in: Kai Hafez (Hrsg.), Mass Media, Politics, and Society in the Middle East, Cresskill, NJ 2001a, S. 1-20.
38 Shaun Breslin/Christopher W. Hughes/Nicola Phillips/Ben Rosamund (Hrsg.), New Regionalisms in the Global Political Economy, London/New York 2002; Stefan A. Schirm, Globalization and the New Regionalism. Global Markets, Domestic Politics and Regional Cooperation, Oxford 2002.

Die australischen Medienwissenschaftler John Sinclair, Elizabeth Jacka und Stuart Cunningham gehen, ebenso wie Joseph Straubhaar, davon aus, dass das Wachstum regionaler Medienmärkte bedeutsamer ist als die Durchsetzung der (primär englischsprachigen) Globalisierung.[39] In geolinguistisch homogenen Regionen wie Südasien oder Lateinamerika werden demnach westliche Kultureinflüsse über Medien zwar aufgenommen und integriert, letztlich jedoch in neue nationale und regionale Produkte umgewandelt: eine eigenständige Kultur der Fernsehnachrichten, eigene Film- und Fernsehproduktionen, haben dem „Kulturimperialismus" der westlichen Globalisierung Widerstand geleistet (vgl. Kap. 4.1).

Tatsächlich hat sich die Zahl der zumeist privaten Fernseh- und Radiosender in Asien, Afrika, Lateinamerika und dem Nahen und Mittleren Osten in den letzten zehn bis fünfzehn Jahren vervielfacht. Durch eine Mischung aus westlichen Nachrichten*formaten* und heimatlichen Nachrichten*inhalten* haben sich in den häufig autoritär geprägten, aber mit liberalen Freiräumen versehenen Weltregionen moderne Medienkulturen entwickelt. Die „Regionalisierung der Globalisierung" ist dabei aber sichtbar anders geartet als das, was Roland Robertson als "Glokalisierung" bezeichnet hat, denn es ist keine gleichberechtigte Mischung aus internen und externen Einflüssen, sondern unterliegt einem inhaltlichen Primat des Nationalen oder Regionalen, der schlicht eine Folge der Tatsache ist, dass Macher und Konsumenten der neuen regionalen Medien unter sich bleiben.

Während weltweit zahlreiche kleine Sprachen aussterben, wächst der Einfluss und auch die Verbreitung der großen Weltsprachen wie Englisch, Chinesisch (Han), Arabisch oder Spanisch. In Indien sind Dutzende von Fernsehprogrammen in Hindi in den letzten Jahren neu entstanden, die über die Grenzen hinweg abstrahlen. Die arabische Welt, Lateinamerika und Südasien erleben eine ähnliche Regionalisierung ihrer Fernsehlandschaften. Europa ist diesen Regionen in Bezug auf die politische und wirtschaftliche Verflechtung weit voraus, aber europäische Medien existieren nur als Rudimente, da die Sprachlandschaften zu unterschiedlich sind. Sowohl Lateinamerika als auch der indische Subkontinent teilen die Vorstellung der Demokratie, ihre wirtschaftliche Verflechtung schreitet voran, und sie sind medial weitaus vernetzter als Europa. Auch die arabische Welt weist Gemeinsamkeiten der politischen Kultur auf, und selbst wenn der Sprung zur Demokratisierung noch nicht geschafft ist, zielen auch hier starke Kräfte in Richtung einer ge-

---

39 Sinclair/Jacka/Cunningham 1996b, S. 12 f.

meinsamen Medienlandschaft, deren Wirkung mit Blick auf die Demokratisierung allerdings noch unklar bleibt (vgl. Kap. 3.4).

Die zahlreichen Fernsehprogramme eines der größten Anbieter Südasiens, *Zee TV*, sind heute zeitgleich in Ländern wie Pakistan, Nepal, Bangladesch und Burma beliebt. Die pakistanische Werbebranche platziert Werbung beim indischen Sender *Zee TV*, um die inländischen, pakistanischen Kunden zu erreichen.[40] Andere indische Sender wie die von *Asianet* wenden sich an die Malayalam sprechenden Konsumenten Südindiens und an die indische Diaspora in der arabischen Golfregion.[41] Man könnte versucht sein, das indische Fernsehen für ein kommerzielles Phänomen zu halten. Manas Ray und Elizabeth Jacka haben aber darauf hingewiesen, dass etwa die Regierung von Bangladesch, die ein sehr kleines Segment der Superreichen des Landes repräsentiert, über den Einfluss des mittelständischen Konsumismus, den gerade indische Fernsehfilme wiederspiegeln, äußerst besorgt ist, weil er die soziale Unruhe unter der besonders armen Bevölkerung des Landes fördern kann.[42] Das indische Fernsehen ist eine Herausforderung für das islamische Gleichheits- und Gerechtigkeitsideal, mit dem die Oberschicht in Bangladesch, die in der Vergangenheit das dortige Staatsfernsehen dominierte, Klassenunterschiede zu übertünchen versucht.

Lateinamerika und die Karibik sind weitere Beispiele für eine fortschreitende Regionalisierung im Bereich des Satellitenfernsehens. Die englischsprachige Karibik ist seit Jahrzehnten ein Testfeld für regionalen grenzüberschreitenden Radio- und Fernsehempfang. Bereits lange vor dem Satellitenzeitalter hatten Staaten wie Kuba erhebliche Probleme, das aus ihrer Sicht ungewollte Eindringen terrestrischer Radio- und Fernsehsignale zu unterbinden. Kubanische Mediennutzer hatten immer schon Zugang zu Rundfunkangeboten, die ihnen eigentlich von Staats wegen verboten waren.[43] Im Unterschied zur Situation in Südasien bestand das Medienangebot in der Karibik von jeher aus einer Mischung von Nachrichten und Unterhaltung, so dass in

---

40 David Page/William Crawley, Satellite over South Asia. Broadcasting Culture and the Public Interest, New Delhi et al. 2001.
41 Norbert Wildermuth, Satellite Television in India, in: Stefan Brüne (Hrsg.), Neue Medien und Öffentlichkeiten, Bd. 2, Hamburg 2000, S. 225.
42 Manas Ray/Elizabeth Jacka, Indian Television: An Emerging Regional Force, in: John Sinclair/Elizabeth Jacka/Stuart Cunningham (Hrsg.), New Patterns in Global Television. Peripheral Vision, Oxford 1996, S. 96.
43 Aggrey Brown, In the Carribean, a Complex Situation, in: Media and Democracy in Latin America and Caribbean, Paris 1996, S. 43 ff.

dieser Region bereits eine sehr lange Tradition existiert, über regionale Medienzusammenhänge den Informationsstand über den jeweiligen Heimatstaat zu verbessern.

In Lateinamerika hat die Regionalisierung des Medienwesens sehr unterschiedliche Formen angenommen, die häufig eher der unterhaltungszentrierten Medienkultur Südasiens als der Lage im Nahen Osten oder auch in der Karibik ähneln. Der zentrale Trend in dieser Weltregion besteht in der Kommerzialisierung des lateinamerikanischen Fernsehens durch die großen Medienkonzerne *Globo* und *Televisa*. Durch deren starke Profitorientierung, aber auch durch enge Verflechtungen mit herrschenden Eliten, sind unabhängige und kontroverse Nachrichten- und Informationssendungen eher Mangelware. Kleine alternative Medien versuchen durch regionale Kooperationen mit dem kommerziellen Sektor Schritt zu halten, aber dies ist gerade im Fernsehbereich auf Grund des hohen Produktionskostenaufwandes kaum möglich, so dass es sich hierbei vor allem um Radiounternehmungen handelt.[44]

Kommerzielle Motive sind in allen beschriebenen Weltregionen ein wesentlicher Faktor für die Fernsehproduktion und -nutzung. Sofern Kapitalflüsse in den Medienbranchen dieser Welt überhaupt staatliche Grenzen überschreiten, verbleiben sie zumeist, sieht man von euro-amerikanischen „Elefantenhochzeiten" der Medienkonzerne einmal ab, im regionalen, durch sprachlich-kulturelle Zusammenhänge geprägten Umfeld (vgl. Kap. 9). Wenn im Bereich des Satellitenfernsehens also ein neuer Trend ausgemacht werden kann, der über Grenzen hinausweist, dann ist der „neue Regionalismus" weitaus stärker im Kommen als die breit angelegte Globalisierung. Nationale Fernsehsender sind in aller Regel noch immer beliebter als ausländische, auch wenn diese aus dem näheren regionalen Ausland stammen.[45] Aber sie werden durch eine sichtbare und stark wachsende Fernsehnutzung von Sendern des regionalen Auslandes ergänzt – eine Entwicklung, die, wie gesehen, bei Sendern aus dem „fernen Ausland" nicht erkennbar ist. Auch wenn es keinen direkten, wissenschaftlich erwiesenen Zusammenhang zwischen Medienwirkung und Identität gibt, ist die Wahrscheinlichkeit hoch, dass die derzeitige Lage auf den Satellitenfernsehmärkten der Welt eher nationale und regionale als globale Identitäten begünstigt. Europäische Fernsehmärkte wie auch der US-amerikanische Fernsehmarkt verharren weitgehend

---

44 Luis Suárez, Mass Communications and the Major Challenges, in: Media and Democracy in Latin America and Caribbean, Paris 1996, S. 51.
45 Zur Lage im Nahen Osten vgl. Rhodes/Chapelier 2003, S. 84.

in nationalen Konsumptionszusammenhängen, wenngleich auch in Europa der kleine regionale Grenzverkehr üblich ist, oder kanadische Fernsehzuschauer amerikanische Sender nutzen. Doch die Offenheit gegenüber ausländischen Satellitensendern bleibt sehr begrenzt und wird in Europa typischerweise durch eine starke Fixierung auf synchronisierte oder untertitelte amerikanische Film- und Fernsehfilmimporte „unterlaufen" (vgl. Kap. 4), und Grenzüberschreitung beschränkt sich weitgehend auf die sprachlichen Subregionen.

Die viel beschworene Umkehrung des Nord-Süd-Flusses der Weltnachrichten durch Sender wie den arabischen Marktführer der Nachrichtensender, *Al-Jazeera*, bleibt die Ausnahme, das Verharren im nationalen oder maximal im regionalen Mediendiskurs hingegen die Regel. Wenn überhaupt, dann entfalten die Medien und Medienimperien des Satellitenfernsehens ihre kulturell verändernde Kraft dort, wo sie verstanden werden: in der jeweiligen Region (sowie bei der entsprechenden „Diaspora"). Dabei ist aus der Sicht der Globalisierung dieser neue Regionalismus ein zweischneidiges Schwert, da sich neue Widerstände gegen eine Globalkultur (charakterisieren wir sie der Einfachheit halber durch Begriffe wie „Menschenrechte" und „Demokratie") aufbauen können, die auf den neuen Dynamiken der durch Medien vermittelten regionalen Interaktion beruhen. Ist das Satellitenfernsehen also eine Art Katalysator von Samuel Huntingtons „Zusammenprall der Kulturen"?

Samuel Huntington sagte zu Beginn der neunziger Jahre in einer seitdem sehr prominenten These voraus, die Welt würde nach dem Ende des Ost-West-Konflikts nicht mehr von den ideologischen Kämpfen früherer Zeiten beherrscht werden, sondern von einem „Kampf der Kulturen" (*clash of civilizations*), in dem vor allem „der Westen" mit dem „konfuzianischen China" und der „islamischen Welt" kollidieren würde.[46] Huntingtons Sichtweise erinnert an die frühere Kulturkreistheorie eines Oswald Spengler, und sie wird ungeachtet ihrer Popularität in der breiten Öffentlichkeit in Wissenschaftskreisen überwiegend kritisch beurteilt.[47] Einer der zentralen Vorwürfe

---

46 Samuel P. Huntington, The Clash of Civilizations?, in: Foreign Affairs 72 (1993) 3, S. 22-49; Samuel P. Huntington, Der Kampf der Kulturen/The Clash of Civilizations. Die Neugestaltung der Weltpolitik im 21. Jahrhundert, München/Wien 1996.
47 Vgl. stellvertretend: Christoph Butterwegge, Kampf oder Dialog der Kulturen? Samuel P. Huntingtons These vom „Zusammenprall der Zivilisationen", in: Zeitschrift für Migration und soziale Arbeit 17 (1996) 2, S. 44-47; Kai Hafez, Der Islam und der Westen - Kampf der Zivilisationen ?, in: ders. (Hrsg.), Der Islam und der Westen. Anstiftung zum Dialog, Frankfurt 1997a, S. 15-27.

lautet, dass Huntington Kulturen als Determinanten der Weltpolitik betrachtet, statt seine Analyse auf die konkreten Akteure und politisch-gesellschaftlichen Bedingungen zu stützen, die die eigentlichen Konflikte erzeugen, indem sie ihre in der Regel sehr heterogenen und vielseitig interpretierbaren Kulturen durch einseitige Deutungen als ideologische Steinbrüche missbrauchen.

Trotz aller Kritik an Huntington ist bislang kaum erklärt worden, in welchem Verhältnis die These vom „Clash of Civilizations" zum tatsächlich beobachtbaren Phänomen eines „neuen Regionalismus" steht. Insbesondere sind die Beziehungen zwischen Kultur und Kommunikation im Zusammenhang mit dem neuen Regionalismus durchweg vernachlässigt worden. Ist die fortschreitende Globalisierung also die Widerlegung Huntingtons oder bestätigt ihn eine globalisierungsfeindliche Regionalisierung? Der amerikanische Politologe hat ja Recht, wenn er auf Sprache, Kultur, Religion und Zivilisation als Fermente der politischen Ideologiebildung hinweist. Aber Huntington weiß den Stellenwert dieser Dinge nicht zu interpretieren, da er komplexe politische und gesellschaftliche Prozesse lediglich als Resultat einer bestimmten Kultur deutet, während Kultur – also die Dimension der Werte, Normen, Denk- und Verhaltensweise von Gruppen – doch letztlich selbst das Ergebnis zahlreicher sozialer, ökonomischer und politischer Prozesse ist. Kulturen beeinflussen zwar auch ihrerseits diese Prozesse, dann allerdings in ihrer Gesamtheit als Komplex von oft widersprüchlichen Sub-Kulturen, nicht aber als distanziert wahrgenommener Stereotyp wie bei Huntington.

Zu den für die Bildung von Kultur konstitutiven Beziehungen gehören die Kommunikation und nicht zuletzt die Massenmedien. In der Tradition solcher Autoren wie Antonio Gramsci oder Hannah Arendt, die sich mit dem italienischen Faschismus oder dem deutschen Nationalsozialismus aus der Perspektive der Entstehung und Wirkung von Ideologie und Propaganda beschäftigten,[48] oder jüngerer Autoren der Cultural Studies wie Stuart Hall, ist für den Gang der politischen Entwicklung von Bedeutung, welche politischen und sozialen Kräfte über die entscheidende kulturelle Definitionsmacht verfügen.[49] Der kommunikative Charakter der Kultur besteht nicht allein in Prozessen der En- und Dekodierung kultureller Zeichen, also in der Kulturdefinition oder -konstruktion, sondern ebenso in der mehr oder weniger er-

---

48 Zum Konzept der politischen und kulturellen Hegemonie bei Gramsci und anderen vgl. Robert Bocock, Hegemony, London/New York 1986.
49 Stuart Hall, Who Needs „Identity"?, in: Stuart Hall/ Paul du Gay (Hrsg.), Questions of Cultural Identity, London 1996, S. 1-17 (v.a. S. 5).

folgreichen Verbreitung und öffentlichen Durchsetzung bestimmter Definitionen. Es ist kein Zufall, dass wertkonservative Islamisten, die in den achtziger und neunziger Jahren in weiten Teilen der islamischen Welt größere Popularitätsgewinne zu verzeichnen hatten als islamische Reformer und Modernisten, zugleich geschickte Medientaktiker sind. Sie nutzen sogenannte kleine Medien (*small media*) wie das Video, um an staatlicher Zensur vorbei ihre Ziele zu propagieren;[50] sie setzen insbesondere westliche Medien und die Weltöffentlichkeit ein, um durch Rückwirkung auf die eigenen Länder ihre politische Geltung als vorgeblich einzige Alternative zu den bestehenden Systemen zu erhöhen; und sie beherrschen die traditionellen Kommunikationsforen wie den Marktplatz und die Moschee.[51] Auch die Ethnisierung der Politik in Ex-Jugoslawien ist ein Prozess, der durch die nachdrückliche kommunikative Proliferation differentialistischer Ideologien gefördert, wenn nicht sogar eingeleitet und verursacht worden ist.

Huntingtons Apodiktik eines wesensimmanenten Konflikts zwischen den Weltkulturen und -religionen wie dem Islam, dem Konfuzianismus und dem Westen leugnet im Kern den kommunikativen Charakter von Kultur, ihre Deutungs- und Veränderungsfähigkeit. Huntington verkennt, dass die antiwestlichen Tendenzen in der islamischen Welt weitgehend auf Fehlwahrnehmungen beruhen. Markanter als der „Clash of Civilizations" ist in diesem Sinn der „lack of communication" zwischen den Kulturen.[52] Die kulturelle Globalisierung wird in hohem Maß davon abhängen, wie sich die kulturellen Machtverhältnisse, die wiederum in weiten Teilen mit den kommunikativen Machtverhältnissen identisch sind, entwickeln.

Das Fortbestehen der nationalstaatlichen Fixierungen und die zunehmende Vitalität regionaler und geokulturell geprägter Rundfunk- und Fernsehräume, die zwar die Nationalstaatsgrenzen überschreiten, aber an den Grenzen der sprachlichen, historischen und kulturellen Vergangenheit Halt machen, besitzen das Potenzial, nationalistische und „zivilisatorische" Identitätsbildungen zu verstärken.Auch in den neuen regionalen Fernsehlandschaf-

---

50 Das klassische Beispiel hierfür ist der bereits erwähnte Einsatz von Videos durch Ajatollah Khomeini zur Vorbereitung der Iranischen Revolution von 1978/79.
51 Shir Mohammed Rawan, Traditionelle Kommunikation und moderne Massenmedien in Afghanistan, in: Orient 36 (1996) 3, S. 495-509.
52 Kai Hafez, Editor's Preface, in: ders. (Hrsg.), Media Ethics in the Dialogue of Cultures. Journalistic Self-Regulation in Europe, the Arab World and Muslim Asia, Hamburg 2003a, S. 14.

ten dominieren alte politische Loyalitäten, wie Sinclair, Jacka und Cunningham sehr richtig feststellen[53] – was nicht zuletzt daran erkennbar ist, dass die Regionalisierung des Fernsehens zumindest nach Einschätzung solcher Beobachter wie der Menschenrechtsorganisation *Freedom House* in den letzten fünfzehn Jahren keinen Zuwachs an freien Mediensystemen gebracht hat (vgl. Kap. 8.2). Die regionale Nähe erzeugt politische und kulturelle Rücksichtnahmen gegenüber Nachbarregionen. Medienimperien in Lateinamerika, Südasien oder in der arabischen Welt[54] stellen auf der einen Seite einen ersten Schritt der Öffnung über nationale Medienhorizonte hinweg dar. Sie vermitteln neue Lebensstile und einen den Demokratiegedanken fördernden Medienpluralismus.

Zugleich aber geschieht etwas ganz anderes. Die regionale Medienebene fungiert als eine Dämmschicht gegenüber den Einflüssen der Globalisierung. Die weltweite Erfahrung zeigt, dass die Überfütterung mit einer explodierenden Zahl von eigensprachlichen Fernsehsendern, die über die verschiedenen Vertriebswege (Kabel, terrestrisch-digital und Satellit) ausgesendet und empfangen werden, den Hunger der allermeisten Konsumenten nach wirklich globalen Programmen und völlig andersartigen Diskursen und Perspektiven, die so wichtig sein könnten, um den eigenen kulturellen Fortschritt zu optimieren, gedämpft, wenn nicht abgetötet hat. Die Satellitentechnik hat zu einer Renaissance des nationalen Fernsehens ebenso beigetragen wie zu einem „neuen Regionalismus" im geokulturellen Raum – ob dieser Regionalismus aber gegenüber der Globalisierung transparent ist oder aber sich ihr entgegen stellt und sie neutralisiert, steht noch nicht fest.

3.4 Fallbeispiel *Al-Jazeera*: ein „arabisches CNN"?

Welche unterschiedlichen Ausprägungen und Wirkungen der „neue Regionalismus" des Satellitenfernsehens haben kann, wird exemplarisch an der Entwicklung des arabischen Satellitenfernsehsenders *Al-Jazeera* deutlich. Aus einem kleinen Sender des Emirats Qatar am Persischen Golf wurde binnen weniger Jahre nach seiner Gründung 1996 der führende Nachrichtensender in einem boomenden Satellitenfernsehmarkt von mehr als zwanzig arabischen

---

53 Sinclair/Jacka/Cunningham 1996b, S. 3.
54 Douglas A. Boyd, Saudi Arabia's International Media Strategy: Influence through Multinational Ownership, in: Kai Hafez (Hrsg.), Mass Media, Politics, and Society in the Middle East, Cresskill, NJ 2001, S. 43-60.

Staaten. *Al-Jazeera* ist zugleich ein Produkt der Globalisierung wie auch eine ganz eigenständige Entwicklung. Es hat die Ästhetik amerikanischer Nachrichten- und Talkformate weitgehend übernommen und verfolgt eine durchaus westliche Medienethik der Wahrheitsorientierung und des Pluralismus, die es zu einem Vorreiter der Demokratie hat werden lassen. Als arabischer Sender operiert *Al-Jazeera* zugleich jedoch in erster Linie mit arabischen Quellen, behandelt arabische Themen und beschäftigt sich mit Perspektiven eines arabischen Publikums. Zudem ist der Sender gerade bei regionalen und internationalen Konflikten inhaltlich zum Teil einseitig auf Wahrnehmungsweisen der eigenen politischen Kultur fixiert, ohne ausreichendes Bemühen um globale Vielfalt der Argumentation.

Al-Jazeera ist als die bedeutendste „arabische Partei" bezeichnet worden. In Ermangelung funktionierender Demokratien und Institutionen, so nehmen manche Beobachter an, übernimmt das grenzüberschreitende arabische Satellitenfernsehen die Funktion eines Mittlers zwischen Staat und Gesellschaft. Autoritäre arabische Regierungen haben vielfach interveniert, wenn ihnen in den letzten zehn Jahren wieder einmal ungewohnt deutliche Kritik von *Al-Jazeera* entgegen schallte. Liberale Intellektuelle und vor allem der durchschnittliche Fernsehkonsument waren und sind von dem Sender begeistert und betrachten ihn als den größten im Medienwesen erlebten Durchbruch für das freie Wort, die demokratische Agenda und Regimekritik jeglicher Couleur.

Al-Jazeera ist ein Beispiel dafür, dass in der neuen Welt des grenzüberschreitenden Satellitenfernsehens kleinste Veränderungen größte Wirkungen entfalten können. Als sich der Emir von Qatar, Scheich Emir Al-Thani, 1996 entschied, einen großen Teil der arabischen Redaktion von BBC zu übernehmen und den Redakteuren anzubieten, in Qatar einen unabhängigen Sender zu betreiben, geschah dies wahrscheinlich aus dem Bestreben heraus, moderne Imagewerbung für Qatar zu betreiben. In kurzer Zeit erreichte *Al-Jazeera*, der dem direkten zensorischen Eingriff der anderen Staaten entzogen ist, die gesamte arabische Welt. Nach den Attentaten von New York und Washington am 11. September 2001 wurde der Sender die wichtigste Informationsbrücke zwischen der arabischen Welt und der internationalen Öffentlichkeit. Einem arabischen Medium gelang der Durchbruch in die Weltöffentlichkeit, die auch Jahrzehnte nach der großen UNESCO-Debatte über die Neue Weltinformationsordnung (vgl. Kap. 2.1 und 8.1) noch von den großen westlichen Nachrichtenagenturen und Medien beherrscht worden war. *Al-Jazeera* drehte das Nord-Süd-Gefälle der Nachrichten um. Es lieferte Bildmaterial von Terroristen, von Kriegsschauplätzen und von Opfern – und es ließ die Großen der Welt auf seinem Sender Politik machen. Die wichtigsten zeitgenössischen Staatsmänner und -frauen und zahlreiche Persönlichkeiten des öffentlichen Lebens kamen und kommen bei dem Sender zu Wort, der als Nadelöhr des Zugangs zu mehr als 200 Millionen Arabern weltweit gilt. *Al-Jazeera* ist ein Star am Himmel der globalen medialen Interkonnektivität, der Sender erfüllt alle Kriterien der neuen Zeitrechnung, da er über die Systemverbundenheit hinaus sichtbar Informationskulturen in der arabischen Region wie auch weltweit beeinflusst und damit eine geradezu prototypische Form der „Glokalisierung" zu verkörpern scheint.

Auch wenn im Westen im Wesentlichen Bild- und Videomaterial von *Al-Jazeera* übernommen wird, weniger jedoch redaktionelle Inhalte, so wird immerhin ein arabisches Medium nunmehr des Öfteren als Quelle zitiert. Der globale Dialog scheint damit endgültig eröffnet zu sein. Und *Al-Jazeera* geht sogar einen Schritt weiter: zur Systemverbindung durch Satellitenübertragung und zum Systemwandel als Folge der veränderten regionalen wie globalen Nachrichtenkultur gesellt sich der Wille, die Systeminterdependenz zu fördern. Immerhin betreibt der Sender eine englischsprachige umfangreiche und aktuelle Nachrichtenwebsite, und er plant englischsprachige Untertitelungen seiner Sendungen, um sich globale Märkte zu erschließen – aber hier beginnt auch das Problem.

Denn selbst der englischsprachige Online-Journalismus kann kaum verbergen, dass *Al-Jazeera* mehr und mehr die Rolle einer panarabischen Stimme des Widerstandes gegen die Vereinigten Staaten und Israel übernimmt. Die globalen Anlagen werden im Zuge der mit dem 11. September 2001 beginnenden Krise – dem „Krieg gegen den Terrorismus", wie die Bush-Regierung das nennt – zugunsten eines neuen pan-arabischen Nationalismus zurückgedrängt. Angesichts der großen Verdienste, die sich gerade *Al-Jazeera* um die Liberalisierung der arabischen Öffentlichkeit erworben hat, beschränkte sich Kritik an dem Sender lange Zeit im Wesentlichen auf die US-Regierung. Zunehmend aber ist auch bei Wissenschaftlern und arabischen Journalisten umstritten, inwieweit nicht im arabischen Satellitenfernsehen eine ideologische Deformation erkennbar wird. Das Schlagwort, das *Al-Jazeera* als „CNN der arabischen Welt" bezeichnet, erklärt in Wahrheit wenig, zumal sich auch amerikanische Medien im Irakkrieg 2003 massiv parteilich gezeigt haben (vgl. Kap. 2.3).

In der internationalen Wahrnehmung des führenden arabischen Nachrichtensenders, *Al-Jazeera* aus Qatar, sind zwei Phasen zu unterscheiden.

Vor den Attentaten auf das *World Trade Center* und das Pentagon am 11. September 2001 wurde *Al-Jazeera* in der westlichen Welt als demokratischer Durchbruch des Fernsehens gelobt; nach den Attentaten wuchs die Kritik, der Sender betreibe Propaganda gegen die USA sowie Israel und verleihe dem Terrorismus Auftrieb. Fragt man zunächst nach der demokratischen Agenda, so fällt auf, dass es kaum solide wissenschaftliche Inhaltsanalysen über den Sender gibt, schon gar keine, die sich mit der Frage der Behandlung des Demokratiethemas beschäftigen. Zweifelsfrei hat *Al-Jazeera* seit seiner Gründung 1996 bahnbrechende Beiträge zur Demokratisierung in der arabischen Welt geleistet. Es war der erste Sender, der es wagte, arabische Regierungen zu kritisieren. Insbesondere der kontroverse Debattenstil vieler Sendungen wird als Durchbruch der Kultur politischer Öffentlichkeit gefeiert.[55]

Eine jüngere Auswertung des englischsprachigen *Aljazeera.net* hat allerdings ernüchternde Anhaltswerte geliefert.[56] Die Frage der internen politische Entwicklung zur Demokratie wird demnach bei *Aljazeera.net* in hohem Maße überlagert von den außenpolitischen Problemen der amerikanischen und israelischen Politik. Beiträge, die sich konkret mit der Demokratisierung in der arabischen Welt beschäftigen, lassen sich an einer Hand abzählen. Die Frage der „arabischen Reform" ist zentraler, bleibt aber ohne konkreten Bezug zu einzelnen Ländern und ohne politische Programmatik und Vision. Auffällig ist weniger die ideologische Fixierung des Mediums, das unterschiedliche Stimmen zu Wort kommen lässt, als vielmehr der geringe Umfang und die mangelnde Differenzierung der Demokratieagenda, die ohne jeden Bezug zu Problemen der einzelnen arabischen Staaten bleibt. Auch im zentralen Menschenrechtsbereich, dies hat eine weitere Analyse ergeben, wird von *Aljazeera.net* in den letzten Jahren wesentlich mehr über amerikanische, britische und israelische als über arabische Folter berichtet, auch wenn immerhin noch einige kritische Beiträge über Länder wie Marokko, Tunesien oder Bahrein veröffentlicht wurden. *Aljazeera.net* kann in der der-

---

55 Naomi Sakr, Satellite Realms. Transnational Television, Globalization and the Middle East, London/New York 2001; Mohammed El-Nawawy/Adel Iskandar, *Al-Jazeera*. The Story of the Network that Is Rattling Governments and Redefining Modern Journalism, Cambridge, MA 2003; Muhammad I. Ayish, Arab World Television in the Age of Globalization. An Analysis of Emerging Political, Economic, Cultural and Technological Patterns, Hamburg 2003; Hugh Miles, Al-Jazeera. How Arab TV News Challenged the World, London 2005.
56 Kai Hafez, Arabisches Satellitenfernsehen – Demokratisierung ohne politische Parteien?, in: Aus Politik und Zeitgeschichte B 48/2004, S. 17-23.

zeitigen Form sicherlich nicht beanspruchen, eine „arabische Partei der Demokratie" zu sein.

Natürlich beinhaltet das Fernsehprogramm von *Al-Jazeera* sehr viele Talk-Elemente, in denen arabische Regierungen kritisiert werden, und hier liegt nach wie vor ein besonderes Demokratisierungspotenzial des Senders. Eingeräumt werden muss auch, dass umfangreiche empirische Analysen fehlen, so dass nur Trendaussagen getroffen werden können. Der aktuelle Trend deutet darauf hin, dass sowohl im Fernsehprogramm als auch im Internetauftritt von *Al-Jazeera* die Demokratieagenda nach dem 11. September 2001 zunehmend von der Okkupationsagenda überlagert wird.

Die Abwehr des äußeren „Feindes" von im wesentlichen zwei arabischen Ländern – dem Irak und den palästinensischen Gebieten – bindet in einer Art publizistischem Moratorium offensichtlich Kräfte in der innerarabischen Auseinandersetzung mit der Demokratie. Was die internationale Berichterstattung *Al-Jazeeras* und der anderen Satellitensender angeht, haben seit dem 11. September nicht nur die USA und Großbritannien, sondern auch unabhängige arabische und andere Journalisten und Wissenschaftler nachhaltige Kritik geübt. Als größtes Verdienst der arabischen Sender gilt zwar, dass sie der Weltöffentlichkeit Bilder palästinensischer, irakischer und anderer Opfer der amerikanisch-britischen und israelischen Besatzungen zugänglich machen, die in westlichen Medien kaum auftauchten. Gelobt wird auch die Befähigung, authentische Gegenpositionen durch Interviews mit der amerikanischen, israelischen etc. Regierung darzustellen. Abweichende Meinungen finden erstmals im arabischen Fernsehen Gehör, und darin zeichnet sich gerade *Al-Jazeera* vor dem führenden amerikanischen Nachrichtensender *Fox News* aus, der etwa während des Irakkriegs 2003 keine arabischen O-Töne eingeholt hat, sondern unumwunden amerikanische Regierungspositionen vertrat.[57]

Als wenig objektiv bei *Al-Jazeera* gilt allerdings die Vorherrschaft einer panarabischen Agenda bei der Nachrichtenselektion und dem ganz überwiegenden Teil redaktioneller Beiträge, die zwar zu Recht die Ungerechtigkeit israelischer und amerikanischer Politik kritisieren, aber den Anteil arabischer Staaten, Regimes und privatisierter Gewalt (Terror) weit unterbewerten, israelische Opfer zu wenig ins Bild setzen, eine einseitige Emotionalisierung betreiben und das Judentum primär als stützende Kraft eines radikalen Zio-

---

57 Contrasting War Coverage, in: Middle East Economic Survey 46 (2003) 14, http://www.mees.com (11. September 2004).

nismus vorstellen.[58] Die Wissenschaft ist sich hinsichtlich dieser Sachverhalte weitgehend einig – auch wenn sie sehr unterschiedliche Folgerungen daraus zieht. Die französische Panos-Studie hat gezeigt, dass *Aljazeera.net* zu den Medien in der arabischen Welt gehört, die den USA am kritischsten gegenüber stehen.[59] Mamoun Fandy argumentierte bereits im Jahr 2000, dass *Al-Jazeera* mit Ausnahme der Nachrichtensendungen die Sichtweise einer neuartigen Allianz aus nationalistischen Baathisten und Islamisten verkörpere[60] – eine Kritik, die noch heute von arabischen Journalisten geteilt wird.[61] Muhammad Ayish meint, dass *Al-Jazeera* professionelle Objektivität vermissen lasse, wenn es lediglich einen pan-arabischen Konsens widerspiegele.[62]

Mohammed El-Nawawy und Adel Iskandar räumen die Einseitigkeit des Senders ein, bezeichnen sie allerdings als „Kontextobjektivität": *Al-Jazeera* müsse proarabisch sein, um den proamerikanischen und proisraelischen Einschlag westlicher Medien zu kompensieren.[63] Nawawy und Iskandar beschreiben zu Recht die befreiten und faszinierten Reaktionen, die *Al-Jazeera* als Parteigänger der arabischen Sache in der arabischen Welt ausgelöst hat. Erstmals gelang es, die westliche Informationshegemonie der großen Nachrichtenagenturen und Sender zu brechen. Salameh Nematt meint, die arabischen Fernsehsender repräsentierten durch ihre einseitige Bildsprache der Opfer amerikanischer und israelischer Gewalt die Kontinuität einer panarabischen Position, die mit der Arabischen Liga in den letzten Jahren einen zunehmenden Verfall erlebt habe.[64]

Aber diese Analyse ist nicht hinreichend, denn der neue panarabische Impuls ist mehr als eine bloße Fortsetzung. Der alte Pan-Arabismus beruhte auf einer nationalstaatlichen Opportunitätshaltung der arabischen Länder

---

58 Vgl. z.B. Khalid Amayreh, Israeli Rabbis: Don't Spare Civilians, 7. September 2004, http://www.Aljazeera.net (12. September 2004).

59 One Year After: Media Comments on the First Anniversary of September 11, Panos Institut, Paris 2002, S. 17.

60 Mamoun Fandy, Information Technology, Trust, and Social Change in the Arab World, in: The Middle East Journal 54 (2000) 3, S. 388.

61 Rudolph Chimelli, Im Garten des Meinungsmonopols, in: *Süddeutsche Zeitung*, 10. Mai 2004.

62 Muhammad I. Ayish, Political Communication on Arab World Television: Evolving Patterns, in: Political Communication 19 (2002) 2, S. 150.

63 Nawawy/Iskandar 2003, S. 54.

64 Vgl. hierzu Krystian Woznicki, Die vierte Macht, 28. Juni 2004, http://www.heise.de (20. September 2004).

gegenüber den Palästinensern, wobei nicht selten nationale Interessen von Staaten wie Ägypten im Vordergrund standen und eine Solidarität dämpften, die spätestens mit dem Abschluss des ägyptisch-israelischen Friedensvertrags von Camp David 1979 zum erliegen kam. Die Sympathien der arabischen Bevölkerungen mit den Palästinensern hingegen waren stets ungebrochen und jeglicher Friede mit Israel ein „kalter Friede", solange er keine tragfähige Lösung für die staatliche Frage bot. Die Medienberichterstattung *Al-Jazeera*s und der anderen arabischen Satellitensender, die sich im Tenor ähneln, wenn sie auch zum Teil weniger drastisch berichten, verleiht der emotionalen Volksmeinung einen eindeutigeren Ausdruck als die alten Institutionen des Pan-Arabismus. Insofern ist es völlig richtig, wenn die Panos-Studie die arabischen Medien als „Plattform für kollektive Identität und Phantasien" beschreibt.[65]

Das arabische Satellitenfernsehen verkörpert nach dem Niedergang der großen Institutionen und Gewerkschaften der nasseristischen Ära die Funktion des Mittlers zwischen Staat und Gesellschaft und repräsentiert eine neue Etappe des panarabischen Projekts, argumentiert auch Hazem Saghieh, ein Journalist der arabischen Tageszeitung von *Al-Hayat*. Aber auch er ist der Meinung, dass der Grenzgang zwischen Objektivität und Parteilichkeit, der theoretisch erforderlich ist, zumindest in den Bereichen des Nahostkonflikts und des Irakkonflikts misslungen sei, da der mediale Populismus, dem Bürger „nach dem Munde" zu reden, zwar eine hohe Politisierung hervorgerufen, zugleich aber eine Stagnation des politischen Denkens zementiert habe.[66]

Zieht man ein vorläufiges Fazit, so war die Gründung *Al-Jazeera*s 1996 in vielerlei Hinsicht zumindest eine indirekte Folge der Globalisierung. Der Sender eröffnete dem arabischen Massenpublikum nicht nur die westliche Nachrichtenästhetik, sondern auch ein pluralistisches und zum Teil kontrovers antiautoritäres Verständnis der Medien als einer „vierten Gewalt" gegenüber dem arabischen Staat. Zugleich ebnete der Sender, neben den anderen mittlerweile gegründeten Nachrichtensendern, einen Ausweg aus der Einbahnstraße des von den USA und Westeuropa beherrschten internationalen Nachrichtenwesens mit seiner Dominanz von Sendern wie CNN oder BBC oder der herausragenden Stellung der Weltnachrichtenagenturen.

---

65 One Year After (Panos 2002), S. 24.
66 Vgl. hierzu: Deutsch-arabischer Mediendialog, Institut für Auslandsbeziehungen, Beirut, Mai 2004, http://www.ifa.de/dialoge/dbeirut_protokoll.html (17. September 2004).

Erkennbar ist zugleich die Bindung des Senders an den arabischen Markt und – trotz einer englischsprachigen Website – auch an die arabische Sprache und an Ideologien, Sichtweisen, Positionen und Stereotypen der arabischen Mainstream-Kultur, die den Sender zum Gegenpol der ebenfalls in vielen Belangen einseitigen Berichterstattung westlicher Sender macht (vgl. Kap. 2). Das Neue an der jetzigen Situation im Vergleich zur Ära vor der Einführung des Satellitenfernsehens ist, dass es technisch-räumliche Überschneidungen des Empfangs von Fernsehsendern mit den unterschiedlichen Sichtweisen der Welt gibt, auf die der Konsument im Prinzip bequem per Tastendruck von der Couch aus Zugriff haben kann. Dass dieser „Außenpluralismus" der verschiedensprachigen Sender zu wenig ist, um die Euphorie über die Globalisierung des Fernsehens zu rechtfertigen, wird deutlich, wenn man erkennt, dass der tatsächliche Zugriff auf diese unterschiedlichen Kanäle eine Angelegenheit kleiner und kleinster Informationseliten ist, die sich im Grunde von jeher über die verschiedenen Positionen zur Weltpolitik informieren konnten.

Was bleibt, ist die Aufgabe, Multiperspektivität im globalen Zeitalter zu einer Angelegenheit der einzelnen Fernsehkulturen und -sender zu machen, also Binnen- statt Außenpluralismus zu fördern. Die globale Anschlussfähigkeit eines langjährigen Vorzeigesenders wie *Al-Jazeera* hat aber in den letzten Jahren deutlich abgenommen, der regionale Druck der Märkte und politischen Kulturen ist gestiegen, und es zeigt sich, wie intransparent der „neue Regionalismus" gegenüber der Globalisierung sein kann.

4 Film- und Programm-Importe – Unterhaltungskultur als Kernbereich der medialen Globalisierung

Die Unterhaltungskultur ist der Kernbereich der derzeitigen Globalisierung. Anders als im Nachrichtengeschäft der Medien, also beim Austausch vor allem politischer Informationen und Meinungen, sind beim Im- und Export von Filmen, Musik und Literatur lokalen Versuchen einer Domestizierung der Globalisierung enge Grenzen gesetzt. Während sich ein Nachrichtentext im Rahmen der Auslandsberichterstattung nahezu beliebig an nationale politische Präferenzen anpassen lässt (vgl. Kap. 2), sind etwa importierte Filme kaum manipulierbar. Durch Kürzung, Synchronisation oder Untertitelung sind Sinneingriffe möglich, aber Kernbotschaften des Films erreichen trotzdem den Konsumenten im Importland. Musik ist im Grunde gar nicht durch Eingriffe veränderbar.

Unterhaltungskultur, die in ihrer Verdichtung und Überhöhung des Alltäglichen (Liebe, Sex, Gewalt, Action etc.) einen nahezu universellen Zuspruch findet, wird durch die relative Manipulationsresistenz ihrer Inhalte im Prozess ihres internationalen und interkulturellen Transfers zum Kernbereich der medialen Globalisierung. Mit den Worten der Hamburger Medienwissenschaftler Anja Herzog und Uwe Hasebrink: „Unterhaltung ist internationaler als Information".[1] Aus globalisierungstheoretischer Perspektive lässt sich argumentieren, dass die Kombination der Merkmale einer Universalität des Zuspruchs und der Resistenz gegen lokale Manipulationen der Unterhaltungskultur das höchste kulturverändernde Wirkpotenzial aller grenzüberschreitenden kommunikativen Systemverbindungen verschafft. Daher werden auch im öffentlichen wie im wissenschaftlichen Diskurs die meisten Belege für Globalisierungseffekte diesem Bereich entnommen: amerikanische Popmusik gilt als Beweis für den Trend zur globalen Einheitskultur und Hollywoods Filme als Menetekel der Verwestlichung der Kulturlandschaften dieser Welt.

---

1 Hasebrink/Herzog 2004, S. 152.

Im folgenden Kapitel soll die Bedeutung einer globalen Unterhaltungs- und Konsumkultur keineswegs in Abrede gestellt, aber sie soll relativiert und gewichtet werden. Weder sind amerikanische und westliche Unterhaltungskultur die alles verdrängende und dominierende Kraft, als die sie Befürworter wie Gegner der Globalisierung oft darstellen. Noch sind die Veränderungs- und Wandlungsprozesse in den Kulturen dieser Welt schlicht als Anpassungsvorgänge an eine intervenierende westliche Kultur zu verstehen, wenngleich diese Importe häufig den Kulturwandel beschleunigen. Manches, was wie eine Globalisierung von Kultur erscheint, ist in Wirklichkeit eher ein Prozess der Modernisierung von Traditionskulturen. Das scheinbar globale „Andere" ist das moderne „Selbst".

4.1 Wer hat Angst vor Uncle Sam? Zur Relativität der amerikanischen Kulturhegemonie

Vielfach kritisiert, scheinbar überholt und dennoch enorm vital hat die These vom „Kulturimperialismus" alle theoretischen Paradigmenwechsel von der Modernisierungs- und Dependenztheorie bis zur Globalisierungstheorie überlebt. Kaum eine Debatte über die Globalisierung von Kommunikation und Kultur kommt ohne den Begriff aus, und der Bezugspunkt ist fast immer der behauptete und vermutete Einfluss der amerikanischen Kulturexporte auf die anderen Kulturen dieser Welt. Die Medien, so scheint es gelegentlich, werden zu bloßen Trägern eines mit kulturellen statt mit militärischen Mitteln operierenden Hegemonialgebarens der Vereinigten Staaten. Die Vereinnahmung der „Köpfe" als neo-imperiale Strategie der Beherrschung – Filme statt Waffengewalt, Unterhaltung statt Dollarimperialismus.

Die Vorstellung einer umfassenden Dominanz und Weltgeltung ist konservativen Kreisen in den USA selbstverständlich und hört sich in den Worten des bekannten Kolumnisten der *Washington Post*, Charles Krauthammer, etwa so an:

> Wir dominieren jedes menschliche Aktivitätsfeld von der Mode über den Film bis zu den Finanzen. Wir beherrschen die Welt kulturell, ökonomisch, diplomatisch und militärisch wie niemand dies seit dem römischen Imperium getan hat. [2]

---

2 Charles Krauthammer, Who Needs Gold Medals, *Washington Post*, 20. Februar 2002, zit. nach Robert J. Lieber/Ruth E. Weisberg, Globalization, Culture, and Iden-

Ein treffender Beleg für die amerikanische Hegemonialstellung der Vereinigten Staaten ist der europäische Fernseh- und Kinofilmmarkt. Im Fernsehbereich funktioniert der Austausch europäischer Filme kaum. Im vielsprachigen Europa mit seinen kleinen und mittleren Märkten muss der europäische Filmaustausch „künstlich", d.h. durch politische Eingriffe der Europäischen Union gefördert werden. Amerikanische Filme hingegen erzielen in den meisten europäischen Ländern hohe Programmanteile (siehe unten).

Was liegt hier näher als die Annahme, dass die Globalisierung sich – zumindest auf dem Kultursektor – nicht nach dem Modell der konzentrischen Kreise vom Lokalen über das (europäische) Regionale zum Globalen entwickelt und ein gleichberechtigter Austausch von lokalen und regionalen Kulturgütern weltweit stattfindet, sondern dass Globalisierung bedeutet: das schrittweise Unterhöhlen lokaler und regionaler Kulturen durch eine sich ausbreitende amerikanische Einheitsglobalkultur. Das Prinzip der dezentralen Globalität wird in diesem unipolaren Kulturmodell ersetzt durch das Prinzip einer Dorf ähnlichen Allgegenwart der Hegemonialkultur. Im Zeitalter der durch Medientechniken geschrumpften Räume und fallenden Grenzen des Kulturkontakts beherrscht die amerikanische Unterhaltung die Kultur im „globalen Dorf" – eine Vorstellung, die sicher so gar nicht im Sinne des Erfinders dieses Begriffs, des kanadischen Kommunikationswissenschaftlers Marshall McLuhan, gewesen wäre, als dieser bereits in den sechziger Jahren die Massenmedien als eine perfektionierte Form der technischen Erweiterung des menschlichen Sinnesapparates bezeichnete und die Realisierung eines kollektiven globalen Bewusstseins prognostizierte.[3]

Es ist unbestreitbar, dass die Vereinigten Staaten in vielen Bereichen der Kultur – man denke daran, dass etwa 75 Prozent der aktuellen Nobelpreisträger aus den USA kommen – im Weltvergleich führend sind. Amerikanische Kulturprodukte sind global verfügbarer als jede andere Nationalkultur. Dennoch ist nicht ohne Weiteres erwiesen, dass aus dieser Hegemonie eine imperiale Verdrängung indigener Kulturen folgt. Beide Merkmale – Spitzenstellung und Hegemonie – werden vielfach vermischt. Dabei weisen einige mittlerweile geradezu klassische Studien der Kommunikationsforschung über die Wirkung amerikanischer Filmexporte in anderen Teilen der Welt auf die Kraft dezentraler Kulturen, die sich der scheinbar hegemonialen Kultur entgegenstellen.

---

tities in Crisis, in: International Journal of Politics, Culture and Society 16 (2002) 2, S. 273-296.
3 McLuhan 1992.

Tamar Liebes und Elihu Katz haben mit ihren Untersuchungen der Rezeption der „Seifenopern" *Dallas* und *Dynasty* gezeigt, dass die Mediennutzung ein aktiver Vorgang ist, der eine Einbettung von Medieninformationen in lokale Referenz- und Bedeutungssysteme ermöglicht. Die Nutzungssysteme variieren demnach zwischen Individuen ebenso wie zwischen Kulturen.[4] Gesellschaftliche „Wirkungen" von Mediendarstellungen werden nicht allein als Vorgänge der linearen Input-Output-Manipulation betrachtet, sondern als Prozesse der „Verhandlung" (*negotiation*) zwischen den „symbolischen Ressourcen der Zuschauer und den symbolischen Angeboten des Textes".[5] Die von dem Medienproduzenten intendierte Enkodierung des Medieninhaltes muss daher nicht zwangsläufig in derselben Weise dekodiert werden, sondern unterliegt einem Prozess der Verhandlung über Symbolbedeutungen.[6] Ungeachtet der vorhandenen textlichen Grenzbedingungen (Themen, Frames usw.) können die Mediennutzer anschließende und weiterführende Diskurse anstimmen, die in der Regel nicht dem auswärtigen Ursprungskontext des internationalen Medienprodukts entspringen, der auf Grund der globalen Distanzbedingungen dem Konsumenten nur schwer zugänglich ist, sondern die dem lokalen oder nationalen Umfeld entstammen. Bei einem internationalen Vergleich der Nutzung von Seifenopern wie *Dallas* – jenem Epos über eine texanische Familie von Erdölmillionären – wurden unterschiedliche gesellschaftliche Anschlussdiskurse ermittelt.

Als charakteristisch für die kulturvergleichende Mediennutzungsforschung erweist sich die Annahme einer Verhaftung der Referenzsysteme der Mediennutzer in jeweils in sich homogenen soziopolitischen Kulturen. Zuschauerbeobachtungen und -befragungen der *Dallas*-Nutzung in den Niederlanden, der Bundesrepublik Deutschland und Algerien in den achtziger Jahren haben gezeigt, dass Anschlussdiskurse identischer Medienprodukte ausländischen Ursprungs geradezu diametrale Inhalte aufweisen können. In den Niederlanden wurde *Dallas* als positiv bewerteter Gegenpol zum innergesellschaftlichen Verlust von Familien- und Gemeinschaftswerten betrachtet;[7] in der Bundesrepublik Deutschland galt die Serie als Fortschreibung der noch immer sehr patriarchalischen deutschen Familienstrukturen;[8] in Algerien

---

4 Tamar Liebes/Elihu Katz, The Export of Meaning. Cross-Cultural Readings of *Dallas*, New York/Oxford 1990, S. 13.
5 Ebenda, S. 6.
6 Ebenda, S. 4.
7 Ien Ang, Watching Dallas, New York/London 1985.
8 Herta Herzog-Massing, Decoding Dallas, in: Society 24 (1986) 1, S. 74-77.

hingegen als Bestätigung der patriarchalischen Großfamilie und als Warnung vor der sukzessiven Auflösung dieser Strukturen.[9]

In anderen Bereichen der Unterhaltungsindustrie, in denen das zu exportierende Produkt weniger resistent und eine noch zielgenauere Einstellung auf ausländische Märkte möglich ist als beim Filmexport, im Bereich der Sportwerbung etwa, werden im Prozess von Im- und Export auch auf der Ebene der Produktion erhebliche Veränderungen sichtbar. Sind westliche Sportstars wie Michael Jordan, David Beckham oder Oliver Kahn in Asien, wo sie geradezu vergöttert werden, wirklich dieselben Medienpersonen wie in ihren Heimatländern? Nein, denn viele Alltagsgeschichten und -skandale, die die Medien im Westen aufgreifen – Kahns Scheidung, Beckhams Fehltritte – gehen auf dem Weg nach Asien verloren, wo sie ihre Funktion als reine Idole und Werbeikonen ausfüllen. Bedeutet die Tatsache, dass manche Menschen in China neuerdings „Weihnachten" feiern, dass dort eine Welle der Christianisierung bevorsteht? Wohl kaum. Gefeiert wird das Jahresende im Rhythmus der Weltwirtschaft, aber mit eigenen Sinninterpretationen.

Westliche Kulturgüter sind in der Summe nichts anderes als ein Rohstoff, mit dem die verschiedenen Kräfte des Marktes – vom westlichen Händler bis zum außereuropäischen Individuum – nahezu beliebig verfahren. Allerdings kann die Dekontextualisierung à la Liebes und Katz die Wirkung des Kulturimperialismus zwar erheblich dämpfen – ganz entkräften kann sie hingegen nicht, dass eine hegemoniale Systemveränderung und Kulturverdrängung stattfindet, da in vielen Fällen ein originärer Sinntransfer nicht verhindert werden kann. „Kontext" ist nicht alles – auch Fakten zählen, und seien es fiktionale Inhalte.

Wenn etwa in einem amerikanischen Film für Mord die Todesstrafe verhängt wird, ist dies eine kulturelle Aussage, die nicht wegsynchronisiert werden kann. Filmimport/-export ist in letzter Instanz eine Kombination aus authentischer Präsenz einer partikularen Kultur wie der amerikanischen im globalen Raum und einer lokalen Eindeutung, die gleichwohl die Narrationen nie völlig zerstören kann. Selbst Universalia wie Liebe, Sex und Eifersucht, also Kernelemente einer jeden Unterhaltungskultur, nehmen in den verschiedenen Kulturen zu unterschiedlichen Zeiten sich wandelnde normative Formen an, die in Prozessen des Kulturim- und -exports in einen Wettstreit geraten. Wer kann mit Sicherheit behaupten, dass der lokale Interpretationskontext immer stärker wirkt als die im importierten Film dargebotene Aussage?

---

9 Joelle Stolz, Les Algériens regardent *Dallas*. Les Nouvelles Chaînes, Paris 1983.

Wesentlich wahrscheinlicher ist, dass die Wirkung von Importen mal stärker in Richtung einer globalen Werteverschiebung, mal in Richtung kultureller Absorption tendiert. Es ist exakt diese Konstellation, die Roland Robertsons Vorstellung von der „Glokalisierung", also der Vermischung aus globalen und lokalen Kulturen (vgl. Kap. 1), zu einem sinnvollen Theorem zum Verständnis der Prozesse des Kulturim- und -exports macht.

In der Polarität der Debatte über Kulturimperialismus, die zwischen der Allgegenwart der amerikanischen (oder westlichen) Kultur und der Allmacht des Nutzers (Liebes/Katz) schwankt, sollte ein vernünftiger theoretischer Mittelweg beschritten werden. Liebes und Katz können nicht ausschließen, dass sich der Kulturexporteur in seinem vergleichsweise wenig manipulierbaren Produkt geltend macht. Ebensowenig wie die Manipulation selbst ist aber auch die Manipulation der Manipulateure durch eine interkulturelle Dekonstruktion des Medientextes durch den Nutzer theoretisch zu vernachlässigen. Das unbefriedigende, aber realistische Fazit muss daher lauten: westliche Importe müssen nicht, sie können aber kulturverändernd wirken. Ihre Botschaften können sich durchsetzen, indigene kulturelle Errungenschaften verdrängen, abhängig vom individuellen, gesellschaftlichen und kulturellen Ist-Zustand im Empfängerland und keineswegs universell gültig.

Geradezu paradox wirkt in diesem Zusammenhang, dass eines der wesentlichen Erfolgsgeheimnisse amerikanischer Filme im internationalen Rahmen gerade darin besteht, eine geringe kulturelle Bindung und einen hohen Universalisierungsgrad aufzuweisen. Hollywoods Stories sind häufig komplex und spannend angelegt, setzen aber nur geringes kulturelles Wissen voraus. Michael Thiemeyer erklärt diesen Sachverhalt damit, dass Hollywood sich diesen Stil im hochgradig multikulturellen Umfeld der amerikanischen Einwanderung der zwanziger und dreißiger Jahre, als die US-Filmindustrie boomte, aneignete, um kommerziell überleben zu können.[10] Die Globalisierungstauglichkeit amerikanischer Filme wäre demnach eine langfristige Folge einer frühen multikulturellen und demokratischen Erfahrung, die kulturbildend wirkte, und zwar stärker als dies andernorts der Fall war.

Wie aber kann, auch nur theoretisch gesprochen, eine entkultivierte Filmexportindustrie in anderen Ländern kulturverdrängend wirken? Können nicht amerikanische Filmexporte zugleich global erfolgreich und wenig kulturprägend sein? Die scheinbare Logik dieses Gedankens unterschlägt aller-

---

10 Michael Thiemeyer, Internationalisierung von Film und Filmwirtschaft, Köln 1994, S. 276 f.

dings, dass auch eine entkultivierte Kommerzialisierung kulturverdrängend wirken kann. Der Haupteffekt wäre dann nicht die Amerikanisierung, sondern die Ökonomisierung und Entdifferenzierung der Weltkulturen im Prozess der Globalisierung.

Dass es bei der Ausbreitung von Kulturen nicht nur um kulturelle, sondern auch um ökonomische Stärke geht, wird in der Globalisierungsdebatte allzu oft vergessen. Zwar steht die Globalisierung der Ökonomie im Zentrum der Diskussion, aber sie wird sorgfältig von der Frage der Kulturentwicklung getrennt. Wer jedoch annimmt, Kulturen, zumal Unterhaltungskulturen, würden *an sich* interagieren, der unterschlägt das Aktivitätsfeld der „kulturellen Unternehmer", wie der libanesische Politologe Ghassan Salamé die Produzenten, Distribuenten und Kulturpolitiker dieser Welt nennt.[11] Amerikanische Film- und Programmexporteure im Kino- wie im Fernsehbereich verfügen nun einmal über das größte Kapital und die besten Distributionsapparate und Werbeagenturen, um ihre Filme und Musik durch Werbekampagnen und eine offensive Marktpolitik auf dem Weltmarkt zu platzieren.

Die Filmindustrie Hollywoods besitzt zudem den unschätzbaren Vorteil, dass ihre Produktionen auf dem großen einheimischen Markt in der Regel bereits amortisiert werden und Gewinne einbringen, so dass im Export eine variable Preispolitik mit bezahlbaren Preisen selbst für die ärmsten Länder kalkuliert werden kann. Allerdings wächst die Bedeutung des Exportsektors für viele amerikanische Großproduzenten (*majors*). Die wissenschaftliche Literatur, die sich mit den Gründen für den Exporterfolg amerikanischer Filme beschäftigt, hat immer wieder die komparativen Wettbewerbsvorteile in den Vordergrund gerückt. Durch die enorme Größe des US-Marktes wachsen Investitionsbereitschaft und auch Produktqualität.[12] Dieser Vorteil ist ökonomischer, nicht kultureller Natur, und er kaschiert mehr oder weniger erfolgreich, dass auch bei vielen Konsumenten gegenüber der amerikanischen Massenware Ermüdungserscheinungen eintreten. Auch Hollywood ist nicht krisenfrei.

Zu den „kulturellen Unternehmern" gehören auf der anderen Seite in vielen Staaten auch autoritäre Regierungen, ethnisch-nationalistische oder religiös-nationalistische Bewegungen. Sie alle kämpfen für das, was der italienische Marxist und Theoretiker Antonio Gramsci als kulturelle Hege-

---

11 Vgl. den Konferenzbericht: Kai Hafez, The Ethics of Journalism. Comparison and Transformations in the Islamic-Western Context, Schloss Bellevue, Berlin, 29.-30. März 2001, in: Orient 42 (2001b) 3, S. 403-415.
12 Thiemeyer 1994, S. 270-278.

monie bezeichnet hat (vgl. Kap. 3). Zwar dürfte es der amerikanischen Unterhaltungsindustrie weniger um die klassische Frage Gramscis nach der Installation und Aufrechterhaltung von Ideologie als Herrschaftsinstrument gehen, sondern vielmehr darum, einen breiten kulturellen Konsens für den Absatz von Produkten zu schaffen. Diese Absicht jedoch lässt sich politisch nutzbar machen, wie die Bedeutung amerikanischer Filme im Rahmen der amerikanischen auswärtigen Öffentlichkeitsarbeit zeigt.[13]

Der amerikanische Politologe Robert J. Lieber und die Kulturwissenschaftlerin Ruth E. Weisberg betrachten die Verbreitung amerikanischer Kulturprodukte als Beleg für die „weiche Macht" Amerikas. Die Vereinigten Staaten zwängen niemanden, so die Autoren, ihre kulturellen Exporte zu konsumieren – die Menschen täten es freiwillig, und dies sei der beste Beleg für die besondere Ausstrahlungs- und Anziehungskraft der amerikanischen Kultur.[14] Das Konzept der „weichen Macht" (*soft power*) stammt von Joseph S. Nye und ist von dem Politologen aus Harvard als Komplementärkonzept zur militärischen „harten Macht" der USA entwickelt worden.[15] Nye plädierte etwa im Umfeld des Irakkrieges von 2003 für eine, im Prinzip sicherlich sehr sinnvolle, Wegorientierung vom Primat des Militärischen der Regierung George W. Bush zu einer Politik, die die kulturelle Attraktivität der Vereinigten Staaten und ihres *way of life* wieder in den Vordergrund stellen und auf freiwillige Allianzen bauen sollte. Nyes Überlegung ist, dass eine Supermacht, die überzeugende kulturelle Ideen produziert, eine Anziehungskraft auf andere Kulturen und Gesellschaften ausübt und dadurch auf größere Gegenliebe trifft, wenn es um die Wahrung seiner nationalen politischen und ökonomischen Interessen geht. Zentrifugale Kräfte und kulturelle Ressentiments wie bei den Islamisten muss eine solche Macht weniger fürchten als eine reine Ausbeutermacht.

Was hier als normative und strategische Zielsetzung formuliert wird, um die amerikanische Vormachtstellung der Zukunft ohne massive Konfrontation und Risiko in das 21. Jahrhundert zu retten, darf allerdings nicht zwangsläufig als eine Beschreibung des Ist-Zustandes betrachtet werden. Es kann kein Zweifel daran bestehen, dass weite Teile der amerikanischen Kultur attraktiv für Konsumenten in anderen Ländern sind. Sicher ist auch, dass eine

---

13 Martin Kaplan/ Johanna Blakley (Hrsg.), Warners' War: Politics, Pop Culture and Propaganda in Wartime, Los Angeles 2004.

14 Lieber/Weisberg 2002, S. 281.

15 Vgl. u.a. Joseph S. Nye, Das Paradox der amerikanischen Macht. Warum die einzige Supermacht der Welt Verbündete braucht, Hamburg 2003, S. 29 ff.

Übertragung von der Stellung der ökonomischen und politischen Zentralität zur Kultur erfolgt, nach dem Motto: „Wer die Macht hat, ist auch interessant." Das Konzept der „weichen Macht" ist aber insofern nicht ganz stimmig, als es heute, wie zu jeder anderen Zeit, nicht nur um spontane Attraktivität geht, sondern amerikanische Kultur auch einer massiven industriellen Erzeugung der Faszination bedarf. Diese „Fabrikation" kultureller Gefolgschaft ist ein zutiefst kommunikativer Vorgang basierend auf geschicktem Agenda-Setting (Was und wer ist „in"?) und Werbekampagnen, ohne die kein Hollywood-Film auskommt.

Wenn nun aber ein theoretisches Potenzial des Kulturimperialismus – wie abgeschwächt und ökonomisch basiert auch immer – besteht: Wie einflussreich sind dann amerikanische Filmexporte? Auffällig ist, dass die Anhänger der Vorstellung einer Dominanzstellung der amerikanischen Kultur oft sehr selektiv argumentieren, um ihre These zu stützen. Als Beweis für die kulturelle Macht Hollywoods führen Robert J. Lieber und Ruth E. Weisberg etwa die hohen amerikanischen Anteile auf den europäischen Kinomärkten an, die beispielsweise für Länder wie Deutschland und Italien etwa 70 bis 80 Prozent betragen.[16] Sie vernachlässigen dabei allerdings, dass der Anteil amerikanischer Filme im Fernsehen vielfach wesentlich geringer ist. Zwar sind in Europa amerikanische Spielfilmanteile von 50 bis 80 Prozent auch im Fernsehen keine Seltenheit.[17] Dieser Umstand ist aber nicht zuletzt den hohen Produktionskosten bei Spielfilmen geschuldet, die die einzelnen europäischen Länder selten aufbringen. Ganz anders aber sieht es im Bereich der Fernsehserien aus, wo wegen der vergleichsweise geringen Produktionskosten und der hohen Nachfrage die meisten europäischen Fernsehsysteme eindeutig nationale Produktionen bevorzugen.[18] In fast einem Viertel der europäischen Länder befinden sich überhaupt nur nationale Produktionen in den Top Ten.

Bezeichnenderweise werden amerikanische Marktanteile in den Staaten Asiens, Afrikas und Lateinamerikas in der Globalisierungsdebatte nur sehr selten beziffert, vielleicht weil die vorhandenen Zahlen die These einer amerikanisch dominierten Globalisierung im Grunde nicht stützen. Zwar ist das vorhandene Datenmaterial nicht für alle Länder befriedigend und entsprechende vergleichende Forschungsprojekte zum Teil bereits mehr als zehn Jahre alt. Dennoch lässt sich als Trend beobachten, dass neben Staaten mit

---

16 Lieber/Weisberg 2002, S. 279.
17 Television 2004, International Key Facts, Köln 2004.
18 Ebenda.

ungewöhnlich hohem amerikanischem Filmaufkommen im Fernsehen (wie etwa Kanada, Jamaica, viele Karibikstaaten) der Anteil von US-Produktionen an der Gesamttagesproduktion in der Regel unter 20 Prozent, in vielen Staaten Asiens und des Nahen Ostens sogar deutlich unter 10 Prozent liegt.[19] Es ist ohne Weiteres ersichtlich, dass Hollywood-Exporte weder die chinesische noch die indische oder etwa die arabische Filmkultur zerstört haben, sondern in diesen Weltsphären, die zusammen die Hälfte der Erdbevölkerung beherbergen, dominieren einheimische Produktionen. Lateinamerikanische Staaten tendieren stärker als asiatische und nahöstliche Staaten zu einem Import amerikanischer Fernsehproduktionsideen und -genres. Aber auch hier überwiegen die eigenen Adaptationen und nationalen Produktionen auf der Basis dieser Formate – amerikanische Programme werden wesentlich seltener eingekauft.[20]

Der Prozess der Globalisierung, hier zunächst einmal begrenzt auf den amerikanischen Export von Unterhaltungskultur, ist offensichtlich kein Nullsummenspiel, in dem Gewinne des einen (USA) zugleich Verluste des anderen (der Rest der Welt) bedeuten. Einheimische Kulturen mögen sich verändern, aber sie wachsen vielfach auch dynamisch mit, und sie können die neue globale Sphäre ihrerseits zum Export nutzen und somit die Ausstrahlungskraft ihrer Kulturen enorm vergrößern. In Ländern wie China, der am schnellsten wachsenden Militärmacht mit einem hohen Wirtschaftswachstum, macht man sich deshalb im Angesicht der Globalisierung auch nicht nur Sorgen, sondern es kommt auch ein neues Selbstbewusstsein zum Tragen. Der Kultur- und Filmwissenschaftler Wang Ning beispielsweise erinnert an die Tradition auch im Westen erfolgreicher und gefeierter chinesischer Filme wie „Red Sorghum" und betrachtet das Vordringen amerikanischer Filme auf den chinesischen Markt nach dem WTO-Beitritt des Landes als Herausforderung, die mit Risiken, aber auch mit Chancen behaftet ist:

> Wir können die homogenisierenden Tendenzen, die den schwächeren Kulturen (Dritte Welt) durch die stärkeren Kulturen (Erste Welt) auferlegt werden, nicht außer acht lassen. Das Vordringen des amerikanischen Films auf den chinesischen Markt ist ein Beispiel hierfür. (...) Globalisierung wirkt aber auch in umgekehrter Richtung, nämlich durch die weltweite Verbreitung orientalischer und chinesischer Filme. (...) Als großes Land mit einem glänzenden Kulturerbe und

---

19 Straubhaar 2001, S. 148.
20 Ebenda, S. 136.

einer langen Tradition der Filmproduktion sollte China nicht nur auf ökonomischen, sondern auch auf kulturellem Gebiet eine größere Weltgeltung erzielen.[21]

Was die Chinesen beabsichtigen, ist lateinamerikanischen Staaten mit ihren „Seifenopern" (*soap operas*) im Fernsehen bereits geglückt, da diese nicht nur auf den regionalen Märkten stark vertreten, sondern auch in Ländern wie Russland oder Deutschland angekommen sind: ein Zeichen für die Möglichkeit einer nicht-amerikanischen, nicht-westlichen Form der Globalisierung im Unterhaltungsbereich.[22] Auch Unterhaltung des Südens ist also globalisierbar oder zumindest nicht leicht von einheimischen Märkten verdrängbar.

Ein so offener und kapitalistischer Markt wie der indische hat bislang keine Dominanzstellung des amerikanischen Films in Kino oder Fernsehen zugelassen, ganz im Gegenteil. In Indien wird seit Jahrzehnten „Bollywood" – ein Akronym bestehend aus „Bombay" und „Hollywood", das für die große Filmindustrie des Landes steht – gefeiert. „Bollywood" produziert mittlerweile jedes Jahr eine ähnlich große Zahl von Filmen wie das Hollywood-Original. Zwar ist die Globalisierbarkeit der meisten indischen Filme weitaus geringer einzuschätzen als die des amerikanischen Pendants. Die starke Verbundenheit mit nationaler Lebensart, Kleidung, Mythen und anderen kulturellen Eigenheiten lässt dies in der Regel nicht zu.[23] Dennoch ist „Bollywood" für den südasiatischen Subkontinent mit einer Bevölkerungszahl von weit über 1 Milliarde Menschen ein kulturelles Bollwerk und kaum verdrängbar durch irgendeinen ausländischen Konkurrenten.

Ähnliches gilt für Popmusikmärkte oder gar für die Gastro-Kultur, die ebenfalls in Teilen zur Unterhaltungskultur zu zählen ist. In Städten wie Kairo, Neu Delhi, Peking oder Moskau existieren zwar Fast-Food-Restaurants wie McDonalds, und jede Neueröffnung an einem neuen Standort wird von den internationalen Medien mit großer Aufmerksamkeit bedacht. Aber im Vergleich zu den einheimischen Fast-Food-Ketten bleiben die amerikanischen Restaurants ein Randphänomen – gerne frequentiert von gutsituierten Kindern der Mittelschicht, bleiben sie letztlich doch Inseln im Meer der einheimischen Küche.

---

21 Wang Ning, Chinese Cinema Challenged by Globalization: A Cultural and Intellectual Strategy, http://www.culstudies.com/rendanews/displaynews.asp?id=1403 (28. Juli 2004).

22 Sinclair/Jacka/Cunningham 1996b, S. 51 ff.

23 Vijay Mishra, Bollywood Cinema. Temples of Desire, New York/London 2002.

Wer hat da schon Angst vor Uncle Sam? Wie stark und schwach zugleich die amerikanische Stellung im Bereich der Unterhaltungsindustrie weltweit sein kann, zeigt der Fall Südkorea geradezu paradigmatisch. Während in dem Land weniger als 10 Prozent der Sendungen in der Hauptsendezeit aus den USA importiert werden,[24] stammen im Kinobereich im Rekordjahr 1993 84 Prozent der Erlöse des Kartenverkaufs aus importierten (ganz überwiegend amerikanischen) Filmen.[25] Allerdings ist im letzten Jahrzehnt auch in Südkorea eine deutliche Entwicklung zu einer Revitalisierung der durch den Zweiten Weltkrieg und die amerikanische Besatzung weitgehend zerstörten Filmindustrie zu erkennen. Nicht nur neue einheimische Filme sind sehr erfolgreich. Es existieren auch starke Widerstände gegen den amerikanischen Kulturimperialismus in Südkorea, der sich unter anderem an den harten Marktkämpfen amerikanischer Filmverteiler entzünden.

Es mag sein, dass Europa wegen seiner historischen Nähe zur US-Kultur möglicherweise empfänglicher oder gefährdeter für deren Hegemonietendenzen ist oder dass die außereuropäischen Kulturen im Zuge einer weiteren Entwicklung zu Industriegesellschaften immer stärker amerikanisiert werden. Momentan ist diese Utopie aber weit entfernt von einer Realisierung, und auch wenn sie im Kinobereich fortgeschrittener ist als im Fernsehen, kann die Cineastenkultur kaum als repräsentativ angesehen werden, und ihre Daten sollten sicher nicht selektiv zur Grundlage der Globalisierungsthese herangezogen werden.

Im Bereich der Unterhaltungskultur verfügt eine über die reine Systemverbindung (connectivity) hinausweisende systemverändernde Wirkung der Globalisierung sicher über relativ große Potenziale. Ebenso wahrscheinlich wie eine weitere Verdrängung indigener Unterhaltungssektoren sind allerdings „glokale" Adaptationen auf Produktions- und Konsumptionsebene und ein zumindest partieller Verlust der ökonomischen Führungsposition, da sich neue Zentren globaler Kulturproduktion in Lateinamerika und Asien etablieren.

Bei dem vorschnell proklamierten Siegeszug der amerikanischen Kultur im globalen Raum fällt nicht nur auf, dass die Lebendigkeit vieler Kulturen gerade in Asien, Afrika und Lateinamerika unterschätzt wird. Die Selektivität des Arguments stützt sich auch auf die zumindest implizite Annahme der Überlegenheit der amerikanischen Kultur unter Ausblendung der dahinter

---

24 Straubhaar 2001, S. 148.
25 Hyangjin Lee, Contemporary Korean Cinema. Identity, Culture, Politics, Manchester/New York 2000, S. 56.

stehenden Kulturindustrie. Und sie ist auf die Unterhaltungs- und Konsumkultur, vor allem auf den Film und auf die Popmusik, fixiert, während die sogenannte „E-Kultur", also Künste, Literatur oder auch Geisteswissenschaften, in der Globalisierungsdiskussion nur einen Nebenschauplatz darstellen.

Zu den Schieflagen der Globalisierungsdiskussion gehört, dass im Grunde nie eine ausgewogene Input-Output-Bilanz der Globalisierung basierend auf den verschiedenen Kultursektoren angefertigt worden ist. Da es schlichtweg eine Überforderung ist, die Komplexität der Beziehungen kultureller Subsysteme der National- und Regionalkulturen dieser Erde in ihrem Verhältnis zur amerikanischen Kultur zu analysieren, wird die Globalisierungsfrage selbst von führenden Vertretern der Wissenschaften vielfach einer Art anekdotischem Empirismus unterworfen, der zu keiner Klärung der theoretischen Konzepte beitragen kann. Da es unbestreitbar ist, dass das Phänomen der Globalisierung eine schier unerschöpfliche Datenmenge produziert, die nur sehr langsam und in einem Jahrzehnte langen Prozess von der Wissenschaft mit Methoden der empirischen Sozialwissenschaft bewältigt werden wird, ist das Fehlen einer kulturtheoretischen Systematik ein echter Debattenmangel, der schnell behoben werden muss.

Es genügt ein Blick auf die Spiegel-Bestsellerliste, um zu erkennen, dass zumindest im gehobenen kommerziellen Literaturbetrieb in Deutschland amerikanische Autoren und Verlage zwar eine starke, aber keine dominierende Stellung innehaben und derzeit etwa ein Viertel der Bestseller-Listen bestücken.[26] Gleiches gilt sicher für den Bereich der klassischen Musik wie auch für weite Teile der bildenden Künste, wo die amerikanische Kultur zwar stark vertreten, aber keineswegs hegemonial ist. Die Vereinigten Staaten haben die meisten Nobelpreisträger in den Naturwissenschaften,[27] weil ihre Universitäten am Besten ausgestattet sind, die höchsten Gehälter zahlen und Kompetenz weltweit einkaufen – die meisten Literaturnobelpreisträger

---

26 *Der Spiegel* Nr. 31, 2004: In der Kategorie „Belletristik" stammten 5 der 20 meistgelesenen Werke von amerikanischen Autoren oder Verlagen (Dan Brown, Patricia Cornwell, Stephen King, Richard Powers, John Grisham); in der Kategorie „Sachbücher" waren es ebenfalls 5 von 20 Büchern (Bill Clinton, Michael Moore (2x), Richard A. Clarke und Bill Bryson).
27 Z.B. 45 Nobelpreise für Physik zwischen 1901 und 2002, Rang 1 aller Nationen: Pocket World in Figures 2005, The Economist, London 2004, S. 96.

haben sie jedoch nicht hervorgebracht,[28] denn in vielen Bereichen der Kultur ist Qualität auch mit ökonomischer Macht letztlich nicht planbar.

Amerikanische Kulturexporte sind vor allem in hochkommerziellen Sektoren der Unterhaltungskultur stark vertreten, wo, wie im kommerziellen Film- und Popmusikgeschäft, Kulturtraditionen keine große Rolle spielen, große Gewinnmargen zu erzielen und Produktions- und Distributionsmacht ausschlaggebend sind. Die Frage der globalen Interaktionen zwischen einer amerikanischen Kultur der Globalisierung und indigenen Kulturen stellt sich also möglicherweise gar nicht an allen kulturellen Fronten, und bevor man sich über das „Für" und „Wider" der amerikanischen Kulturhegemonie Gedanken macht, müsste ein empirisch solides Fundament geschaffen werden, das solche Überlegungen auch trägt.

4.2 Wie die Globalisierung der Unterhaltungskultur transparenten Nationalkulturen zur Modernisierung verhilft

Die Frage der kulturverändernden Wirkung der Globalisierung der Medien und Kommunikation reicht weit über das Problem der Marktstellung amerikanischer Unterhaltungsexporte hinaus. Die *indirekten* Wirkungen grenzüberschreitender Film- und Fernsehtransfers auf die National- und Regionalkulturen sind möglicherweise bedeutsamer für die Bilanz der kulturellen Auswirkungen der Globalisierung. Verändert sich unter dem Eindruck der neuen globalen Systemverbindungen und vor allem durch einen verstärkten Im-/ Export von Kino- und Fernsehfilmen der Inhalt der indigenen Kulturproduktion? Ist selbst dort, wo scheinbar eigene Produktionen vorhanden sind und sogar zunehmen, ein globaler Einfluss und eine Angleichung an westliche Kulturmuster erkennbar?

In der theoretischen Dreiteilung möglicher kultureller Verhaltensmuster in der Globalisierung – Übernahme, Ablehnung oder Adaptation der importierten Kultur (vgl. Kap. 1.1) – geht es hier sichtbar nicht um einfache Formen der Übernahme von importierter Kultur, also vor allem um die Imitation westlicher Moden, sondern darum, dem schwierigen Feld der Ablehnung oder Adaptation, mit anderen Worten: der Lokalisierung sowie der „Glokalisierung" auf die Spur zu kommen. Roland Robertsons Theorem von der „Glokalisierung", das allzu oft als Vulgär-Vorstellung der Globalisierung

---

28 12 Nobelpreise für Literatur zwischen 1901 und 2002, Rang 2 hinter Frankreich. Ebenda.

herhalten musste, bemüht sich um eine Erklärung kultureller Prozesse im Kulturkontakt, es ist aber keine Zauberformel zur Analyse jeder beliebigen Form der Kulturentwicklung, denn auch im Zeitalter der Globalisierung finden in den Ländern und Regionen dieser Welt zahlreiche relativ eigenständige Entwicklungen statt.[29]

Damit einheimische Film- und Fernsehproduktionen durch Importe nicht gedrosselt werden, sondern sogar wachsen, bedarf es offensichtlich einer Minimalanforderung: es muss sich um eine Schriftkultur im Gutenbergschen Sinn handeln. Eine völlige Verdrängung bis an die Grenze der Auslöschung von Kulturen durch die westliche Dominanz scheint allenfalls bei sogenannten Indianer- oder Eingeborenenkulturen möglich zu sein, nicht aber bei den Buchkulturen wie der chinesischen, japanischen, persischen oder arabischen Kultur. Der MacBride-Roundtable, eine Nachfolgeinstitution der von der UNESCO bis in die achtziger Jahre intensiv geführten Debatte über die „Neue Weltinformationsordnung" (vgl. Kap. 2 und 8.1), hat festgehalten, dass „das Überleben, die Sprachen und Kulturen der Indianer- und Eingeborenenvölker inmitten der heutigen Revolution der Kommunikationstechnologien in großer Gefahr" ist.[30]

In schriftkundlichen Kulturen besteht von vornherein eine ganz andere Ausgangsbasis für die Globalisierung. Traditionelle Kulturformen können hier fortbestehen, da sie durch ein umfangreiches Schrifttum im kollektiven Gedächtnis gespeichert werden.[31] Traditionen können sogar mitten in der Globalisierung neue Konjunkturen erleben, wie sich durch die umfangreiche Re-Islamisierung in vielen Teilen der islamischen Welt gezeigt hat. Im Stadtbild Kairos sah man in den sechziger Jahren kaum noch Kopftücher, heute aber sind diese wieder allgegenwärtig, selbst bei der Jugend und an den Universitäten.

Bei genauerer Betrachtung ist der scheinbare Widerstand gegen die Globalisierung aber ein komplexer Vorgang. Handelt es sich eigentlich um einen Akt der reinen Traditionswahrung und der äußeren Abwehr? Oder sind

---

29 Zur Kritik an Robertson vgl. Fredric Jameson, Preface, in: Fredric Jameson/Masao Miyoshi (Hrsg.), The Cultures of Globalization, Durham 1998, S. XI-XII.
30 The Honolulu Statement, The Mac Bride Round Table, Honolulu, Hawaii, 20.-23. Januar 1994, in: Richard C. Vincent/Kaarle Nordenstreng/Michael Traber (Hrsg.), Towards Equity in Global Communication. MacBride Update, Cresskill, NJ 1999, S. 331-334.
31 Jan Assmann, Kollektives Gedächtnis und kulturelle Identität, in: Jan Assmann/Tonio Hölscher (Hrsg.), Kultur und Gedächtnis, Frankfurt 1988, S. 9-19.

hier modernisierende Anteile und sogar Elemente der Glokalisierung erkennbar? Eine gewagte These: die Re-Islamisierung als Ausdruck der Glokalisierung? Also eine scheinbar antiwestliche Gegenkultur, der quasi durch die Hintertür westliche Kulturelemente untergemischt werden?

In der politischen Sphäre ist dies, trotz aller Konflikte und Widersprüche, ganz offensichtlich. Die islamische Revolution im Iran von 1979 kam nicht ohne westliche Institutionen wie eine Verfassung oder das Parlament aus. Auch das Bekenntnis der Mehrheitsströmung der Muslimbruderschaft in Ägypten und anderswo zur Einführung eines Mehrparteiensystems, das früher als Angriff auf die Einheit der Muslime betrachtet worden war, ist ein Zeichen dafür, dass selbst das scheinbar Lokale anti-globalistische Elemente des Globalen enthalten kann. So absurd dies klingen mag, aber der politische Islam, also die treibende Kraft der Re-Islamisierung mit ihren verschiedenen Ausprägungen von den moderaten Muslimbrüdern bis zu den islamistischen Terroristen, ist eine spezielle Form der Modernisierung von Traditionsbeständen, keineswegs aber reine Traditionswahrung.[32]

Viele traditionelle und konservative soziale Gepflogenheiten sind in ihrer Haltung zur Moderne ambivalent. Das Tragen des islamischen Kopftuchs kann ebenso ein Ausdruck männlicher Unterdrückung und patriarchalischer Unterordnung sein wie ein Zeichen für eine neue Form des Feminismus, der sich zugleich vom Mann wie von der westlichen Vorstellung der Emanzipation abgrenzt und als dessen Leitbild die „neue Muslimin" gilt.[33] Der Grund für diese paradoxen Vermischungen ist, dass die moderne islamistische Bewegung eben nicht mehr in traditionellen, in der Regel ländlichen Verhältnissen zu Hause ist, sondern in der urbanen Peripherie von Städten wie Kairo. Durch die Landflucht der auf nahezu 20 Millionen Einwohner aufgeblähten Metropole sind alte kulturelle Zusammenhänge noch frisch erhalten, während sie zugleich eine Synthese mit der modernen Ökonomie der Stadt und den dort sich formierenden soziokulturellen Bewegungen eingeht.

---

32 Vgl. u.a. Friedemann Büttner, Islamischer Fundamentalismus: Politisierter Traditionalismus oder revolutionärer Messianismus?, in: Heiner Bielefeldt/Wilhelm Heitmeyer (Hrsg.), Politisierte Religion. Ursachen und Erscheinungsformen des modernen Fundamentalismus, Frankfurt 1998, S. 188-210.
33 Barbara Pusch, Neue Muslimische Frauen in der Türkei. Einblicke in ihre Lebenswelt, in: Mechthild Rumpf/Ute Gerhard/Mechthild M. Jansen (Hrsg.), Facetten islamischer Welten. Geschlechterordnungen, Frauen und Menschenrechte in der Diskussion, Bielefeld 2003, S. 242-255.

Doch selbst wenn die meisten Islamisten der modernen Informations-technologie offen gegenüberstehen und glänzende Medientaktiker sind[34] (Was wäre Usama Bin Laden ohne sein Satellitentelefon zur Organisation seines Netzwerkes *Al-Qaida*?), so ist der antiglobalistische und „traditionel-le" Kultursektor skeptisch gegenüber Kulturimporten und all jenem, was deutlich sichtbar Ausdruck einer „westlichen" Kultur ist, die die authentische Standortbestimmung als Wesen der Re-Islamisierung stört. Westliche Filme, Hollywood, westliche Literatur und Musik markieren die Grenzen dessen, was die an traditionellen und nicht selten an religiösen Symbolbeständen orientierte revisionistische Kultur- und Politikströmung in den islamischen Ländern, aber auch in weiten Teilen Asiens und Afrikas, bereit ist zu akzep-tieren. Globalisierung der Ökonomie, der Technik, einschließlich gewisser politischer Techniken: ja! Globalisierung kultureller Normen, Werte und Verhaltensweisen, von jeher Bestandteil der Kunst- und Kulturproduktion, auch der global verfügbaren Unterhaltungskultur: nein!

Natürlich ist es eine enorme Verkürzung, außereuropäische Gesellschaf-ten auf traditionalistische Identitätswahrung beschränken zu wollen. Die Unterschiede im Kulturverständnis sind innerhalb jeder Nationalkultur stark ausgeprägt, und gerade bei der großen Zahl der Entwicklungsländer, die autoritär regiert werden, ist es vielfach schon wegen der Behinderung kultu-reller Entfaltung schwierig, zutreffende Einschätzungen der kulturellen Lage vorzunehmen. Die meisten Nationalkulturen sind heute – auch dank moder-ner Informations- und Übertragungstechniken – transparenter geworden, sie sind offener für äußere Einflüsse, die sie kulturell verarbeiten. So dürfte „is-lamische Rap-Musik" denn auch kaum existieren, wohl aber gibt es einen arabischen Rap. Die arabische Musik ist spätestens seit dem Zweiten Welt-krieg von kulturellen Synkretismen geprägt, zu denen sich bereits berühmte Musiker wie der ägyptische Sänger Abd al-Halim Hafiz (1929 - 1978) be-kannten, der sowohl in der Instrumentierung wie auch in den Kompositionen euro-arabische Mischungen vornahm.[35]

Indische oder arabische Popmusik zeigen, wie ein globaler kultureller „Rohstoff" wie etwa der Musikstil Hip Hop, dessen Ursprünge „westlich", zugleich jedoch „afrikanisch" sind, von außereuropäischen Kulturen aufge-

---

34 Vgl. Gary Bunt, Virtually Islamic: Computer-Mediated Communication and Cy-ber-Islamic Environments, Cardiff 2000; Rüdiger Lohlker, Islam im Internet. Neue Formen der Religion im Cyberspace, Hamburg 2001 (2. Aufl.).
35 Frederic Lagrange, Al-Tarab. Die Musik Ägyptens, Mit einem Vorwort von Rabih Abou-Khalil, Heidelberg 2000.

griffen und in lokale Kontexte gefügt wird, indem lokal- oder regionaltypische Texte und musikalische Veränderungen und Erweiterungen vorgenommen werden. Die primäre Wirkung westlicher Importe besteht in diesem Fall nicht im Umgang mit dem Importprodukt selbst, sondern in der indirekten Wirkung, die der Importsektor auf die einheimische Produktion von Unterhaltungskultur hat.

Das Signum der kulturellen Globalisierung ist daher auch weniger der Transfer von Kulturgütern durch Im- und Export als vielmehr deren Einfluss auf die Modernisierung der indigenen Sektoren der Unterhaltungskultur. Diese Sektoren erhalten Impulse, neue Formvarianten werden angeregt, Stile kreiert, kurz: eine umfassende Modernisierung wird eingeleitet.

Dass diese Modernisierungsprozesse eben nicht, wie vielfach angenommen, als Ausdruck der Verwestlichung betrachtet werden können, haben bislang nur sehr wenige Beobachter erkannt, die sich an der Globalisierungsdiskussion beteiligt haben, unter ihnen einer der Vordenker der Interdependenztheorie, Joseph S. Nye:

> Oft werden Veränderungen auf die Globalisierung zurückgeführt, die in Wirklichkeit in der Modernisierung begründet sind (...) Das globale Informationszeitalter stärkt die lokalen Kulturen statt sie zu schwächen. (...) Wirtschaftliche und soziale Globalisierung führen nicht zu kultureller Homogenität. [36]

Modernisierung ist geeignet, die lokalen Kulturen durch eine neue Formenvielfalt und das Anstoßen dynamischer Kulturentwicklungen neu zu beleben, was wiederum die beste Absicherung gegen eine westliche Kulturstandardisierung ist. Dies zeigt sich quasi im Umkehrschluss. Die neu entstehenden Produkte der arabischen oder indischen Popmusik sind nur in Einzelfällen reexportierbar. Türkische Sänger wie Tarkan haben sich durchgesetzt – aber weiten Teilen des türkischen Pop bleibt internationale Anerkennung versagt. Wären moderne Kulturausprägungen in den Staaten dieser Welt einfach westliche Kopien, fiele jede Form der Internationalisierung leichter. Außereuropäische Popmusik verarbeitet westliche Einflüsse und bildet eigene Musikstile, die neben eigenen Rhythmen und Klängen vor allem durch lokal gefärbte Texte geprägt sind, die anderswo gar nicht verständlich wären.

Was auf den ersten Blick wie eine Form der homogenisierenden Globalisierung erscheint, ist vielfach keine Übernahme westlicher Kultur, sondern eine Modernisierung der eigenen Kulturen, die ungeachtet der Verarbeitung externer Einflüsse ein sehr „eigenes" Gepräge erhält. Die durch globale An-

---

36 Nye 2003, S. 146, 149, 150.

stöße erfolgende Modernisierung ist also in hohem Maße geeignet, kulturelle Eigenheiten zu bewahren, sofern dies das Ziel der Produzenten ist. Andernfalls sind auch Strategien denkbar, mit deren Hilfe eine den amerikanischen und westlichen Produkten vergleichbare Weltkarriere zu machen ist. Die indirekten Folgen der kulturellen Globalisierung bestehen also in letzter Instanz in einer Flexibilisierung lokaler Kulturen hinsichtlich der Identifikation mit alten wie neuen lokalen wie globalen Identitäten.

Globalisierung bedeutet nicht die Angleichung der Kulturen, sondern sie ermöglicht einen durch den Kulturkontakt erzeugten Modernitätsschub für die Kulturen der Welt. Sie wird so zum Geburtshelfer einer umfassenden und pluralistischen Renaissance von nationalen und regionalen Kulturen. Es zeigt sich einerseits, dass Kulturen Verbindungen eingehen können, dass Kulturen offene Systeme sind und dass Voraussagen eines „Zusammenpralls der Kulturen" (Samuel Huntington; vgl. Kap. 3.3) allenfalls auf den traditionalistischen Teil einer Kultur zutreffen – und auch in diesem Sektor sind, wie gesehen, Modernisierungen unvermeidlich, wenngleich sie vielfach antiglobalistisch vereinnahmt werden. Andererseits gehen auch den modernistischen und offeneren Kultursegmenten Eigenheiten nicht verloren.

Dieses komplexe Verhältnis von Globalisierung, Tradition und Moderne erfasst die postkoloniale Kulturwissenschaft, etwa in der Position von Mbye Cham, Professor für Afrikanische Studien an der *Howard University* in Washington DC:

> Sind wir Zeugen eines zunehmenden Zusammenschmelzens des Lokalen im Angesicht eines narzistischen Nationalismus der amerikanischen Supermacht, der sich hinter der Maske der globalen Norm versteckt? In vielen Bereichen mag dies so aussehen, in der kulturellen Praxis aber ist die Frage meiner Meinung nach weitaus komplexer, denn sie berührt den Kern der anhaltenden kreativen Spannung zwischen dem Lokalen und dem Globalen. Ich glaube nicht, dass es sich hier um zwei sich gegenseitig ausschließende Einheiten handelt, entsprechend den Konzepten, die Tradition und Moderne als gegensätzliche Pole begreifen und die die diesen Gegensätzen innewohnende Dynamik auslöschen, wenn sie Afrika auf das statische, traditionelle und die westliche Welt auf das dynamische, moderne Element festlegen.[37]

Modernität ist nicht das Signum einer einzigen Epoche und auch nicht das Privileg eines Staates oder eines Kulturraums, sondern sie ist ein jeder Kultur eigener Stil, der, je nach den historischen Bedingungen, unterschiedlich stark

---

37 Mbye Cham, Afrika globalisieren? Der afrikanische Film zwischen Négritude und Globalisierung, http://www.vsp.vernetzt.de/soz/000516.htm (1. August 2004).

ausgeprägt ist.[38] Sowohl Befürworter einer westlichen Modernisierung als auch viele Kritiker des Kulturimperialismus gehen von derselben Grundannahme aus, wonach außereuropäische Kulturen als schwach betrachtet werden und sie, je nach Position, entweder durch externe Globalisierung modernisiert oder durch antiimperialistische, traditionalistische Widerstandskulturen in ihrem Bestand gesichert werden müssen. Der Prozess der kulturellen „Renaissance", der durch äußere Anstöße in Gang gebrachte innere Reformen ermöglicht, die ihrerseits ein hohes Potenzial der Eigenständigkeit wie auch der globalen Anschlussfähigkeit aufweisen, wird vielfach nicht erfasst.

Dies ist um so erstaunlicher, als auch die europäische Kulturentwicklung ohne die vitalen Impulse, die sie im Mittelalter von der frühen arabisch-orientalischen „Globalisierung" erhielt, gar nicht denkbar wäre. Gerade die oberitalienischen Kommunen wie Florenz oder Venedig, in denen unter anderem die ersten Neugründungen von Universitäten in Europa stattfanden, standen in engem Kontakt zu den islamisch-orientalischen Großreichen in der Blüte ihrer Entwicklung. Erst die arabischen Übersetzungen und Kommentierungen der griechischen Klassiker der Philosophie und Wissenschaft ermöglichten die Einleitung der europäischen Moderne.

Niemand würde wohl auf die Idee verfallen, das, was folgte – europäischer Handelskapitalismus, industrielle Revolution, Aufklärung – als eine „Orientalisierung" des Westens zu bezeichnen. Und auch die heutige Modernisierung der außereuropäischen Welt im Prozess der Globalisierung ist keine „Verwestlichung", oder sie ist dies zumindest nur in kleinen Teilen. In jeder historischen Epoche haben Kulturen, die auf der Basis ökonomischer und politischer Macht Verbreitung fanden, als universelle Matrix zur Neukonstitution anderer Kulturen beigetragen. Perser, Griechen, Römer, Engländer oder Franzosen: sie alle haben diese Brückenfunktion füreinander wie auch für andere erfüllt, ohne dass dadurch Schriftkulturen ausgestorben wären. Der Titel „Welthauptstadt" ist eine Art Wanderpokal, der von Athen und Rom über viele Stationen an New York weitergereicht wurde und der bereits morgen in Peking stehen kann.

---

38 Reinhard Schulze, Is there an Islamic Modernity?, in: Kai Hafez (Hrsg.), The Islamic World and the West. An Introduction to Political Cultures and International Relations, Leiden et al. 2000, S. 21-32.

5 Internet – die Informationsrevolution hat die „Dritte Welle der Demokratisierung" verpasst

Es erscheint völlig aussichtslos, dem Internet und vor allem dem *World Wide Web*, diesem „Netz der Netze", eine globalisierende Wirkung absprechen zu wollen. Dennoch gibt es eine Reihe von Phänomenen, die sowohl die Qualität als auch die Quantität der virtuellen Grenzüberschreitung in Frage stellen. Das Internet hat weniger eine Revolution der internationalen Kommunikation ausgelöst und ist vielmehr eine Technologie, auf deren Basis sich evolutionär – möglicherweise in einem sich über viele Jahrzehnte, vielleicht Jahrhunderte erstreckenden Prozess – eine globale Kultur entfalten und verfestigen könnte. Selbst diese Entwicklungsprognose steht allerdings heute noch auf tönernen Füßen. Ebenso könnte man behaupten, dass das Internet, entgegen seinem globalen Vernetzungspotenzial in der faktischen Nutzung nie in erster Linie ein *globales* Kommunikationssystem gewesen ist. Möglicherweise vertiefen sich dadurch, dass mit Hilfe des Internets nationale und regionale Vernetzungen noch stärker zunehmen als internationale, sogar die kulturellen Eigenheiten der Menschheit und die Menschen entfernen sich weiter voneinander.

Ein Indiz für diese These jedenfalls ist, dass die Ära des Internets, das seit den neunziger Jahren massenhafte weltweite Verbreitung gefunden hat, bislang die Mediensysteme dieser Welt nicht grundlegend geöffnet und demokratisiert hat. Die Informationsrevolution hat die „Dritte Welle der Demokratisierung", die anlässlich der demokratischen Umwälzungen in Lateinamerika und Osteuropa postuliert worden ist, verpasst (vgl. Kap. 8.2).[1] Die Ursachen hierfür sind komplex und liegen keineswegs nur in dem sogenannten „digitalen Graben" begründet, der zwischen Industrie- und Entwicklungsländern klafft, sondern sie werden verursacht durch die Kluft zwischen wachsender internationaler Interaktion und der geringen politischen Rele-

---

1 David Potter/David Goldblatt/Margaret Kiloh/Paul Lewis (Hrsg.), Democratization, Cambridge 1997, S. 9.

vanz und Mobilisationskraft des Netzes, das eine virtuelle Welt schafft, zu der es oft keine realweltliche Entsprechung gibt.

Das Internet wurde zu dem Medium im Zentrum der Globalisierungsdebatte, weil es sich von den klassischen Medien in vielfacher Weise unterscheidet. Das Internet ist nicht zwangsläufig marktorientiert, es ist im Prinzip autoritätsfern, und es bietet durch die Aufhebung der Trennung von Sender und Empfänger der Kommunikation ein enormes Potenzial, Gesellschaften – und nicht mehr nur Politik, Wirtschaft, Institutionen oder einzelne kosmopolitische Individuen – grenzübergreifend kommunikativ zu verbinden. Die von der Firma *PriMetrica* veröffentlichte „Globale Internet Geographie 2004" weist auf ein starkes Wachstum des internationalen Internetverkehrs im letzten Jahrzehnt.[2] Trotz der Implosion des „neuen Marktes" für Informationstechnologie an der Jahrtausendwende, hat sich der internationale Internetdatenaustausch stetig vergrößert. Er verdoppelt sich derzeit alle 16 Monate, und zwar sowohl was die technischen Übertragungskapazitäten (*supply*) als auch was die tatsächliche Nutzung (*traffic*) angeht.

Die Hauptschlagader des Internetaustauschs ist die transatlantische Achse zwischen den USA und Europa, wobei hier insofern eine Asymmetrie herrscht, als der Informationsfluss nach Europa größer ist als umgekehrt. Immerhin aber liegt das Niveau in beiden Richtungen des transatlantischen Datenverkehrs noch weit über dem des transpazifischen Austauschs, der eine zweite zentrale Achse des Internetverkehrs darstellt (Abb.12 und 13).

---

2 Global Internet Geography Database and Report. The Definitive Guide to Global Internet Backbones and Traffic, http://www.telegeography.com (30. Juli 2004).

Abbildung 12: Internationale Internetrouten 2003

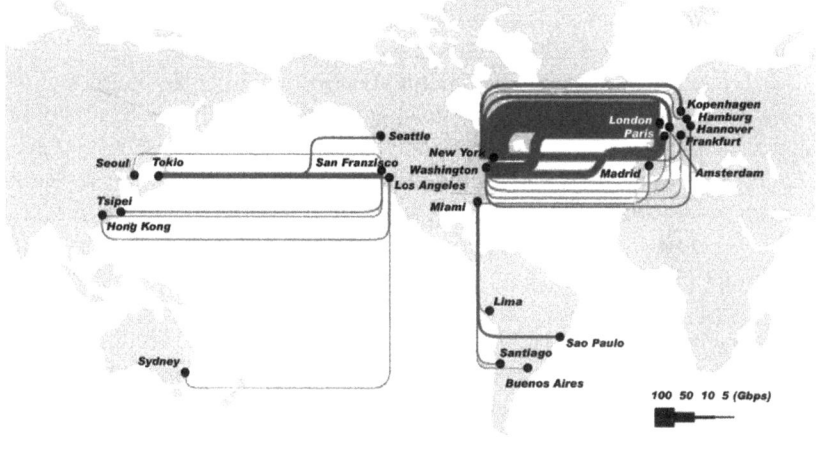

Quelle: PriMetrica, Corp. 2003

Abbildung 13: Internationaler Internet-Traffic 2003

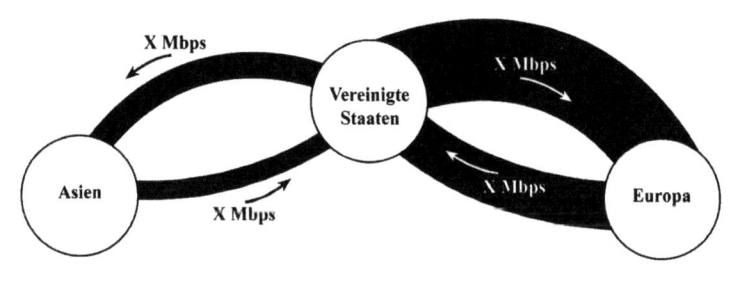

Quelle: PriMetrica, Inc. 2003 (http://www.telegeography.com, 30. Juli 2004)

Erlaubt der schiere Umfang des Internetverkehrs von einer Globalisierung der Internetnutzung zu sprechen? Offensichtlich gibt es sehr unterschiedliche geografische Schwerpunkte. Beim globalen Internetverkehr handelt es sich nicht um ein gleichmäßig gewobenes Netz, sondern es existiert eine transatlantischer „Datenhighway", neben dem sich viele andere Verbindungen zwischen den Erdteilen und Ländern dieser Welt wie schlecht ausgebaute, zum Teil nicht einmal asphaltierte Landstraßen ausnehmen.

Zudem sagt die Datenmenge nichts darüber aus, *wer* das Internet nutzt, ob es sich also etwa um eine gleichmäßige gesellschaftliche oder eine überwiegend kommerzielle Nutzung handelt. Der unternehmerische Internet-Gebrauch kann die Welt über den Umweg wirtschaftlicher Prozesse verändern, durch die Verlagerung von Produktionsstätten und von Arbeitsplätzen. Aber er erzeugt nicht automatisch eine vernetzte und global informierte Welt, in der Politik, Wirtschaft und die Zivilgesellschaften über ausreichendes Wissen über „den Anderen" verfügen. Wenn der ökonomische Sektor die grenzüberschreitende Internetkommunikation beherrschen würde, könnten andere Gesellschaftssektoren ein wesentlich langsameres Globalisierungstempo entfalten, und es entstände eine unausgewogene Globalisierung mit ungeahnten Folgen. Eine Welt, die materiell zusammen rückt ist noch lange keine Welt, in der das Weltwissen ansteigt, sondern in ihr können Fehlwahrnehmungen und Konflikte verstärkt werden. Das Internet als ökonomische Zentralisierungsmaschine der Welt mit kultureller Sprengkraft?

Ein weiteres Problem: In welchem Verhältnis steht die anwachsende globale Internetnutzung zur lokalen, d.h. nationalen und subregionalen, sowie zur regionalen Nutzung? Als quantitativer Indikator der zunehmenden Systemverbindung können globale Internetströme sowohl absolut als auch relativ betrachtet werden. Nur wenn man beweisen kann, dass die subregionalen, nationalen und regionalen Wachstumsraten des Internetaustauschs *hinter* denen des internationalen Internetverkehrs zurückbleiben, kann man von einem eindeutigen Trend der Zunahme globaler Systemverbindungen sprechen. Andernfalls bestünde unter Umständen der Haupttrend des Internets in einer Förderung lokaler statt globaler Beziehungen. Das Internet als lokales Medium? Eine Studie der Verbindungsstrukturen von Alexander Halavais hat gezeigt, dass internationale Links weitaus seltener sind als nationale.

In den Vereinigten Staaten verbleiben etwa 90 Prozent aller Verweise und Weiterleitungen innerhalb der Landesgrenzen, in Europa immerhin noch 60 bis 70 Prozent, und die meisten grenzüberschreitenden europäischen Verbindungen führen in die USA, was eher ein Beleg für erfolgreiche transatlantische Beziehungen als für eine echte Globalisierung ist.[3]

5.1 Das babylonische Netz

Eine der interessantesten Entwicklungen im Bereich Internet ist die zunehmende Multilingualisierung des Netzes. Die Hegemonie des Englischen als einer länderübergreifenden *lingua franca* besteht fort, aber sie schwindet doch rapide. Etwa zwei Drittel aller Internetnutzer sind *keine* Englischmuttersprachler, sondern etwa Chinesen, Spanier, Deutsche oder Franzosen (Abb.14). Mit der zunehmenden Internationalisierung des Netzes geht eine Diversifizierung der Sprachkompetenzen der Nutzer einher. Der Trend weist auch in Richtung auf eine Multilingualisierung der Netzinhalte.[4] Da die Erstellung von Websites nicht auf die westlichen Industrieländer beschränkt ist, ist absehbar, dass in Zukunft nicht mehr nur die Nutzer, sondern auch die Inhalte des Internets verschiedensprachig sein werden. Der Münchner Amerikanist Gert Raeithel geht davon aus, dass das Englische gerade wegen des Computers und des Internets seine sprachliche Vorherrschaft einbüßen wird.[5]

---

3 Alexander Halavais, National Borders on the World Wide Web, in: New Media and Society 2 (2000) 1, S. 7-28.
4 So argumentiert etwa Marie Lebert, Multilingualism on the Web, http://www. etudes-francaises.net/entretiens/multieng1.htm (4. August 2004).
5 *Der Spiegel*, Nr. 44/2000, S. 240-244.

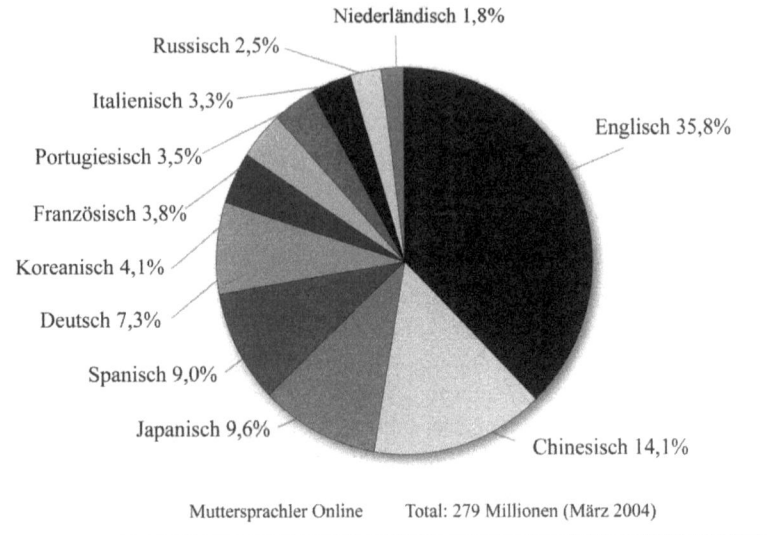

Niederländisch 1,8%
Russisch 2,5%
Italienisch 3,3%
Portugiesisch 3,5%
Französisch 3,8%
Koreanisch 4,1%
Deutsch 7,3%
Spanisch 9,0%
Japanisch 9,6%
Englisch 35,8%
Chinesisch 14,1%

Muttersprachler Online   Total: 279 Millionen (März 2004)

Quelle: Global Reach Project, www.glreach.com/globstats (22. Juli 2004)

Bereits heute findet im Internet ein Sprachenwettlauf statt, wobei verschiedene Organisationen weltweit die Weiterentwicklung des multilingualen Netzes propagieren.[6] Zwischen 1998 und 2001 sank der Anteil des Englischen dabei von etwa 75 auf 52 Prozent. Andere europäische Sprachen machen etwa 20 Prozent der Netzsprachen aus (Tabelle 2)[7]. Der Anteil außereuropäischer Sprachen, allen voran Sprachen wie Japanisch und Chinesisch, beläuft sich derzeit auf etwa 30 Prozent – und gerade dieses Segment verfügt angesichts der enormen Bevölkerungsgröße von Ländern wie China über ein hohes Wachstumspotenzial. Manche Beobachter vermuten sogar, dass sich in absehbarer Zukunft die Zahl der chinesischen Internetnutzer so weit vergrößern wird, dass Chinesisch, nach Englisch, zur zweitverbreitetsten Sprache

6 Vgl. z.B. Taik-Sup Auh, Promoting Multilingualism on the Internet: Korean Experience, http://www.unesco.org/webworld/infoethics_2/eng/papers/paper_8.htm (22. Juli 2004).
7 Die Methodologie der Studie ist nicht in jeder Hinsicht transparent. Doch in neueren Untersuchungen erhärtet sich ein Wert um 50 Prozent Anteil des Englischen gegenüber 70 bis 80 Prozent in älteren Studien. Zum Überblick vgl. http://www.netztipp.de/sprachen.html (2. August 2004).

des Netzes werden könnte. Während der Anteil von Sprachen wie Deutsch, Spanisch, Chinesisch und Japanisch derzeit etwa auf demselben Level liegt, folgen als ebenfalls wichtige Sprachen, allerdings mit respektablem Abstand, Russisch, Koreanisch, Niederländisch oder die skandinavischen Sprachen. Hunderte von Sprachen zeigen im Internet eine zwar geringe, aber doch wachsende Präsenz, d.h. die Zahl der Internetsprachen nimmt ständig zu. Das Internet, das über Jahre von der Technologiemacht Vereinigte Staaten und dem Englischen beherrscht wurde, entwickelt sich zu einem „babylonischen" Netz.

Tabelle 2: Sprachenverbreitung im Netz

Sprache	Anteil an Webseiten 2001	Sprache	Anteil an Webseiten 2001
Englisch	52.00%	Portugiesisch	2.81%
Spanisch	5.69%	Rumänisch	0.17%
Französisch	4.62%	Deutsch	> 6.97%
Italienisch	3.06%		

Quelle: The Fifth Study on Languages on the Internet, Networks-and-Development-Foundation (http://funredes.org/LC/english/L5/L5overview.html, 30. Juli 2004)

Eine Gegentendenz zum babylonischen Netz entsteht in der Weiterentwicklung der *Universal Networking Language* (UNL), die die computergestützte Direktübersetzung von Internetinhalten ermöglichen soll.[8] Entsprechende Systeme sind allerdings derzeit noch nicht ausgereift.

Eine der Hauptursachen für die Entwicklung zur Vielsprachigkeit ist die Einführung von nichtlateinischen Schriftzeichen bei den Adressen des *World Wide Web.* Auf der einen Seite hat das Abrücken vom ASCII-Code als alleinigem Standard weiten Teilen der Erde den Zugang zum Internet erleichtert, da etwa 90 Prozent der Weltbevölkerung Englisch nicht als Muttersprache pflegen und sich seiner nur sehr begrenzt als Fremdsprache bedienen können. Das Internet löst sich insofern langsam von seiner Bindung an westliche Eliten. Auf der anderen Seite droht ein Zerfall des Internets in sprachliche Teilgemeinschaften, was der Vorstellung einer Globalisierung des Wissens mit Hilfe des Internets zuwiderlaufen müsste. Die globale Wissensgesell-

---

8 Zur Einführung in das UNL-System vgl. http://encyclopedia.thefreedIKTionary. com/Universal%20Networking%20Language (26. August 2004).

schaft in ihrer „babylonischen" Variante wird nicht viel mehr als die Hochverdichtung von nationalsprachlichen Kulturen sein, weniger aber einen Austausch von Weltwissen fördern. Zudem kann das vielsprachige Internet schnell zu einem Vehikel eines wiedererstarkenden Nationalismus werden, wie etwa anlässlich der amerikanisch-chinesischen Flugzeugaffäre am chinesischen Meer im Jahr 2000, als Tausende von Chinesen ihren Unmut über die amerikanische Regierung im Internet kundtaten.[9]

5.2. Der digitale Graben

Die Entwicklung zu einem multilingualen und von allen Teilen der Erde gleichermaßen genutzten Internet wird durch die eklatante Asymmetrie der weltweiten Netzanschlüsse gebremst. Während in den Industriestaaten auf der Grundlage einer soliden technischen Infrastruktur, eines hohen Pro-Kopf-Einkommens und fortgeschrittener Medienkompetenz eine hohe Internetdichte herrscht, sieht die Situation in den meisten Entwicklungsländern ganz anders aus. Schwellenländer wie China finden zunehmend Anschluss an den Westen und bringen das Netz in einer politisch systemkonformen Weise zum Einsatz.[10] Aber der Nahe Osten, Afrika und weite Teile Asiens, in denen sich das Internetwachstum in Anschlüssen und Nutzung auf städtische Eliten beschränkt, fallen immer weiter hinter den Rest der Welt zurück.

Der Kontinentalvergleich (Abb.15) gibt das reale Gefälle in der Welt nicht einmal ausreichend wieder. Zwar wird erkennbar, dass Afrika und der Nahe Osten stark zurückbleiben, aber Asien scheint eine starke Position innezuhaben. Asien hat demnach eine etwa gleichgroße Nutzerzahl wie Nordamerika oder Europa. Zu berücksichtigen ist dabei natürlich, dass Asien ein Vielfaches der Bevölkerung von Nordamerika und Europa zusammengenommen beheimatet, es daher also im Grunde für eine gleichmäßig vernetzte Erdbevölkerung auch einer weit höheren Zahl asiatischer Netznutzer bedürfte. Auffällig ist zudem, dass die Nutzer Asiens ganz überwiegend aus Japan, Südkorea, Taiwan, Hong Kong und China stammen. Die meisten anderen Länder des Kontinents verfügen über einen Nutzeranteil unter oder um 1 Prozent der jeweiligen Landesbevölkerungen – verglichen mit mindestens 50 Prozent in entwickelten Industriestaaten wie Deutschland oder Japan. China

9 Nord-Süd aktuell 15 (2001) 2, S. 235.
10 Michael Schmiedel, Das Internet in der VR China – Ein Netz, zwei Systeme?, in: Nord-Süd aktuell 15 (2000) 3, S. 501-512.

mit seinen etwa 1,3 Milliarden Einwohnern beherbergt zwar über 50 Millionen Internetnutzer – aber dies sind nur etwa 3,5 Prozent der Bevölkerung.

Abbildung 15: Internetnutzer im Weltvergleich

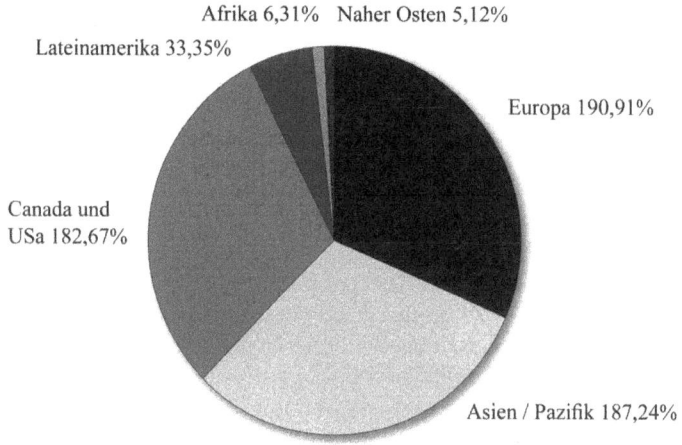

Afrika 6,31% Naher Osten 5,12%

Lateinamerika 33,35%

Europa 190,91%

Canada und
USa 182,67%

Asien / Pazifik 187,24%

Quelle: Geschätzte Nutzerzahlen nach dem NUA-Index (http://www.nua.ie, 25. August 2004)

Der Begriff des „digitalen Grabens" hat heute also zwei verschiedene Bedeutungen. Er beschreibt die Defizite bei der Entwicklung und Nutzung von Informations- und Kommunikationstechnologien im globalen Maßstab, also im Vergleich zwischen Hochindustrie- und Entwicklungsländern. „Digitaler Graben" bezeichnet zudem Ungleichgewichte zwischen Informationseliten und -peripherien, wie sie in den meisten Ländern dieser Welt bestehen: eine Konstellation, die Erinnerungen an das Zentrum-Peripherie-Modell von Johan Galtung und an die Dependenztheorie weckt, mit dem Unterschied, dass heute über den Informationsgraben fast mehr gesprochen wird als über ökonomische und politische Nord-Süd-Klüfte.[11]

In Entwicklungsländern allerdings sind viele Bedingungen grundlegend anderer Natur, so dass auch die „digitalen Gräben" in diesen Ländern anders zu erklären sind. Bevölkerungspyramiden neigen hier nicht zur Überalterung,

---

11 Johan Galtung, Eine strukturelle Theorie des Imperialismus, in: Dieter Senghaas (Hrsg.), Imperialismus und strukturelle Gewalt. Analysen über abhängige Reproduktion, Frankfurt 1972, S. 29-104.

sondern es überwiegt im Gegenteil der Anteil an Kindern, Jugendlichen und jungen Erwachsenen. Die hieraus resultierende geringe Festlegung auf Lebensgewohnheiten und das strukturell hohe Lernbereitschaftspotenzial im Umgang mit Informationstechnologie machen Entwicklungsländer zu Internetländern *par excellence*. Die in Indien verbreiteten Computer-Weiterbildungskurse auf Märkten und in Basaren zeigen sehr deutlich: Die Lernbereitschaft im Bereich der Informations- und Kommunikationstechnologie (IKT) ist in Entwicklungsländern höher als in Industriestaaten, zumal dort, wo die IKT den sozialen Aufstieg verspricht. Wären da doch bloß nicht die alten Probleme des Nord-Süd-Konflikts wie schlechte (Telekom-) Infrastrukturen, extrem ungleiche Einkommensverteilungen oder Analphabetismus, die die Internet- und IKT-Nutzung in Entwicklungsländern auf absehbare Zeit zum Privileg kleiner Eliten machen werden. 90 Prozent der Weltbevölkerung verbleiben nach wie vor ohne Internetzugang, und ein Großteil der Menschheit hat noch nie ein Telefongespräch geführt. Dabei machen der Mangel an Bibliotheken, an verfügbaren Informationen im Bildungs- und Gesundheitswesen, durch autoritäre Verhältnisse vielfach begrenzte Möglichkeiten eines freien Informationsaustauschs und andere Defizite das Internet zu einer berechtigten Hoffnung für die Zukunft der Entwicklungsländer.

Eine Reihe von internationalen Institutionen haben in jüngeren Jahren auf die Gefahren des „digitalen Grabens" hingewiesen. Die *Internet Society Task Force*, eine NGO mit Mitgliedern aus 170 Ländern, warnte, dass die Zahl der Internetnutzer in Entwicklungsländern vielfach kaum messbar sei und sich der „digitale Graben" zwischen den USA/Kanada sowie den anderen Hochindustriestaaten und den Entwicklungsländern ständig vergrößere. Politiker werden weltweit aufgefordert, Rahmenbedingungen zu schaffen, die dieser Tendenz entgegensteuern, etwa durch den Abbau von hohen Zöllen für Computertechnologie und die Liberalisierung der Telekommunikationsmärkte. Bei der derzeitigen Entwicklung ist es gemäß der *Task Force* durchaus möglich, dass die Industriestaaten durch die Neue Ökonomie ihren Vorsprung vor den Entwicklungsländern weiter ausbauen, statt ihn, wie im Rahmen der Globalisierungsdebatte vielfach gehofft worden ist, mit Hilfe von IKT und Internet zu verringern. Anlässlich des Millennium-Gipfels der Vereinten Nationen hielt auch Generalsekretär Kofi Annan die Entwicklungsländer dazu an, die neuen Informationstechnologien als Anreiz zu verstehen, Modernisierungsschritte wie die Industrialisierung zu „überspringen" und direkt in die Neuen Medien zu investieren.

Vor den Problemen einer wachsenden Informationskluft warnten auch die Staatschefs des G-8 Gipfeltreffens in Okinawa (22.-23. Juli 2000). In ihrer „Okinawa-Charta" beschrieben sie die Gefahr, dass die Entwicklungsländer durch die rapiden Fortschritte im Bereich der Informationstechnologie in den Industrie- und einigen fortgeschritteneren Schwellen- und Entwicklungsländern in ihrer Entwicklung weiter ins Hintertreffen gerieten. Dies träfe überwiegend dort ein, wo Defizite der Telekommunikationsinfrastruktur eine Ausbreitung des Internets behinderten. Die Entwicklungsländer wurden auch von der G-8 zur Schaffung bestmöglicher Rahmenbedingungen vor allem im politischen Bereich aufgefordert. Die G-8 beschloss darüber hinaus die Gründung einer Arbeitsgruppe „Dot Force" zur Klärung eines Beitrags der Industrieländer zur Internetentwicklung in den Entwicklungsländern.[12]

Zuletzt ging auch die *Internationale Arbeitsorganisation* (ILO) in ihrem Weltarbeitsbericht 2001 unter dem Titel „Arbeitsleben in der Informationswirtschaft" davon aus, dass der bestehende „digitale Graben" zwischen Nord und Süd ein gravierendes Hindernis beim Abbau der weltweiten Arbeitslosigkeit darstellt.[13] Nur etwa 5 Prozent der Weltbevölkerung nutzen das Internet, davon etwa 88 Prozent in den Industriestaaten. Derzeit gibt es weltweit 160 Millionen (registrierte) Arbeitslose. In den nächsten zehn Jahren werden, nicht zuletzt auf Grund des Bevölkerungswachstums, geschätzte 500 Millionen neue Arbeitsplätze benötigt, um die Arbeitslosigkeit zu halbieren. Der Bericht macht deutlich, dass durch den „digitalen Graben" zwischen Industrie- und Entwicklungsländern – von Ausnahmen abgesehen – Arbeitsplätze weniger in die Entwicklungsländer „abfließen", sondern dass vielmehr die meisten Arbeitsplätze in denjenigen Ländern geschaffen worden sind (z.B. Niederlande, Teile Skandinaviens), die den stärksten IKT-Einsatz pflegen.

Dies bedeutet aber zum einen nicht, dass in den Industrieländern insgesamt die Informationstechnologie einen Netto-Arbeitsplatzgewinn erzeugt hat, da Rationalisierungs- und Umstrukturierungsverluste, die vorher oder parallel entstanden sind, gegengerechnet werden müssen. Zum anderen deutet sich an, dass in der Informationsgesellschaft die Entwicklungsländer in der Arbeitsplatzbilanz und im Vergleich zu Industriestaaten weiter zurückfallen könnten als dies bereits der Fall gewesen ist. Der Weltarbeitsbericht weckt Hoffnungen für Entwicklungsländer vor allem dort, wo er ein Eig-

---

12 Vgl. Kai Hafez, Über den „digitalen Graben"? Das Medien- und Kommunikationswesen in Asien, Afrika und Lateinamerika, in: Asien Afrika Lateinamerika 29 (2001c) 6, S. 545-553.
13 Vgl. ebenda.

nungsprofil derjenigen Länder skizziert, die auch mit Hilfe der Informationstechnologie die Hürde zu den Schwellenländern überwunden haben. So unterschiedliche Länder wie Brasilien, China, Costa Rica, Israel, Malaysia und Rumänien sind im letzten Jahrzehnt in der Lage gewesen, Nischen im IKT-Sektor zu erobern.

Als Gemeinsamkeiten dieser Länder macht der ILO-Bericht aus, dass sie in der Lage gewesen sind, a) informationstechnologische Ausbildungen in angemessener Größenordnung und Qualität, einschließlich der Software-Programmierung, zu etablieren, und b) mit Hilfe neuer Informationstechnologien insbesondere im Bereich der drahtlosen Telefonie und Telekommunikation infrastrukturelle Defizite in ihren Ländern zu überwinden (sog. leapfrogging). Der Weltarbeitsbericht schließt mit der Erkenntnis, dass unter optimaler Nutzung der Möglichkeiten der Informationstechnologie diese auch für die Entwicklungsländer ein Potenzial zur Arbeitsplatzschaffung berge. Er hegt aber grundlegende Zweifel daran, ob die Voraussetzungen einer optimalen Anwendung in den meisten Ländern gegeben sind. Während die Industrieländer anscheinend in näherer Zukunft in der Lage sein werden, Chancen und Risiken der IKT zu ihren Gunsten zu wenden, bleibt der Bericht für die nähere Zukunft der meisten Entwicklungsländer skeptisch.

Folgt man dem Bericht, so ist absehbar, dass eine Zwei-Klassen- Gesellschaft im Bereich der Nutzung von Informationstechnologien und des Internets auf Dauer Bestand haben wird. In dieser Zwei-Klassen-Gesellschaft sind die allermeisten Länder der Welt kaum vernetzt und erfüllen damit im Bereich des Internets nicht einmal die Grundvoraussetzung und das theoretische Minimalkriterium der kommunikativen Globalisierung: die *Systemverbundenheit* (vgl. Kap. 1.1). Das Nord-Süd-Gefälle, die sogenannte „Wissenskluft" zwischen Industriestaaten und Entwicklungsländern, wird auf diese Art nicht abgemildert, wie die Vordenker des Internets annahmen, sondern die Industriestaaten hochverdichten ihre Wissensbestände, während die Entwicklungsländer weiter abfallen. Im Informationszeitalter werden also Ungleichheiten zementiert.

Diejenigen Staaten und Gesellschaften nun, die von sich behaupten können, Teil der globalen Internetgemeinschaft zu sein, weil sie auf Grund hoher Nutzerzahlen die Menge des internationalen Datenaustauschs steigern können, unterliegen zur selben Zeit den Regeln einer wachsenden Vielsprachigkeit im Netz. Vielsprachigkeit erhöht den Anteil derjenigen, die weltweit am Internetdiskurs teilhaben können, aber sie verstärkt auch nationale und regionale Interaktionsmuster und hemmt den kulturübergreifenden globalen Austausch. Neben eher kosmopolitisch oder international orientierten „virtuellen Gemeinschaften" (*virtual communities*), die sich ohnehin nur zwischen Industriestaaten in nennenswertem Umfang bilden, könnte das Internet ähnlich wie das Satellitenfernsehen (Kap. 3.3) in Zukunft also vor allem nationale und regionale virtuelle Gemeinschaftsbildungen stärken. Eine einfache Gleichsetzung des Internets mit globaler Vernetzung ist also auf Grund zahlreicher technischer, sozioökonomischer und sprachlich-kultureller Barrieren nicht möglich.

5.3 Virtueller Kosmopolitismus

Für den Gang der Argumentation ist es von erheblicher Bedeutung, welche methodische Ebene man beschreitet. Quantitative Indikatoren wie die Zahl der Internetanschlüsse und -nutzer sind im Nord-Süd-Vergleich in der Tat ernüchternd, und selbst wenn die Entwicklungsländer enorme Wachstumsraten bei den Internetanschlüssen erreichen, ist dies ein Wachstum auf äußerst niedrigem Niveau. Ganz anders könnte die Bilanz allerdings ausfallen, wenn man den Blick auf qualitative Aspekte richtet, das heißt weniger auf die geringe Verbreitung als vielmehr auf den zum Teil gesellschaftlich sehr bedeutsamen Einsatz des Internets durch einzelne Akteure. Ein einziger Wissenschaftler, der sich des Internets bedient, eine einzige Organisation oder Partei, die mit Hilfe des Internets die Weltöffentlichkeit mobilisieren und eine politische Landschaft verändert, kann bedeutsamer sein als die kommunikative Ohnmacht der nicht vernetzten Mehrheit der Welt.

Über die Charakteristik, Struktur und Ausrichtung der internetbasierten globalen Informationseliten gibt es bislang keine soliden Studien. Wer geht eigentlich regelmäßig ins Netz, um sich oder andere grenzüberschreitend zu informieren? Welchen gesellschaftlichen Schichten und Berufsgruppen entstammen die Nutzer, und welche Erkenntnis- und Informationsprozesse werden durch die besondere Art der Fernkommunikation via Internet eigentlich in Gang gesetzt? Welche gesellschaftlichen Wirkungen sind absehbar?

Nicht die globale Verfügbarkeit von Websites, sondern die tatsächliche grenzüberschreitende Nutzung, das heißt allein Nutzerreichweiten, nicht technische Reichweiten können Globalität erzeugen.[14] Die bestehenden Nut-

---

14 Susanne Offenbartl, Globalisierung durch Vermittlungsmedien? Vortrag auf der Jahrestagung des Arbeitskreises universitäre Erwachsenenbildung (AUE), 23.-24.

zergruppen aber zeigen, selbst in Industriestaaten mit einer nominell hohen Nutzerzahl, dass die Internetnutzung innerhalb der Gesellschaften sehr ungleichmäßig erfolgt. Es besteht ein „digitaler Graben" innerhalb der Hochindustriestaaten, also vor allem in den USA und Europa, der das Internet mittelfristig in eine Adaptationskrise geraten lassen könnte. Folgt man einer Studie des *Zukunftsinstituts* in Kelkheim, so lässt sich prognostizieren, dass die Nutzerzahlen in Europa und den USA in den nächsten Jahren stagnieren werden und die Euphorie über das Internet als Utopie einer technologischen Revolution mit umwälzenden Auswirkungen auf Wirtschaft und Gesellschaft abklingen wird.[15] Das Internet könnte langfristig durchaus seine Versprechen einlösen, mittelfristig ist jedoch eine Stagnation der Massenanwendung nicht ausgeschlossen, da es in seiner heutigen Form noch immer zu kompliziert und zu langsam ist. Das Internet dient auch in der westlichen Welt überwiegend den Mittelschichten, Gebildeten und Selbständigen, die den wesentlichen Teil der entsprechenden Informationseliten ausmachen. Frauen und Ältere, so das Zukunftsinstitut, werden neue Kerngruppen innovativer Internetstrategien sein müssen.

Wie kommt es zu diesem „digitalen Graben" innerhalb der Hochindustriestaaten? Zwei Gründe sind zu erkennen, der erste ein technischer, der zweite ein sozialer. Der Personal Computer (PC) erweist sich nach wie vor als Haupteingangstor und damit als Zugangshürde für einen Teil der Bevölkerungen, die über keine Computerkompetenz verfügen oder sich ein solches Gerät nicht leisten können. Ob der PC eines Tages seine Rolle als Hauptzugang verlieren könnte, hängt davon ab, welche Technologie an seine Stelle treten wird, da die Verschmelzung von Fernsehen und Internet derzeit noch unwahrscheinlich und die Zukunft der UMTS-Technologie noch unklar ist. Prognosen, in wie vielen Haushalten das Internet demnächst vorhanden sein wird, haben sich auf der Basis der PC-Anwendung als unrealistisch erwiesen.

Technische Hürden allein sind jedoch kaum ausreichend zur Erklärung. Man muss vielmehr davon ausgehen, dass große Teile der Bevölkerungen Europas und der USA, vor allem Erwachsene und Ältere, in der Nutzung des Internets keinen Vorteil für ihr Leben erkennen oder erahnen können. Studien wie die von Michael Margolis und David Resnick im fortgeschrittensten

September 1999, Deutsches Institut für Erwachsenenbildung (DIE), Bonn, http://www.die-frankfurt.de/esprid/dokumente/doc-1999/offenbartl99_11.htm (20. Juli 2004).

15 Die Zukunft des Internets. Auf dem Weg zum „Digitalen Realismus", http://www.zukunftsinstitut.de (17. August 2001).

Internetland, den Vereinigten Staaten, haben gezeigt, dass das Netz vorwiegend zur Unterhaltung genutzt wird, aber nur von den Informationseliten auch als Quelle der politischen Information.[16] Die Autoren erklären diese Defizite mit den Grenzen der menschlichen Zeitökonomie. Für spezialisierte Informationseliten kann sich der Wechsel vom Buch zum Internet vor allem auf der Ebene der einfachen Faktensicherung und Informationsbeschaffung als Qualitäts- und Zeitvorteil erweisen. Für den vor allem auf Unterhaltung und Alltagsfragen konzentrierten Teil der Medienkonsumenten lassen sich Fernsehen, Radio und Buch nach wie vor besser in den Lebensablauf integrieren, und es bleibt nur wenig Zeit und Anlass, sich dem rechercheaufwändigen Internet zu widmen.

Nur wer alle Hürden des Internetzugangs gemeistert hat – Medienkompetenz, Sprache, Finanzen – für den schwinden nationale Grenzen im Internet schnell. Es kann eine Neukonfiguration von Interessengruppen über Landesgrenzen hinaus erfolgen, neuartige Wissenseliten, aber auch „Spaßgruppen" können entstehen, die zu internationalen Themen Wissen austauschen, sich artikulieren und gegenseitig kulturell mobilisieren.[17] Wie groß diese globale Kommunikationselite ist, lässt sich nur sehr schwer abschätzen. Sicher aber ist, dass sie nur einen Bruchteil der Bevölkerungen ausmacht, und aller Wahrscheinlichkeit nach pflegt lediglich ein kleinerer Teil der tatsächlichen Internetnutzer regelmäßigen Austausch über Grenzen hinweg, sei es durch E-Mail-Kontakte oder eine anderweitige Nutzung des Netzes; unklar bislang die Charakteristika dieser globalen Informationselite. Innerhalb dieser Elite bestehen auf jeden Fall eklatante Probleme, sich zu verständigen, je nachdem, wie viele Sprachen aktiv benutzt werden. Es macht einen Unterschied, ob man im Wesentlichen im englischsprachigen Netz „surfen" kann oder ob man, wie etwa ein gebildeter Japaner, die Weltsprachen Englisch und Französisch beherrscht, zusätzlich neben Japanisch aber auch ein gewisses passives Sprachverständnis für Chinesisch und Koreanisch mitbringt und sich daher wesentlich flexibler im multilingualen *World Wide Web* oder anderen Netzen bewegt.

Doch trotz des babylonischen Syndroms, das selbst die globalen Netzeliten voneinander trennt, bestehen möglicherweise soziodemografische Gemeinsamkeiten dieser Eliten. John Micklethwait und Adrian Wooldridge haben den Begriff des „Kosmokraten" für eine etwa 50 Millionen Menschen

---

16 Michael Margolis/David Resnick, Politics as Usual. The Cyberspace „Revolution", Thousand Oaks et al. 2000.
17 Offenbartl 1999.

umfassende Schicht mit relativ hohem Einkommensstandard geprägt, die die eigentlichen Gewinner der Globalisierung sind, da sie nicht nur mit modernen Kommunikationstechnologien umgehen können, sondern auch finanziell am meisten von Globalisierung profitieren:

> Eine gesellschaftliche Folge der Globalisierung liegt (...) darin, dass eine immer größere Gruppe von Menschen – wir nennen sie ‚Kosmokraten' – von der Entwicklung profitiert. Diese Menschen bilden vielleicht die größte aufgrund ihrer Verdienste herrschende Schicht, die es auf der Welt je gab – beunruhigender Weise sind sie jedoch von lokalen Gemeinschaften oft ebenso abgeschnitten wie die Unternehmen, für die sie arbeiten.[18]

Trotz der Unterschiede in der Definition von globalen Informationseliten und „Kosmokraten" ist gerade die mangelnde Bindung zum Lokalen ein gemeinsames Problem der neuen Eliten der Globalisierung, das man als „virtuellen Kosmopolitismus" bezeichnen kann und das die Journalistin Charlotte Wiedemann pointiert formuliert hat:

> Das Internet legt neue Schienen für die Interpretation fremder Kulturen. Wenn sie online verfügbar ist, kann eine einzige englischsprachige Zeitung das internationale Bild dieses Landes mehr prägen als alle Medien in der Landessprache zusammen genommen. Damit kein Missverständnis aufkommt: Das Internet hat die Möglichkeiten, sich über andere Länder zu informieren, enorm verbessert. Ich habe vier Jahre in Malaysia gelebt, keine vernünftige Zeitung, keine große Bibliothek nahebei; ich hing am Internet wie am Tropf, erkundete die Länder der Region erst online, dann offline. Ich war erstaunt, wie blendend man sich vorbereiten kann mithilfe des Internet – und wie sehr sich die virtuelle von der wirklichen Realität jedes Mal unterschied. Im virtuellen Kambodscha ist ein internationales Tribunal gegen die verbliebenen Anführer der Roten Khmer längst überfällig. Das Internet überträgt nicht das große traumatisierte Schweigen, das zu diesem Thema im Lande herrscht, jenseits einer kleinen Schar von Aktivisten. Man kann sich online mit den Ansichten hochinteressanter Leute vertraut machen – im Land angekommen, stellt man fest: Kaum jemand kennt sie. Es handelt sich um eine virtuelle Prominenz. In vielen Ländern markiert der Digital Divide eine innere Spaltung, eine Spaltung im Denken, in der Wahrnehmung, eine soziale ohnehin. Nur mit ihren virtuellen, geruchslosen Seiten scheint die Welt zusammenzurücken, kleiner zu werden – nicht mit ihren staubigen. Mancherorts ist die politische Opposition nur im Internet stark. Manche ethnische Minderheit demonstriert online einen Zusammenhalt, den sie offline

---

18 John Micklethwait/Adrian Wooldridge, Futur II – Globalisierung als Erfolgsgeschichte. Herausforderungen und Chancen der neuen Weltwirtschaft, München et al. 2000, S. 20.

längst verloren hat. Separatisten, die im Dschungel aussichtslos kämpfen, präsentieren sich triumphal auf der virtuellen Bühne. Individuen, Gruppen, ganze Völker dürfen sich im Internet eine Traum-Identität schaffen. Was also gilt? Was wissen wir? Eine Mittelklasse-Gegend in den Philippinen mag für unsere Augen aussehen wie ein Armutsviertel. Wir sind Blinde, sobald wir unseren vertrauten Kulturkreis verlassen, die Zone der uns vertrauten Zeichen. Simpler und zugleich schwerer als die Deutung eines tibetanischen Rollbildes ist: Alltag entziffern. Zäune, Feldgröße, Straßenbreite interpretieren. Dächer lesen. Was ist arm? Wie viele Kochtöpfe verraten sozialen Aufstieg? Wie riecht gutes Leben im Schlechten? Die Maßstäbe dafür kommen nur offline in unsere Köpfe, durch beobachten, vergleichen.[19]

Zwar lässt sich sicher nicht allen globalen Informationseliten eine mangelnde Bindung zum Lokalen vorwerfen. Aber erkannt werden muss doch, dass das Internet verschiedene Formen der mediatisierten oder zum Teil interpersonalen mediatisierten Kommunikation repräsentiert. Die Distanzwahrnehmung des Internets unterscheidet sich zwar von der großer Medien und ihrer Auslandsberichterstattung, da sie interaktiv ist, vom Nutzer selbst selektiert werden kann und auf einem hochgradig diversifizierten Angebot beruht. Aber gerade hierin liegt auch ein neues Erkenntnisproblem, denn das Konzept des „Vertrauens in die Quelle" ist im Internet von Grund auf erschüttert. Wie glaubhaft sind die Informationen, die man aus fernen Ländern bezieht? Das Internet kennt keine Qualitätskontrolle.

Das Internet kann nicht nur eine Weltöffentlichkeit erzeugen, es kann sie auch selbst wieder zerstören. Von den Kräften, die sich im Internet präsentieren, sind viele im eigenen Land kaum bekannt. NGOs, die durch geschickte Medientaktiken als einflussreich und förderungswürdig erscheinen, sind in Wahrheit nicht selten unbedeutende politische Größen. Solche Unsicherheiten sind mittlerweile ein gravierendes Problem bei allen Allianzbildungsversuchen, die sich über das Internet anbahnen und entwickeln.

Es wäre sicher unfair, von einer Antinomie zwischen Globalisierung und Erfahrung zu sprechen – aber etwas ist dran. Nicht umsonst ist das Internet eng mit Begriffen wie „Virtualität" verbunden. Wer sich viel im globalen Internetraum tummelt, kann sein Weltwissen in alle Richtungen erweitern. Eine Echtheitsgarantie gibt es hingegen nicht.

---

19 Charlotte Wiedemann, Die gerahmte Welt, in: *Freitag*, 12. März 2004, S. 12.

5.4 Der „Zapatista-Effekt"

Wenn Charlotte Wiedemann von der virtuellen politischen Opposition spricht, dann berührt sie einen anderen zentralen Mythos des Internets: die Vorstellung von einer „globalen Zivilgesellschaft", die über Ländergrenzen hinaus kooperiert, um Menschenrechte und Demokratie weltweit zu fördern. Das Internet ist seit Beginn seiner massenhaften Verbreitung mit dem Ideal verbunden worden, ein Träger und Katalysator der globalen Demokratie zu sein. Es galt und gilt vielfach als die Einlösung des Brecht'schen Versprechens, die Medien von einem „Distributionsapparat" in einen „Kommunikationsapparat des öffentlichen Lebens" zu verwandeln.[20] Berthold Brecht, der Kommunist, war gegen die von monopolistischen Tendenzen von Staat und Kapital beherrschte Medienwelt vorgegangen, in der Pressebarone wie Alfred Hugenberg und staatliche Radiosender einen, wie man heute sagen würde, „one-way flow of communication" förderten und damit den Bürger der Weimarer Republik in den Zustand eines passiven Informationskonsumenten versetzten. Das Internet nun scheint diese Einbahnstraße der Informationen durch seine Interaktivität aufzubrechen. Sogar eine Gesellschaft im Zustand eines ständigen plebiszitären Wahlvorgangs (über Online-Wahlen), einschließlich virtueller Parteitage, scheint vielen Vordenkern des Internets machbar.[21]

Auf internationaler Ebene beflügelt das Internet die Vorstellung von einer internationalen Allianz von sozialen Bewegungen und Demokratiekräften.[22] Das „kleine Medium" Internet bringt an der Schnittstelle zwischen Globalisierung und Demokratisierung offensichtlich völlig andere Voraussetzungen mit als herkömmliche Massenmedien:

---

20 Bertolt Brecht, Der Rundfunk als Kommunikationsapparat. Rede über die Funktion des Rundfunks; Vorschläge für den Intendanten des Rundfunks; Radio – eine vorsintflutliche Erfindung?, alle in: Werke, Bd. 21, Schriften I, Berlin et al. 1989. – Der Flug der Lindberghs. Ein Radiolehrstück für Knaben und Mädchen, in: Werke, Bd. 3, Stücke III, Berlin et al. 1989.
21 Claus Leggewie/Christian Maar (Hrsg.), Internet und Politik. Von der Zuschauer- zur Beteiligungsdemokratie?, Köln 1998.
22 Vgl. u.a. Roza Tsagarousianou/Damian Tambini/Cathy Brian (Hrsg.), Cyberdemocracy. Technology, Cities and Civic Networks, London/New York 1998; Wim van de Donk/Brian D. Loader/Paul G. Nixon/Dieter Rucht (Hrsg.), Cyberprotest. New Media, Citizens and Social Movements, London/New York 2004.

- Zensur und Kontrolle werden dem autoritären Staat erschwert;
- das Internet ist als Low-Budget-Medium unterschiedlichsten politischen Gruppen zugänglich;
- auch kleinere politische Gruppierungen erzielen eine Öffentlichkeitswirksamkeit statt an der Nachrichtenschwelle der großen Medien zu scheitern;
- der Journalismus als „Schleusenwärter" autoritärer Staaten entfällt;
- die einheitliche Plattform des *World Wide Web* erleichtert Internationalisierungsstrategien und Bündnisbildungen sozialer und politischer Bewegungen.

Das Internet ist ein Schmelztiegel von Information über die politische Situation in nahezu jedem Land dieser Erde. Es entmonopolisiert den Zugang zu politischer Information und erzeugt neue Diskurse über Fragen der Demokratisierung. Der Differenzierungsgrad des politischen Diskurses ist unschlagbar hoch, da das Netz jeder politischen Gruppe und sogar individuellen politischen Meinungsäußerungen Raum gibt – eine mit herkömmlichen Medien unvergleichliche Leistung. Die meisten Menschen nutzen das Internet nicht, um sich politisch zu informieren (Kap. 5.3). Dennoch hat sich das Medium zu einem Informationspool entwickelt, in dem zahlreiche Informationsportale oder *open posting*-Listen wie *Indymedia.org* einen politischen Diskurs führen, der zumindest für die interessierten Informationseliten eine Alternative zu den etablierten Medien darstellt.

Oppositionskräfte, die in vielen Staaten aus den Massenmedien verbannt werden, artikulieren sich im Internet. Das Internet ist damit ein wichtiger Informationsknotenpunkt zur Verbindung von politischen Aktivisten, der Öffentlichkeit und dem Bürger. Während in der Regel die Hoffnung illusorisch ist, dass autoritäre Staaten der Opposition Zugang zu Presse und Rundfunk verschaffen, ist das Internet für Systemveränderer eine wichtige Ergänzung des üblichen Arsenals von Flugblättern oder Videokassetten mit politischen Botschaften. In der Globalisierungsdebatte ist immer wieder die Hoffnung zum Ausdruck gebracht worden, dass das Internet die Zusammensetzung sozialer Bewegungen, die Formen ihrer politischen Aktivitäten und ihre Mobilisierungskraft substanziell verändert.[23]

Aber in jüngerer Zeit räumen dieselben Stimmen ein, dass es eigentlich noch gar kein solides wissenschaftliches Fundament gibt, um eine solche

---

23 Van de Donk et al. 2004, S. 5.

Hoffnung zu begründen. Es liegen bislang kaum Fallstudien über den Internetgebrauch sozialer Bewegungen vor, die als amorphe Größen auch nur schwer zu untersuchen sind.[24] Und dieselben Autoren, die in den 1990er Jahren den Aufbruch in ein neues Zeitalter der internetgestützten politischen Aktivität einläuteten, warnen heute davor, das Internet als ein Instrument zu betrachten, dass die traditionellen Formen des Protestes (Demonstrationen, Unterschriftensammlungen usw.) ersetzt.[25]

Aus einer internationalen Perspektive lassen sich weitere Einwände formulieren. Der „digitale Graben", der weltweit existiert, begrenzt eben auch die Funktion des Internets für die Opposition und andere gesellschaftliche Gruppen. Zwar gelingt aktiven Gruppen die Artikulation ihrer Anliegen in einem ständigen Ringen mit dem autoritären Staat, der das Netz zu zensieren versucht. Aber die geringe Verbreitung beschränkt die politisch mobilisierende Funktion des Internets weitgehend auf Industriestaaten, die gleichwohl auch ohne das Internet zumeist über sehr lebendige Öffentlichkeiten verfügt haben. Dana Ott und Melissa Rosser sprechen nicht zu Unrecht davon, dass es keine Beweise dafür gebe, dass das Internet Demokratisierungsprozesse beschleunige. Die Demokratisierung erleichtere wohl eher die Entwicklung des Internets als umgekehrt.[26]

Bei genauer Betrachtung haben sich die Oppositionslandschaften dieser Erde auch bereits auf den Sachverhalt eingestellt und verfolgen multimediale Strategien. Eine Studie der amerikanischen *RAND Corporation* weist nach, dass ein großer Teil der Opposition im Nahen Osten kaum im Internet präsent ist.[27] Für die politische Arbeit wichtiger als das Internet sind häufig noch immer das Fax-Gerät oder Videokassetten.[28] Das Internet hat zudem, einer

---

24 Ebenda, S. 2.

25 Ebenda, S. 18.

26 Dana Ott/Melissa Rosser, The Electronic Republic? The Role of the Internet in Promoting Democracy in Africa, in: Peter Ferdinand (Hrsg.), The Internet, Democracy and Democratization, London/Portland, OR 2000, S. 152.

27 Grey E. Burkhart/Susan Older, The Information Revolution in the Middle East (RAND), St Monica et al. 2003.

28 Mamoun Fandy, CyberResistance: Saudi Opposition between Globalization and Localization, in: Society for Comparative Study of Society and History 41 (1999) 1, S. 144.

Studie über Palästina zufolge, die Koordinierung zwischen den NGOs und der Opposition in keiner Weise verbessert.[29]

Es ist sicher nicht von der Hand zu weisen, dass das Internet neue Artikulationsmöglichkeiten für politische Bewegungen weltweit bietet und das bestehende Medienwesen in demokratischer Weise ergänzt – man sollte allerdings das Potenzial des Internets für die Transformation des Nationalstaats nicht überschätzen. Die geradezu ketzerische These sei erlaubt, dass in manchen Ländern sogar die altmodische Boulevardpresse mit ihrem Hang zur skandalisierenden Politikberichterstattung einen wirkungsvolleren Beitrag zur Entwicklung einer politischen Kritikkultur leistet als das hochmoderne und scheinbar globale Internet.[30] Denn die Boulevardpresse erreicht tatsächlich große Teile der *monolingualen Mittelklassen*, während die Neuen Medien oft nur schmale, elitäre Segmente der Bevölkerung ansprechen.

Mobilisierung kleiner aktiver Informationseliten ist kein neues Phänomen der politischen Transformationen. Schließlich ist die Geschichte des Flugblatts einige Tausend Jahre alt. Aber es gibt einen wichtigen Unterschied zwischen den konventionellen Alternativ- und *Samizdat*-Medien einerseits und dem Internet andererseits. Die konventionellen kleinen Medien überschreiten in der Regel nicht die Grenzen des eigenen Landes, sind kaum international zugänglich und eröffnen daher keine echte Chance zur Vernetzung der Opposition mit Sympathisanten im Ausland. Das Internet hingegen verfügt über einzigartige Möglichkeiten der politischen Selbstdarstellung im globalen Raum. Inhalte können auf Englisch oder in verschiedenen Sprachen formuliert werden und so weltweite Beachtung erzielen, was wiederum ganz andere Oppositionsstrategien erlaubt als ohne das Internet – dies zumindest ist ein wesentlicher Bestandteil der Mythenbildung der Globalisierung.

Doch was ist dran an diesem kleinen aber feinen Unterschied zwischen den Medien? Wie bedeutsam ist das Internet tatsächlich, wenn es darum geht, internationale Allianzen zu bilden und die Politik zu prägen? In der Theorie zumindest erhalten politische Aktivisten durch das Medium die Chance, wichtige Informationen in politische Netzwerke zu speisen und wie ein globaler „Boomerang" (Sikkink/Keck) der politischen Kommunikation die eigene Regierung zu beeinflussen.[31] Wenn die Kommunikation zwischen

---

29 Peter Schäfer, Internet als politisches Kommunikationsmittel in Palästina, Hamburg 2004, S. 62, 89.
30 Adam Jones, From Vanguard to Vanquished: The Tabloid Press in Jordan, in: Political Communication 19 (2002) 2, S. 171-187.
31 Sikkink/Keck 1998.

Herrscher und Beherrschten durch Zensur blockiert wird, können politische Botschaften über die Landesgrenzen gesandt werden, um über den Umweg der Weltöffentlichkeit den Druck auf die eigene Regierung zu erhöhen. Beispiele für dieses Vorgehen gibt es zur Genüge. Als etwa der tunesische Journalist Tawfiq Ben Brik im Sommer 2000 aus Protest gegen Verfolgung durch das Regime Ben Ali in einen Hungerstreik trat, bildete sich im Internet in kürzester Zeit eine Solidarisierungskampagne, die dazu beitrug, dass der Fall, anders als viele andere, ähnlich gelagerte Fälle, einem glücklichen Ende zugeführt werden konnte.

Das wohl am häufigsten angeführte Beispiel für Boomerang- Mechanismen ist der sogenannte „Zapatista-Effekt".[32] Die Rebellion der Zapatista-Bewegung in der Region Chiapas in Mexiko erzielte durch ihre Präsenz im Internet weltweite Aufmerksamkeit. Eine nähere Betrachtung weist allerdings auf die besonderen Umstände. Der Effekt entstand durch eine Allianz der nationalen Widerstandsbewegung mit der Anti-Globalisierungsbewegung. Die Chiapas-Revolte wurde von dieser zu einem zentralen Symbol gegen eine ungerechte Weltordnung erkoren. Andere mexikanische Provinzen, in denen dieselben Probleme herrschten, blieben weitgehend unbeachtet, was zum einen die Bedeutung des Internets belegt, zugleich aber auf die besonderen Umstände der Allianzbildung verweist. Es waren nicht die Zapatisten selbst, die den Boomerang-Effekt in Gang setzten, sondern die Initiative kam von außerhalb, aus den Reihen einer transnational koordinierten Protestbewegung, die sich um die Gipfeltreffen der WTO 1999 in Seattle formierte. Andere Oppositionsbewegungen haben es wesentlich schwerer, internationale Resonanz zu erzielen und gehen häufig in der allgemeinen Kakophonie der Informationsüberflutung unter.

Neben dem Problem der Informationsüberflutung, das direkt mit den Grenzen der politischen Mobilisierung zusammenhängt, nennt der Berliner Professor für Soziologie, Dieter Rucht, bei seiner kritischen Bilanz der politischen Potenziale des Internets weitere Kriterien, die auf die Globalisierung übertragbar sind: das Netz wird zunehmend kommerzialisiert, und auch die

---

32 Harry M. Cleaver, The Zapatista Effect: The Internet and the Rise of an Alternative Political Fabric, in: Journal of International Affairs 51 (1998) 2, S. 621-640; David Rondfeldt, The Zapatista Social Netwar in Mexico, Prepared for the United States' Army, Rand Arroyo Center, Santa Monica, Cal. 1998.

Gegner sozialer Bewegungen – Terroristen oder der autoritäre Staat – haben das Internet für sich entdeckt.[33]

Alle Problembereiche, vom Sprachverstehen, dem „digitalen Graben" über die Frage der globalen Distanzwahrnehmung und Qualitätskontrolle bis hin zur mangelnden nationalen wie internationalen Mobilisierungskraft des Internets, stellen die Vision einer globalen Netzdemokratie nachhaltig in Frage. Sie reduzieren das Internet auf ein wichtiges, aber wohl auch überschätztes Medium. Die Globalisierungsdebatte hat sich zu Unrecht auf das Internet konzentriert, während andere wichtige Formen der Massenkommunikation, wie die Auslandsberichterstattung oder der Auslandsrundfunk, vernachlässigt worden sind, obwohl sie für die Globalisierung mindestens ebenso bedeutsam wären.[34]

---

33   Dieter Ruckt, NGOs, Internet und Globalisierung, Vortrag DGB-Bildungszentrum Hattingen, 23. Januar 2003, http://www.hattingen.dgb-bildungswerk.de/doku/2003INK/20123_6Rucht_Internet_NGOs6.html (21. Juli 2004).
34 Eine löbliche Ausnahme stellt ein kritischer Beitrag von Hans-Jürgen Bucher dar: Hans-Jürgen Bucher, Internet und globale Kommunikation. Ansätze eines Strukturwandels der Öffentlichkeit?, in: Andreas Hepp/Martin Löffelholz (Hrsg.), Grundlagentexte zur transkulturellen Kommunikation, Konstanz 2002, S. 500-530.

6 Auslandsrundfunk – Von der nationalen Propaganda zum globalen Dialog und wieder zurück

Die in den letzten Jahren und Jahrzehnten geführte Debatte über ein mögliches Ende des Auslandsrundfunks in Zeiten des globalen Satellitenrundfunks verkehrt sich zusehends in ihr Gegenteil. Da wegen sprachlicher Hürden die Nutzung nationaler Fernsehprogramme jenseits der Landesgrenzen eine Ausnahme bleibt (Kap. 3.1), bieten sich fremdsprachlichen Angeboten wie denen der Auslandsrundfunksender gerade vor dem Hintergrund der Globalisierung völlig neue Expansionschancen. Eine immer wichtigere Funktion übernehmen Auslandsrundfunksender, weil sie in Weltsprachen wie Englisch senden und dadurch globale Dialoge stiften können, während sie durch ihre Programme in zahlreichen Landessprachen über Radio und Fernsehen diejenigen monolingualen, aber politisch entscheidenden Mittelklassen jenseits staatlicher Grenzen erreichen, an die weder das Internet noch der reguläre Satellitenrundfunk herankommt.

Auslandsrundfunk übernimmt damit mehrere Aufgaben der Globalisierung im Bereich der Migration, der Krisenintervention und der Schaffung transnationaler Öffentlichkeiten. Einer der ältesten grenzüberschreitenden Medientypen schickt sich an, weitgehend unbemerkt vom Publikum des jeweiligen Heimatlandes und daher im Windschatten der Globalisierungsdebatte, Funktionen auszubilden, an denen viele Neue Medien häufig noch scheitern.

Die Ursache für dieses enorme Potenzial ist die Tatsache, dass der Auslandsrundfunk nicht allein *systemverbunden*, sondern auch *systeminterdependent* konstruiert ist. Er ist für das eigene Überleben nicht nur auf die finanzielle Unterstützung der eigenen Regierungen und Gesellschaften, sondern zugleich auf die Akzeptanz ausländischer Märkte angewiesen. Globalisierung über den Auslandsrundfunk, Radio wie auch Fernsehen, ist insofern kein Abfallprodukt nationaler Programme, die eher zufällig per Satellit von kleinen Eliten in anderen Ländern und Erdteilen rezipiert werden, sondern sie ist das Ergebnis einer systematisch etablierten und weitreichenden Interdependenz.

Allerdings ist die Funktion des Auslandsrundfunks in der Regel von der staatlichen Medienpolitik abhängig. Die Zukunft des Mediums und einmal mehr die Zukunft der globalen Kommunikation hängen nicht zuletzt an der Befähigung des Staates, eine konsequente Umorientierung des Auslandsrundfunks von der Propaganda des Kalten Krieges zur dialogischen Globalkommunikation vorzunehmen – aber Zweifel sind berechtigt.

Im Nahen Osten beispielsweise ist nach den Attentaten auf das *World Trade Center* und das Pentagon am 11. September 2001 ein Wettlauf im Radio- und Fernsehäther entbrannt. Die exklusive Stellung des arabischen Fernsehsenders *Al-Jazeera* hatte wie ein Schock auf die westlichen Mediensysteme gewirkt. Trotz überlegener westlicher Nachrichtenagenturen und globaler Medien wie CNN hat der Westen kaum noch Einfluss auf die Meinungsfront in der islamischen Welt. Die Regierung George W. Bush in Washington reagierte mit längst vergessen geglaubten Rezepten der Radiopropaganda. *Radio Free Europe* und andere Auslandsrundfunksender erleben einen zweiten Frühling.

Eine falsche Strategie, meinen vor allem europäische Kritiker, die neue Wege der „Public Diplomacy" fordern. Die *Deutsche Welle* bemüht sich nicht zuletzt unter dem Eindruck des 11. September um eine Reform ihres Programmangebots, das nach dem Vorbild der BBC konzipiert werden soll. Der Auslandsrundfunk entwickelt sich im Weltvergleich heute in diametral entgegengesetzte konzeptionelle Richtungen. Gerade europäische Rundfunkkonzepte werden zu Trendsettern, da sie den Gesetzen der Globalisierung gehorchen und Modellcharakter für eine in anderen Medienbereichen noch immer ferne Utopie des globalen Dialogs stiften. Reformen sollen dem deutschen Auslandsrundfunk neue Weltgeltung verschaffen und ihn an die Spitze der internationalen Massenkommunikation hieven: ein weiter Weg, auf dem das Medium leicht scheitern könnte.

6.1 Nach dem 11. September: Der neue Krieg im Äther

Die monolingualen Mittelklassen, die sich historisch als so wichtig für die politische und wirtschaftliche Entwicklung der Länder und Kulturen dieser Erde erwiesen haben, werden von den Systemen des Auslandsrundfunks erreicht, denn BBC, die *Deutsche Welle*, *Voice of America* und eine kaum zählbare Schar von Radio- und zum Teil auch Fernsehsendern auf der ganzen Welt überschreiten gezielt nationale Grenzen in der Sprache derjenigen Völker, an die sich ihre Medienbotschaften richten. Die Radiosendungen der BBC in den drei Landessprachen Farsi, Dari oder Paschtu beispielsweise waren, neben den Sendungen aus Iran, die letzten, die in Afghanistan während des Krieges von 2001 noch Gehör fanden.

Trotz zahlreicher grenzüberschreitender Rundfunkangebote muss insgesamt von einem Zweiklassensystem des Auslandsrundfunks gesprochen werden, denn Programmvielfalt und technische Reichweiten der großen westlichen Anbieter übertreffen die Möglichkeiten der meisten Länder der Dritten Welt um ein Vielfaches. Im reichweitenstarken UKW- und MW- Frequenzbereich gilt: Europa und die USA agieren *global* – die meisten anderen Länder dieser Welt orientieren sich hingegen lediglich *regional*.

Nach den Terrorattentaten des 11. September sowie dem Afghanistan- und dem Irakkrieg ist eine große Reform der westlichen Auslandsrundfunkprogramme in Gang gesetzt worden, die sich über mehrere Jahre erstrecken wird und von der noch unklar ist, welche Auswirkungen sie auf die jeweiligen Programmaufträge haben wird. Sowohl die BBC als auch die *Deutsche Welle* und der zweite amerikanische Auslandssender *Radio Free Europe/Radio Liberty* (u.a. „Radio Free Afghanistan") verdoppelten den Umfang ihrer Sendungen in den Nah- und Mittelostsprachen, und neue Kooperationsabkommen, etwa mit der afghanischen Regierung Karzai, wurden geschlossen. Alle westlichen Sender bemühen sich um die verstärkte Nutzung von MW-Frequenzen zur Erweiterung ihrer technischen Reichweiten, wobei etwa die amerikanischen Stationen auf einer gemeinsamen MW-Frequenz senden.

Eine Programmanalyse von *Radio Free Europe/Radio Liberty* zeigt jedoch, wie der amerikanische Auslandsrundfunk seinen Sendeauftrag versteht. Als etwa im Mai 2002 der amerikanische Präsident George W. Bush Europa besuchte, sandte seine Gattin, Laura Bush, vom Hauptsitz von *Radio Free Afghanistan* in Prag aus eine Grußbotschaft an die Afghanen, in der sie die Rolle der USA bei der Befriedung des Landes hervorhob.[1] Auch der Rest des Programms war und ist in hohem Maße darauf ausgerichtet, der amerikanischen Außenpolitik Akzeptanz zu verschaffen. Die amerikanischen Sender verfolgen im Nahen Osten ein klassisches propagandistisches Programmkonzept ohne den Versuch kritischer Ausgewogenheit.

Der Erfolg arabischer Satellitenfernsehsender wie *Al-Jazeera* und deren zentrale Rolle in der nahöstlichen Krisenkommunikation hat in den USA und in vielen westeuropäischen Staaten neue Initiativen befördert, um verlorenen

---

1 Http://www.rferl.org/specials/lbush/ (13. Juni 2002).

Boden an der arabischen Meinungsfront wiedergutzumachen. Nachdem im vergangenen Jahrzehnt Sender wie *Voice of America* oder auch die *Deutsche Welle* als Überbleibsel des Kalten Krieges betrachtet und ihre Mittel gekürzt worden waren, werden nun ihre Programme ausgebaut. Die Meinung hat sich durchgesetzt, dass weder Diplomatie noch Kriegshandwerk erfolgreich sein können, wenn man den Menschen im Nahen Osten nicht kommuniziert, warum der Westen handelt, wie er eben handelt. 2005 startete auch die *Deutsche Welle* ein arabisches Fernsehprogramm.

„Achtung Taliban! Ihr seid verdammt!" oder „Die Allianz der Nationen ist hier, um Euch zu helfen!" So etwa klangen die Botschaften, die während des Afghanistanfeldzuges Ende 2001 von amerikanischen Militärsendern in den Landessprachen Dari und Paschtu ausgestrahlt wurden. Die amerikanischen Rundfunkaktivitäten haben den Konkurrenzkampf unter den westlichen Auslandsrundfunksendern verschärft. Das britische BBC kritisierte die amerikanischen Militärsender als zu propagandistisch – und als unprofessionell. So hatten die Amerikaner auch Volksmusik ausgestrahlt, die von den herrschenden islamistischen Taliban verboten worden war, in der Hoffnung, auf diese Art größere Reichweiten zu erzielen. Dabei hatten sie aber übersehen, dass es sich zum Teil um Hochzeitsmusik handelte, die in Kriegszeiten für einen Afghanen völlig deplaziert erscheinen musste.

Nach dem Irakkrieg von 2003 startete die US-Regierung mit dem Fernsehsender *Al-Hurra* („Die Freiheit") eine neue Initiative in der arabischen Welt. Bereits kurze Zeit, nachdem der Sender seinen Betrieb aufgenommen hatte, wurde deutlich, dass er das traditionelle Selbstdarstellungskonzept amerikanischer Auslandsrundfunksender weiterführte. Der amerikanische Medienwissenschaftler William A. Rugh kritisierte unter anderem, dass der Sender amerikanische politische Meinungen und Akteure in den Nachrichten bevorzuge und dabei eine erstaunliche Schwäche in der Berichterstattung über amerikanische Innenpolitik offenbare.[2] *Al-Hurra*, das durch seinen Namen programmatisch für Demokratie und Menschenrechte einzutreten vorgibt, widmet Problemen der innerarabischen Reform zu wenig Aufmerksamkeit. Endgültig als amerikanischer Regierungssender diskreditiert wurde der Sender, als Präsident Bush im Frühjahr 2004 eine Rede zur Rechtfertigung der amerikanischen Folterpraktiken im irakischen Gefängnis Abu Ghraib hielt. Die Kontroversen, die die amerikanische Außenpolitik umranken, de-

---

2 William A. Rugh, Comments on Radio Sawa and al Hurra Television, http://www.foreign.senate.gov/testimony/2004/RughTestimony040429.pdf (28. August 2004).

ren harter antiirakischer Kurs von nur wenigen Staaten und Menschen im Nahen Osten unterstützt wird – diese Kontroversen finden im amerikanischen Auslandsrundfunk nicht statt. Die chinesischen oder russischen Auslandsrundfunksender, etwa *China Radio International*[3] oder *Voice of Russia*[4], machen es nicht besser.

Aber kann dieser journalistische Monolithismus dem Ideal der Demokratie, einem demokratischen Journalismus und einer partnerschaftlichen Kommunikation im Zeitalter der Globalisierung, in dem Medien grenzübergreifende Akzeptanz suchen, wirklich dienen? Rugh jedenfalls empfiehlt, dem Sender *Al-Hurra* die finanzielle Unterstützung zu entziehen und die Mittel in vielversprechendere Bereiche der amerikanischen Public Diplomacy zu investieren. Bereits seit einigen Jahren moniert auch der amerikanische Congress die Ineffizienz, Rückständigkeit und mangelnde Wettbewerbsfähigkeit des amerikanischen Auslandsrundfunks im Nahen Osten.[5]

In der einflussreichen Zeitschrift *Foreign Policy* wurde die gerade von den Vereinigten Staaten forcierte Renaissance des alten Propagandarundfunks als falsche Strategie beschrieben.[6] Mark Leonard, Direktor des dem britischen Premierminister Tony Blair nahestehenden *Foreign Policy Instituts* in London, kritisierte den amerikanischen Ansatz als überholt. Public Diplomacy, der Versuch also, mit anderen Bevölkerungen Kontakt aufzunehmen, um etwa den verbreiteten anti-amerikanischen Ressentiments entgegenzutreten, könne nur gelingen, wenn man in einen wirklichen Dialog eintrete. In dem Bestreben, die Motive westlicher Politik nahöstlichen Meinungsführern und Publika näher zu bringen und glaubwürdiger zu werden, gelte es auch, sich unangenehmer Kritik zu stellen.

BBC operiert kulturell sensibler als amerikanische Sender und ist in Nah- und Mittelost wesentlich beliebter als die amerikanischen Sender, weil es einen am Dialog orientierten Programmansatz verfolgt.[7] Als amerikanische und britische Verbände schon gegen Afghanistan vorgingen, führte

---

3 Http://www.chinabroadcast.cn (12. Juli 2004).

4 Http://www.vor.ru/world.html (12. Juli 2004).

5 U.S. Public Diplomacy: State Department and the Broadcasting Board of Governors Expand Efforts in the Middle East but Face Significant Challenges, Statement of Jess T. Ford, Director International Affairs and Trade, http://www.gao.gov. /new items/ d04435t.pdf (18. Juli 2004).

6 Mark Leonard, Diplomacy by other Means, in: Foreign Policy 132/2002, S. 48-56.

7 Muhammad Ayish, Foreign Voices as People's Choices. BBC Popularity in the Arab World, in: Middle Eastern Studies 3/1991, S. 374-389.

BBC sogar noch ein Interview mit dem Erzfeind, dem Talibanführer Mullah Omar. In Iran hat BBC in der Landessprache Farsi nicht zuletzt deswegen großen Zulauf, weil sich der Sender als Plattform verschiedener Oppositionskräfte anbietet. Wenn etwa die ultrakonservativen Religionsführer wieder einmal eine Zeitung der Reformrichtung Präsident Khatamis schließen lassen, können sich dieselben Kräfte auf BBC weiterhin artikulieren. Wenn Iraner wissen wollen, was in Iran geschieht, hören sie BBC.

Aber auch BBC ist spätestens seit dem 11. September Bestandteil eines weltweiten Ringens des Auslandsrundfunks um die Gunst des Publikums. Der britische Sender belegte unter anderem neue Mittelwellenfrequenzen für Zentral- und Südasien. Von Nordafrika bis Mittelost ist ein wahrer Frequenzkampf ausgebrochen, denn wer die Mittelwelle beherrscht oder sogar lokale Re-Broadcaster für UKW gewinnt, hat enorme Reichweitenvorteile vor der selten genutzten Kurzwelle. Auch die *Deutsche Welle* hat sich mehrfach, allerdings vergeblich, um eine MW-Relaisstation auf Zypern bemüht, die es dem Auslandssender erlauben würde, die gesamte arabische Welt zu erreichen.

6.2 Interdependenzlücken und Reformversuche

Die westliche Dominanz im Bereich des Auslandsrundfunks ist nicht unbedingt Ausdruck des Kulturimperialismus. Wenn der westliche Auslandsrundfunk dazu beiträgt, dass nationale Oppositionskräfte zu Wort kommen, entfaltet er eine die Demokratie fördernde Wirkung, die geradezu im Interesse einer dynamischen Kulturentwicklung weltweit sein muss. Diese Rolle als kultureller „Geburtshelfer" ist allerdings abhängig von der Gestaltung der dargebotenen Programme. Neben der *Selbstdarstellungsfunktion* (Vermittlung des Deutschlandbildes) müssen folgende Grundfragen erörtert werden:

- Inwieweit lässt sich der westliche Auslandsrundfunk von nationalen Interessen der Heimatstaaten leiten, und schließt ein solches Staatsinteresse auch die direkte oder indirekte Rechtfertigung der vielfach bestehenden Bündnisse, Allianzen und Duldungen von autoritären Regimes in den Zielstaaten der Sender ein? Im Idealfall wirkt der Auslandsrundfunk kompensatorisch insofern, als er den fehlenden Pluralismus in vielen Mediensystemen autoritärer Staaten durch multiperspektivische

Nachrichtenangebote über die Zielregion zu ersetzen sucht (*Kompensationsfunktion*).

- Gelingt die Dialogisierung der Programme in der Weise, dass das Selbstdarstellungsinteresse der Senderländer mit dem Informationsinteresse der Zielländer in ein sinnvolles Gleichgewicht gebracht werden kann? Der westliche Auslandsrundfunk hat unter anderem die Aufgabe, Nachrichten aus den Herkunftsländern der Funkhäuser zu übermitteln. Er kann sich aber auch als eine Plattform zur Erörterung internationaler und regionaler Fragen verstehen, so dass ein „Dialog der Kulturen" zwischen Nord und Süd, Ost und West ermöglicht wird (*Dialogfunktion*).

- Inwieweit gelingt es gerade in Kriegs- oder kriegsähnlichen Situationen, internationale „Kanäle der Kommunikation" durch den Auslandsrundfunk offen zu halten, um die Informationskriegsführung der Kombattanten zu unterlaufen? Es gehört zu den zentralen Aufgaben des modernen Auslandsrundfunks, unabhängige Informationen in Krisen- und Kriegsregionen zu senden, um die Manipulationsversuche der Konfliktparteien abzumildern und eine vermittelnde und friedensfördernde Funktion zu übernehmen (*Kriseninterventionsfunktion*).

Eine der erstaunlichsten Tatbestände der internationalen Kommunikation beruht auf einem scheinbaren Widerspruch. Auf der einen Seite sind Auslandsrundfunksysteme systeminterdependenter als fast alle anderen Medienformen, die im Rahmen der Globalisierungsdebatte eine Rolle spielen. Die Heimatregierung der jeweiligen Sender ebenso wie die Regierungen, Publika und Märkte der Zielländer reagieren in hohem Maß auf die Programmangebote. Eine unliebsame Sendung kann leicht zu diplomatischen Interventionen und Verwicklungen führen. Zumindest die großen Sender führen ständig Reichweitenstudien durch, um ihre Erfolge auf Auslandsmärkten zu messen.

Auf der anderen Seite aber haben viele Beobachter des Auslandsrundfunks weltweit den Eindruck geäußert, dass die inhaltliche Entwicklung des Mediums stagniert. Die Professionalität der journalistischen Präsentation steht oft nicht hinter der anderer Fernseh- und Radioprogramme zurück. Die Inhalte können sich entweder von nationaler Nabelschau oder aber von einer formalistischen Objektivitätslogik nicht befreien. Die Ursache besteht in einer Interdependenzlücke, die einige Staaten erst langsam zu schließen beginnen. Auslandsrundfunk ist zwar vernetzt mit ausländischen Märkten *und* Regierungen, sein Counterpart im Heimatland aber ist in der Regel *allein* die eigene Regierung, während die Heimatöffentlichkeit zumeist gar nichts über die eigenen Auslandssender weiß. Eine öffentliche Debatte über die Programmgestaltung gibt es nicht, allenfalls in Expertenkreisen und im Rahmen einer begrenzten Fachöffentlichkeit.

In Deutschland ist die *Deutsche Welle* zwar formal Teil der ARD, sitzt bei Intendantentreffen aber wegen ihrer spezifischen Finanzierungsform und dem sehr eigenen Programmauftrag am „Katzentisch" und erfährt wenig Beachtung. Selbst innerhalb der meisten Auslandsrundfunksender herrschen babylonische Verhältnisse, weil es zwischen den Redaktionen, die in zahlreichen Sprachen senden, kaum Verständnismöglichkeiten gibt und Instrumente der Qualitätssicherung regelmäßig versagen.

Der vom Kulturstaatsministerium im Sommer 2003 vorgelegte Entwurf für ein neues Deutsche-Welle-Gesetz formuliert den Anspruch, neue Steuerungsideen einzuführen, die im Kern die Interdependenzsituation des Auslandsrundfunks vervollständigen und der globalistischen Ausrichtung des Mediums neue Impulse verleihen könnten.[8] Im Gesetz wird eine Generalklausel verankert, die es der *Deutschen Welle* gestattet, ihre programmatische Ausrichtung eigenständig festzulegen. Dies erlaubt es, eine je nach Weltlage flexible Gewichtung im Rahmen der oben vorgestellten Grundfunktionen vorzunehmen. Als Gegenpol zu der gewachsenen programmatischen Freiheit wird von der *Deutschen Welle* eine kontinuierliche öffentliche Überprüfung und Diskussion ihrer Arbeit verlangt. Debatten im Bundestag und in der Fachöffentlichkeit sollen ebenso zur Regel werden wie die kontinuierliche Selbstevaluation der Programme durch die Anstalt. Dies sind Bestandteile einer flexiblen, zugleich aber mit vermehrten *checks and balances* ausgestatteten Steuerung des modernen Rundfunks.

Einer der ersten Schritte dieser neuen Steuerungsidee war eine Studie, die die *Deutsche Welle* über die Qualität ihrer eigenen Hörfunkprogramme, die sie in den Nahen und Mittleren Osten ausstrahlt, in Auftrag gab.[9] Da die westlich-islamischen Beziehungen von brisanten politischen, kulturellen und religiösen Fragen geprägt sind, bedurften die Hörfunkprogramme nach dem 11. September 2001 einer strategischen Standortbestimmung. Welche Sachgebiete und Themen wurden behandelt? Welche georäumlichen Schwerpunkte (Deutschland, Europa, Internationales, Zielland, Zielregion) wurden

---

8 Epd-Medien, Nr. 51, 2. Juli 2003.
9 Kai Hafez, Auslandsrundfunk im „Dialog der Kulturen". Konzeptionelle Überlegungen zur Gestaltung der Programme der Deutschen Welle in der islamischen Welt, Abschlussbericht zum Evaluations- und Beratungsprojekt, Erfurt 2003b (unveröffentlicht).

gesetzt? Wie ist die politische Ausrichtung der Programme zu beurteilen? Welche Reichweitenpotenziale beinhalteten die derzeitigen Sendezeiten und technischen Übertragungsmöglichkeiten?

Das Ergebnis der Studie war, dass auf nahezu jedem Untersuchungsfeld und in den meisten Länder- und Regionalredaktionen ein erheblicher Reformbedarf bestand. Sendezeiten, Redaktionspolitiken, journalistische Präsentationsformen, Personalpolitik: um sein Globalisierungspotenzial auszuschöpfen, muss sich das Nah- und Mittelostprogramm der Radiosendungen der *Deutschen Welle* umfassend modernisieren. Ungeachtet guter Ansätze und einer gegenüber den amerikanischen Medien breiteren Akzeptanz, wird die *Deutsche Welle* ihrer Aufgabe, als Bindeglied zwischen Staaten und Gesellschaften zu fungieren, oft nicht gerecht.

Die Studie belegte exemplarisch, dass ein Nachdenken über die Deutschlandagenda erforderlich ist. Der noch im Gesetz von 1997 (§4) formulierte Programmauftrag der umfassenden Vermittlung eines Deutschlandbildes war von vielen Mitarbeitern der *Deutschen Welle* in einer Weise verinnerlicht worden, dass eine geradezu deutschtümelnde Berichterstattung sogar in Regionen ausgestrahlt wurde, die gar keine deutschen Minderheiten aufwiesen. So wurden unmittelbar nach Beendigung des Afghanistankrieges Berichte über den Tod des Fußballers Fritz Walter und die „Pisa-Studie" über die Leistungsfähigkeit deutscher Schulen in den Landessprachen Dari und Paschtu nach Afghanistan gesendet. Zu einer Zeit, als man sich unbedingt eine solide journalistische Analyse deutscher Perspektiven zur Mittelostpolitik gewünscht hätte, erwiesen sich solche Programme über einen deutschen Fußballhelden, den in Afghanistan wahrscheinlich niemand mehr kannte, als wenig global anschlussfähig.

Ein weiteres Problem war die thematische Grundausrichtung. Deutsche Nahostprogramme kamen tatsächlich an einigen Tagen nahezu ohne Berichte über die Zielregionen aus. Deutschlandberichte können sinnvoll sein, aber ein Programm eines Auslandssenders ganz ohne Berichte aus der Senderegion wurde dem Anspruch, Demokratiedefizite in der Region auszugleichen und in Krisenzeiten zu moderieren, nicht gerecht. Solche Programme mussten die Interdependenzbeziehung zum Zielpublikum durchbrechen – und so war es wenig verwunderlich, dass die intern erstellten Reichweitenstudien häufig niedrigste Hörerquoten in der arabischen Welt ermittelten.

Programme, die keine waren, weil sie aus über den Tag verstreuten Sendestücken bestanden, die keine Hörerbindungen erzielen konnten; der Gebrauch von KW-Frequenzen, obwohl Radioempfänger in der Region in der Regel nur auf UKW und MW ausgelegt sind; Programme ohne jede Wirtschaftssendung: die Entfernung der *Deutschen Welle* von dem selbst gesetzten Ziel, eine Plattform für den „Dialog der Kulturen" zu sein, indem neben deutschen Themen vor allem globale und landes- oder regionalspezifische Probleme aus verschiedenen Perspektiven behandelt werden, war gemäß der Nahoststudie enorm groß.

Eines allerdings macht die *Deutsche Welle* heute bereits besser als viele andere Auslandsrundfunkanstalten, allen voran die der Super- und Großmächte: sie wahrt eine kritische und ausgewogene Distanz zur eigenen deutschen Außenpolitik wie auch zu den lokalen Verhältnissen, über die berichtet wird. Moderne Rundfunkkonzepte basieren auf dem dialogischen Prinzip.[10] Die Bereitstellung eines globalen Dialogforums für politische und andere Fragen ist selbst die größte Werbung für das ausstrahlende Land, nicht aber ein propagandistischer Programmzuschnitt, der heute weniger denn je auf Vertrauen und Akzeptanz stößt und daher wirkungslos bleibt. Die amerikanischen Popularitätswerte im Nahen und Mittleren Osten haben sich in den letzten Jahren rapide verschlechtert, obwohl der Mitteleinsatz für den Auslandsrundfunk gesteigert wurde. Ganz anders das Beispiel der BBC, deren Reputation in der Region nach dem umkämpften Ende der britischen Kolonialherrschaft den ruinierten Ruf des Landes zu verbessern half.

Wie wenig allerdings dieser Funktionswandel selbst Teilen der Medienwissenschaft deutlich geworden ist, zeigt ein Gutachten, das Jo Groebel im Auftrag der *Friedrich-Ebert-Stiftung* zum europäischen Auslandsrundfunk verfasst hat. Darin wird unter ausdrücklichem Hinweis auf die Globalisierung eine Konzentration auf die deutsche Außendarstellung empfohlen:

> Durch die veränderten Rahmenbedingungen (Entwicklung der Medientechnologie, Neukonstellation von Regionalisierung und Globalisierung, internationale Politik) sind eine modifizierte Aufgabenstellung (die in den jeweiligen Novellen nicht hinreichend debattiert wurde) und eine angepasste Strategie notwendig.

---

10 Hans J. Kleinsteuber, Auslandsrundfunk in der Kommunikationspolitik. Zwischen globaler Kommunikation und Dialog der Kulturen, in: Andreas Hepp/Martin Löffelholz (Hrsg.), Grundlagentexte zur transkulturellen Kommunikation, Konstanz 2002, S. 345-372.

Priorität müsste die deutsche Außendarstellung haben. Sie ist die umfassendste Aufgabe in der globalen Mediengesellschaft.[11]

Ganz anders sieht dies der Intendant der *Deutschen Welle*, Erik Bettermann, der anlässlich der dem Bundestag vorgelegten Novellierung des Deutsche-Welle-Gesetzes 2004 argumentierte, dass eine Konzentration der Aufgaben auf die Vermittlung des Deutschlandbildes „längst obsolet" sei und nicht geeignet, in der Ära der Globalisierung wettbewerbsfähig zu bleiben. Vielmehr sei es erforderlich, Informationen „aus der Region für die Region" aufzubereiten und mit einem „intelligenten Mix deutscher, europäischer und zielgebietsbezogener Themen" die Akzeptanz des Auslandsrundfunks weltweit zu sichern.[12]

Es bleibt abzuwarten, ob die Reformversuche der *Deutschen Welle* und anderer europäischer Auslandsrundfunksender, die wie *Radio Netherlands* ähnliche Konzepte verfolgen, gelingen werden. So groß das Interdependenzpotenzial des Auslandsrundfunks in der Globalisierung auch ist, so gering sind möglicherweise die Chancen, in Zeiten sinkender Staatsausgaben Budgets und Personal für ehrgeizige öffentlich-rechtliche Rundfunkexperimente zur Verfügung zu stellen. Ohne dies aber werden die tiefgreifenden Veränderungen in Personalstrukturen, Korrespondentennetzen und Programmaufbau wohl kaum realisierbar sein. Die Zukunft muss erweisen, welche der konzeptionellen Wege des Auslandsrundfunks – nationale Propaganda oder globaler Dialog – sich auf Dauer weltweit durchsetzen wird.

---

11 Groebel 2000, S. 74.
12 DW-Intendant Bettermann: „Gesetzentwurf stärkt Unabhängigkeit des deutschen Auslandsrundfunks", http://www.dw-world.de (28. August 2004).

7 Medien und Einwanderung – Ethnizität und Transkulturalität im Medienzeitalter

Die Medien bewirken eine Enträumlichung von Informationen und Ideen. Durch sie können die Prinzipien der Nation, der Ethnie und letztlich auch der staatlichen Herrschaft globalisiert werden. Frühere Grenzvorstellungen wie die des Staates als einer territorialen Herrschaftsgröße basierten auf den dazu gehörigen kommunikativen Möglichkeiten: Der Staat konnte immer nur so groß sein, wie die schnellste Kurierverbindung dies erlaubte. Das mittelalterliche Deutsche Reich zerfiel nicht zuletzt deshalb, weil der Kaiser nicht schnell genug an den verschiedenen Teilen seines Reiches Präsenz zeigen konnte und so die lokalen Herrscher sich verselbständigten.

Die Gegenwart jedoch lässt solche kommunikativen Grenzen obsolet erscheinen. Die Europäische Union, um beim Beispiel zu bleiben, ist nichts anderes als die Renaissance der Flächendimensionen mittelalterlicher Herrschaft, die gleichwohl auf einem völlig neuen Kommunikationsfundament basiert. Informationen können heute auf breiter Basis jeden Teil des menschlichen Lebens erfassen und von einem Ende Europas zum anderen in Sekundenschnelle transferiert werden. Ähnliches gilt für Kommunikationsprozesse im globalen Maßstab.

Trotz dieser Entwicklungen haftet der Vorstellung der Überwindung von Grenzen durch Medien und Kommunikation auch etwas Naives an. Denn die heutige Medientechnik schafft auch neue Möglichkeiten der Rekonstruktion ideeller Grenzvorstellungen. Während etwa türkische Einwanderer in Deutschland noch in den 1980er Jahren weitgehend auf deutsches Fernsehen angewiesen waren, stehen ihnen heute durch direktempfangbaren Satellitenrundfunk Dutzende türkischer Programme zur Verfügung. In dieser Situation sehen manche Beobachter die Verfestigung nationaler Kulturen durch die eine verstärkte mediale Bindung der Einwanderer an ihre Herkunftsländer. Die Wirkungspotenziale der Globalisierung der Medien sind prinzipiell ambivalent. Die Enträumlichung lokaler Kulturen erhöht die Dynamik des Kulturwandels weltweit. Zugleich aber geschieht genau das Gegenteil: auch in der Situation der Migration kann der Kontakt zur lokalen Herkunftskultur eng bleiben, und eine kulturelle Anpassung an das neue Lebensumfeld scheint weniger denn je erforderlich. Die Globalisierung der Medien als Katalysatoren einer Verschärfung ethnischer Konflikte im Zuge der Einwanderung?

Befürchtungen dieser Art scheinen um so plausibler, als auch Rassismus und Fremdenfeindlichkeit der Mehrheitsgesellschaften in den Nationalstaaten dieser Welt nicht abnehmen. Fremdenfeindlichkeit erweist sich trotz aller Hinweise auf Phänomene der „Glokalisierung", der kulturellen Vermischung und Weiterentwicklung, als eine unwandelbare Unkultur. Weder das Internet noch das Satellitenfernsehen scheinen am sozialen Tatbestand der verbreiteten Ablehnung „der Fremden" und der Zuwendung zur „eigenen" Gruppe etwas ändern zu können.

Trotz der berechtigten Korrektur des naiven Globalismus der 1990er Jahre, der die Vorstellung einer alles und jeden vereinenden „Transkultur" in den Vordergrund rückte, sind Differenzierungen erforderlich. Eine globale Transkultur ist zwar nicht als dominanter kultureller Trend erkennbar. Dennoch entsteht durch die Wechselbeziehung von Einwanderung und global nutzbaren Alten wie Neuen Medien eine neue Komplexität. Der Konsum heimatsprachlicher Medien blockiert bereits in der ersten Generation der Einwanderung keineswegs *zwangsläufig* die soziale und politische Integration. Mit Fortlauf der Einwanderergenerationen entwickeln sich in aller Regel unterschiedliche Mediennutzungs- und -produktionsstile, die sowohl Ethnizität als auch Multi- oder Transkulturalität fördern können.

7.1 Von Kulturexilanten und Bi-Kulturalisten: Mediennutzung durch Einwanderer

Es ist paradox. Spätestens seit Beginn der 1990er Jahre haben sich Wissenschaftler und Experten mit der Frage beschäftigt, wie sich die Übertragung ferner und fernster Ereignisse live in die Wohnstube auf gesellschaftliche Zusammenhänge auswirkt. Das Ende des Ethnozentrismus schien in Sicht, das „globale Dorf", in dem sich über den großen „Information Highway" der Menschheitstraum der internationalen Verständigung und der interkulturellen Begegnung erfüllt. Und mitten in diese gerade liebgewonnenen Vorstellungen und Visionen hinein platzt die schlechte Nachricht, dass Medien auf Einwanderungsgesellschaften sehr unterschiedliche Wirkungen ausüben, und dass einige der erkennbaren Effekte ganz und gar nicht im Einklang mit der bis dahin gehegten Vorstellung der kulturellen Globalisierung stehen.

Die Mehrzahl der Mediennutzer konsumiert über Satelliten und Kabel vor allem eine endlose Ansammlung immer gleicher oder ähnlicher Programme aus dem eigenen Kultur- und Sprachraum. RTL, Sat 1, Pro 7 – für türkisches Fernsehen interessiert sich kein Deutscher, der nicht türkischstämmig ist, außer vielleicht ein paar Medienwissenschaftlern oder Hobby-Turkologen. Inder und Pakistanis in Großbritannien oder die Türken in Deutschland haben nichts Besseres zu tun, als von all den neuen Medienangeboten ausgerechnet die Angebote ihres Herkunftslandes auszuwählen. Und so kommt, was scheinbar niemand hat ahnen können: während noch vor 15 bis 20 Jahren Türken in Deutschland mehr oder weniger gezwungen waren, deutsche Fernsehprogramme zu konsumieren und dadurch deutschlandbezogene Informationen aufzunehmen, denn ein anderes Angebot gab es noch nicht, können sie sich im Zeitalter der Globalisierung besser als jemals zuvor in der alten Welt ihrer eigenen Kultur, Ethnie und Religion einrichten. Dutzende türkischer Fernsehkanäle, die nach Deutschland ausstrahlen, deutsche Dependancen türkischer Pressemedien: ein tagesfüllendes Programm.

Wird also eine „Ethnisierung" der multikulturellen Einwanderergesellschaft durch die Medien gefördert?[1] Entstehen in unserer Mitte „Parallelgesellschaften" und „Ghettos", die sich schon weithin sichtbar dadurch unterscheiden, dass die Parabolantennen auf den Dächern und an den Balkonen in verschiedene Richtungen zeigen? Behindert dieser Trend die Integration von Minderheiten und fördert er ethnische Spannungen und Konflikte? Die Antwort auf diese Fragen lässt sich nicht leicht auf ein Entweder-Oder, auf entweder „Globalisierung" *oder* „Ethnisierung" reduzieren. Die Zukunft der multikulturellen Gesellschaft wird auf einem komplexen Wechselspiel von alten und neuen Kulturformen und kulturell beeinflussten Gesellschaftsorientierungen basieren, und auf *in* und *durch* Medien konstruierbaren „Identitäten", deren Konturen wir heute im Ansatz beobachten können, deren Entwicklung aber noch lange nicht abgeschlossen ist.

Die Beziehung zwischen multikulturellen Gesellschaften und Medien ist von besonderer Natur. Die Migration ist ein Teil der Globalisierung, und es wandern dabei nicht nur ökonomische Subjekte – Arbeitskräfte – in ein

---

1 Jörg Becker, Die Ethnisierung der deutschen Medienlandschaft – türkische Medienkultur zwischen Assoziation und Dissoziation, in: Christine Lieberknecht (Hrsg.), Der Staat in der Informationsgesellschaft. 9. Ettersburger Gespräche (Ministerium für Bundesangelegenheiten), Erfurt 1998, S. 71-75.

anderes Land ein, sondern Menschen mit kulturellen Gepflogenheiten und Werten, die zunächst einmal mitwandern, sich andernorts etablieren, die Kultur des neuen Lebensumfeldes beeinflussen und selbst Synthesen und Veränderungen eingehen. Da jede Gruppe und Gesellschaft Medien benötigt, um sich miteinander so zu verständigen, dass das Gemeinwesen funktioniert, sind auch die Medien der Einwanderer und ihre Rezeptionsgewohnheiten ein Element der Globalisierung.

Über das Wesen des medialen Kommunikationsprozesses in der Einwanderergesellschaft gibt es eine Reihe von Grundannahmen. Medien, so heißt es, können zur Integration in die neue Umgebung beitragen und damit ein Bestandteil des globalen Kulturwandels und der -angleichung sein; sie können aber auch, so meinen andere, die Integration behindern, Desintegration und die „Ethnisierung" der Gesellschaft fördern.

Dass keine dieser Grundpositionen die Prozesse vollständig beschreibt, hat die britische Forscherin Marie Gillespie am Beispiel des Medienverhaltens indischer Einwanderer in Southall in England aufgezeigt.[2] Die britische Gesellschaft ist im Vergleich zur bundesrepublikanischen eine weitaus fortgeschrittenere Einwanderergesellschaft. Ihre Entwicklung hält – bei aller Vorsicht mit Vergleichen – einige Lehren für Deutschland bereit. Gillespie hat herausgefunden, dass die verschiedenen Einwanderergenerationen, dass Eltern, ihre Kinder und Enkelkinder, die indischen wie britischen Medienangebote mit sehr unterschiedlichen Augen wahrnehmen können. Während die Älteren den indischen Film- und Videoproduktionen zuneigen und dem Programmangebot des englischen Fernsehens mit moralisch und politisch begründeter Distanz gegenüberstehen, fehlt den Jüngeren, die Indien oft nur noch aus dem Urlaub kennen, häufig schon das Hintergrundwissen und die Bindung zu indischen Produktionen. Ihre Vorlieben gelten den Medienangeboten des britisch-westlichen Umfeldes, in dem sie leben. Der Generationenkonflikt ist vorprogrammiert, er entzündet und entwickelt sich in der Auseinandersetzung mit Medien. Dabei ist nicht ausgeschlossen, dass die Jüngeren sich eine gewisse Loyalität gegenüber der Kultur der Altvorderen bewahren, dass sie nun einmal indische Filme ihr Leben lang mitsehen, dass sie die Medien ihrer neuen Heimat für ein vorurteilsbeladenes Ausländerbild kritisieren und nach Formen suchen, die Medienkultur der neuen Umgebung in ihrem Sinne zu verändern.

---

2 Marie Gillespie, Local Uses of the Media: Negotiating Culture and Identity, in: Annabelle Sreberny-Mohammadi/Dwayne Winseck/Jim McKenna/Oliver Boyd-Barrett (Hrsg.), Media in Global Context. A Reader, London et al. 1997, S. 323-337.

Wenn aber ein und dasselbe – entweder indische oder westliche – Medienangebot von unterschiedlichen Teilen der Einwanderer ganz unterschiedlich „gelesen", rezipiert und interpretiert wird, dann wird es mit fortschreitender Generationenfolge der Einwanderung immer schwieriger, von einer einheitlichen ethnischen (z.B. „indischen") Sichtweise und von einer Ethnisierung durch Medien zu sprechen. Das Beispiel der Medienumgangsstile der Inder in England weist auf verschiedene, zum Teil widersprüchliche Tendenzen in der internationalen Medienentwicklung:

- virtuelle nationalkulturelle Gemeinschaften werden konstruiert;
- multi- und transkulturelle Entwicklungen gefördert.

„Virtuelle Gemeinschaften" bilden sich unter anderem dadurch, dass der Informationsaustausch zwischen Auswanderern und ihren Heimatländern heute intensiver gepflegt wird als in der Vergangenheit. Es entstehen nationale Öffentlichkeiten in der Diaspora. Die Ausgewanderten verschaffen sich durch die Neuen Medien das kulturelle Umfeld, das sie gewohnt sind und das ihnen zusagt. Sie bleiben in engem Kontakt mit dem politischen und gesellschaftlichen Leben in den Heimatländern. Allerdings besteht keine Veranlassung, diese Entwicklung nur von ihrer negativen Seite als Integrationshemmnis und Ethnisierung zu betrachten, da auch der regelmäßige Konsum dieser Medien nicht unbedingt als Zeichen der Abwehr gegen die neue Gesellschaft und Kultur des Einwandererlandes zu verstehen ist, wie noch zu zeigen sein wird.

Transkulturalität bedeutet, dass dort, wo Kulturen auf engstem Raum koexistieren, sie zumindest teilweise immer auch Synthesen eingehen und quasi eine „dritte Kultur" bilden. Das als fortschrittlich geltende Konzept der „multikulturellen" Gesellschaft ist eigentlich auch ein wenig rückständig, denn es basiert auf der Vorstellung der Kugelform von Kulturen, die als grundsätzlich anders und fremd gelten und deren inhärente Spannungen man durch eine friedliche Koexistenz – eben durch die „multikulturelle Gesellschaft" – ersetzen möchte. Multikulturalität schlägt sich im Medienbereich darin nieder, dass Einwanderer Medien der eigenen Ursprungskultur nutzen, zugleich aber auch die Medien des Einwanderungslandes in wachsendem Maße rezipieren. Transkulturalität hängt mit der Produktion und Konsumption eigenständiger Kulturformen in und durch Medien zusammen – das französisch-arabische „Cinéma Beur" mit Filmen wie „Tee im Harem des Archimedes" war ein bekanntes Beispiel dafür.

Es ist von zentraler Bedeutung zu erkennen, dass grenzüberschreitende Kommunikation – Internet, Satellitenfernsehen usw. – *beide* Grundtendenzen der Kulturentwicklung unterstützt und dass sich im Zeitalter der Globalisierung sowohl integrationsfördernde als auch -hemmende Wirkungspotentiale der Medien entfalten.

Um dies zu erklären, muss beachtet werden, dass Medien im Bereich der Integration ganz unterschiedliche Wirkungsfelder besitzen. Es existieren Wirkungspotenziale mit Blick auf die:

- staatsbürgerliche Integration (Systemintegration);
- soziale Integration;
- kulturelle Integration / Identitätsbildung.

Medien können in allen genannten Bereichen Einstellungen von Menschen beeinflussen, sie müssen es aber nicht, sondern Wechselwirkungen können in einzelnen Segmenten sehr unterschiedlich ausgeprägt sein und zahlreiche Verbindungen eingehen. Prinzipiell besteht ein starker Zusammenhang zwischen Medienwirkung/-nutzung und *kultureller Integration*. Ohne Mediennutzung im Einwanderungsland fällt die Orientierung im kulturellen Diskurs schwer. Insofern die soziale und politische Integration aber auf Werten und Normen basiert, die, da im Zuge der primären und sekundären Sozialisation erlernt, geradezu medienresistent sind, muss die Wirkung von Medien in Bezug auf die Potenziale der Einstellungsbeeinflussung als prinzipiell gering eingestuft werden.

Eine Studie zur türkischen Mediennutzung in Deutschland von Hans-Jürgen Weiß und Joachim Trebbe im Auftrag des Bundespresseamtes hat gezeigt, dass die Nutzung türkischer Medien ein positives Verhältnis der Betroffenen zur sozialen und kulturellen Integration zumindest nicht ausschließt.[3] Viele Einwanderer sind demnach in beiden Sphären – Deutschland und der Türkei – stark verhaftet. Sie sind gut in die deutsche Gesellschaft integriert, interessieren sich aber zugleich für türkische Medien: Ein „hoher Integrationsgrad (muss) nicht unbedingt mit einem geschmälerten Interesse für die Politik im Heimatkontext" einhergehen.[4] Die Ergebnisse der Studie lassen sich dahingehend interpretieren, dass gesellschaftliche Integration

---

3 Hans-Jürgen Weiß/Joachim Trebbe, Mediennutzung und Integration der türkischen Bevölkerung in Deutschland. Ergebnisse einer Umfrage des Presse- und Informationsamtes der Bundesregierung, GöfaK Medienforschung, Potsdam 2001.
4 Ebenda, S. 49.

auch unter Wahrung einer (zusätzlichen, gleichzeitigen, ergänzenden, bikulturellen) türkischsprachigen Mediennutzung erfolgen kann und diese nicht zwangsläufig desintegrierend wirken muss.

Dieses Erkenntnis bedeutet eine Fortschreibung und Differenzierung einer Studie von Jörg Becker, Elmer Lenzen und Klaus Merten im Auftrag des Ministeriums für Arbeit und Soziales, Qualifikation und Technologie des Landes Nordrhein-Westfalen im Jahr 2001 für den Raum Herne, die konzediert, dass die Nutzung türkischer Medien „keinerlei negative Wirkungen auf die Integration und das politische Verhalten ausübt".[5] Auch Parallelstudien in den Niederlanden, etwa von Staring und Zorlu oder von Millikowski, kamen zu dem Schluss, dass die Nutzung des türkischen Satellitenfernsehens den Integrationsprozess keinesfalls behindert, sondern dass der Hauptgrund für deren Nutzung das Bedürfnis nach Erhalt von Information über Politik und Gesellschaft in der Türkei ist.[6]

Eine ebenfalls im Auftrag des Presse- und Informationsamtes der Bundesregierung im Jahr 2002 erstellte Studie zur türkischen Mediennutzung fertigte auf der Basis eines differenzierten Integrationsbegriffs folgende Typologie der Mediennutzung an:[7]

- Der *Kulturexil-Nutzer* verwendet nur türkische Medien. Er will hierdurch in kulturellem Kontakt mit seiner Heimat bleiben, empfindet in Deutschland ein kulturelles Unbehagen, bemüht sich nicht um eine entsprechende kulturelle Integration in Deutschland und bleibt auch sozial außerhalb der türkischen Community weithin desintegriert. Sein Vertrauen in das deutsche politische und wirtschaftliche System ist jedoch größer als in das System der Türkei – ein Phänomen, das mittlerweile durch mehrere Studien bestätigt wird und das der Annahme entgegensteht, durch die Nutzung fremdsprachlicher Medien entstünden „Paral-

---

5 Fernsehnutzung der türkischen Bevölkerung in Herne. Forschungsprojekt im Auftrag von KOMTECH, Solingen, März 2001, S. 18.

6 R. Staring/S. Zorlu, Thuis voor de buis: Turkse migranten en satellit-teevee, Migrantenstudies, 1996; M. Millikowski, Zapping between Dutch and Turkish: Satellite Television and Amsterdam Turkish Migrants, in: Migration and Identity, London 1998.

7 Kai Hafez, Türkische Mediennutzung in Deutschland: Hemmnis oder Chance der gesellschaftlichen Integration. Eine qualitative Studie im Auftrag des Presse- und Informationsamtes der Bundesregierung, Hamburg/Berlin 2002b.

lelgesellschaften", die die ethnische Konfliktanfälligkeit einer Gesellschaft verstärken.[8]

- Im Unterschied dazu konsumiert der *politische Exil-Nutzer* türkische Medien in dem Bewusstsein der Identifikation mit dem türkischen Staat und System und vor dem Hintergrund eines nationalistisch gefärbten negativen Deutschlandbildes. Während dieser Nutzertyp oft den klassischen türkischen Zeitungen sowie dem Staatssender TRT zuneigt, ist er nicht selten ein Kritiker der zahlreichen neuen Unterhaltungssender des türkischen Fernsehens. Die neuen Fernsehprogramme erleichtern also den Rückzug in ein türkisches „Medienexil"– dieses Medienexil ist aber in hohem Maße apolitisch und stärkt nicht zwangsläufig Tendenzen einer ethnisierend-nationalistischen „Parallelgesellschaft" der in Deutschland lebenden Türken.

- Als *Diaspora-Nutzer* werden Konsumenten bezeichnet, die zwar ebenfalls nur türkische Medien nutzen, aber sozial weitaus besser integriert sind und keine „Exil"-Perspektiven einnehmen. Sie nutzen türkische Medien aus pragmatischen Gründen, weil ihnen deutsche Medien sprachlich nicht zugänglich sind und weil sich türkische Nutzungsgewohnheiten verfestigt haben. Die fortgeschrittene soziale Integration (Ehen und Freundschaften mit Deutschen usw.) und das ebenfalls große Vertrauen in das deutsche politische System lassen die Diaspora-Nutzung, mehr noch die Kulturexil-Nutzung, als einen gesellschaftlich tolerablen Ausdruck kultureller Präferenzen im Einklang mit weltweiten Trends zur Globalisierung von Kultur erscheinen.

- *Bikultur-Nutzer* sind diejenigen Verbraucher, die sowohl deutsche als auch türkische Medien verwenden. Ihre Fähigkeit ist oft sehr ausgeprägt, einerseits „das Beste" aus beiden Medienräumen für ihre Interessen zu nutzen und andererseits die Mängel deutscher und türkischer Medien zu analysieren. Bikulturalismus verschafft eine Vergleichsperspektive und besitzt eine wichtige kulturelle Brückenfunktion zur Überwindung von nationalen und staatlichen Informationsgrenzen. Bikultur-Nutzer kritisieren oft ebenso die Staatsorientierung türkischer Medien wie das eingeschränkte und dadurch verzerrte Türkeibild deutscher Medien.

---

8 Ulrich von Wilamowitz-Moellendorff, Türken in Deutschland: Einstellungen zu Staat und Gesellschaft, Konrad-Adenauer-Stiftung, Sankt Augustin 2001.

- Als *Transkultur-Nutzer* werden diejenigen Verbraucher betrachtet, die vorwiegend spezifische deutsch-türkische Medienangebote nutzen. Dieses Mediensegment ist wachsend, hat allerdings noch mit Markteinführungsproblemen zu kämpfen, wie mittlerweile wieder eingestellte Zeitungs- und Zeitschriftenprojekte wie *Persembe* und *Etap* zeigen. Die Hauptursache besteht wohl darin, dass transkulturelle Interessen in verstärktem Maß auch von deutschen und türkischen Medien abgedeckt werden, die etwa türkischen Schauspielern (wie im deutschen Fernsehen) oder einer globalisierten Jugendkultur (wie zunehmend auch in türkischen Medien) Raum geben.[9]

- Der Gegentyp zum Exil-Nutzer ist der *Assimilationsnutzer*, der nur die Medien des Einwanderungslandes – hier also: deutsche Medien – verwendet. Das Gefühl der Fremdheit besteht bei diesem Typ nicht in der Berührung mit der deutschen, sondern mit der türkischen Kultur und Gesellschaft, die durch türkische Medien vermittelt werden. Dieser zumeist jüngere Nutzertyp kennt die türkische Kultur nur noch mittelbar durch Eltern und Bekannte oder durch Türkeiurlaube. In den jungen Generationen, die fast ausschließlich aus Bikultur-, Transkultur- oder Assimilationsnutzern bestehen, macht sich ein deutlicher kultureller Wandel bemerkbar, der eng mit der Sprachkompetenz zusammenhängt. Zwar spricht der größte Teil der Jugendlichen scheinbar fließend Türkisch, verbleibt dabei aber oft auf einem Konversationsniveau. In Deutschland aufgewachsene türkische Jugendliche sind vielfach kaum noch in der Lage, türkische Nachrichten zu verstehen, da ihnen das Vokabular und der Verständniszusammenhang fehlen.

Bikultur-, Transkultur- und Assimilationsnutzer sind zwar kulturell integriert und unterscheiden sich im Mediennutzungsverhalten kaum von anderen Jugendlichen. Aber auch bei diesen kulturell, sozial und systemintegrierten Gruppen können Integrationsvorbehalte bleiben (z.B. keine Ehen mit Deutschen). Auch das Bewusstsein, einer anderen Nationalität anzugehören, kann bei den Assimilationsnutzern noch vorhanden sein. Diejenigen, die ungeachtet ihrer durch Medien geförderten Kulturkompetenz im Land der Einwanderung dennoch Integrationsvorbehalte hegen, beweisen, dass soziale und politische Grundeinstellungen keine Frage des Medienmixes sind. Hier bestätigt sich die theoretische Annahme, dass Kernwerte oft kommunikationsresistent

---

9 Vgl. a. Asu Aksoy/Kevin Robins, Thinking across Spaces. Transnational Television from Turkey, in: European Journal of Cultural Studies 3 (2000) 3, S. 343-365.

sind. Die einfache Losung „Je mehr inländische Medien jemand nutzt, um so besser ist er integriert und um so besser ist sein Verhältnis zum Land der Einwanderung", erscheint zu pauschal.

Dies gilt ebenso für das umgekehrte Deutungsmuster: „Je mehr fremdsprachliche und ausländische Medien jemand nutzt, um so weniger ist er integriert". Diaspora- und zum Teil auch Kulturexil-Nutzung sind nur sehr beschränkt als Integrationsblockaden anzusehen. Denn viele Einwanderer sind an Informationen sowohl über das Herkunfts- wie über das Einwandererland interessiert. Und, so seltsam es klingen mag: Virtuelle nationale Gemeinschaften und die Orientierung auf den Kontext des Heimatlandes wirken oft nur vordergründig desintegrierend, während sie durch die Hintertür die Akzeptanz gegenüber der Kultur des Einwanderungslandes erhöhen, die es dem Einwanderer schließlich möglich macht, seinen eigenen Erfahrungshorizont zumindest virtuell in den neuen Alltag hinüberzuretten und damit geistige und emotionale Orientierung in einer ansonsten entwurzelnden Lebenslage der Diaspora zu finden.

Der in den USA lebende iranische Medienwissenschaftler Hamid Naficy hat in einem vielbeachteten Werk über iranisches Fernsehen in Los Angeles – auch unter Rückgriff auf Stuart Hall – von einer „strategischen" Ethnisierung vieler Einwanderer gesprochen, wobei die Nutzung der muttersprachlichen Programme weniger den Zweck verfolgt, die eigene Kultur von der Kultur des Einwandererlandes abzugrenzen, als vielmehr die eigene gesellschaftliche Artikulationsfähigkeit aufrechtzuerhalten, die vor allem bei ersten Einwanderergenerationen an auswärtige Erfahrungen und eine mitgebrachte Sprache gebunden ist.[10]

All diese Entwicklungen und Implikationen der Mediennutzung von Migranten zeigen sehr deutlich, dass das Kernphänomen der Globalisierung, die kommunikative Verbindung von Ländern und Gesellschaften durch grenzüberschreitende Medien (vgl. Kap. 1), sehr unterschiedliche Folgen für die weltweite Entwicklung von Einwanderungsgesellschaften und -kulturen haben kann. Mediale Grenzüberschreitung kann ebenso zur Verbindung zweier oder mehrerer Kultursysteme im Sinne des Multi- und Transkulturalismus beitragen wie sie auch das genaue Gegenteil bewirken kann. Sie kann das Überleben und die Verbreitung nationaler Kulturen und separatistischer ethnischer und religiöser Identitäten forcieren, Konflikte der Einwande-

---

10 Hamid Naficy, The Making of Exile Cultures. Iranian Television in Los Angeles, Minneapolis/London 1993, S. 197.

rungsgesellschaft verstärken und die Bildung von „Parallelgesellschaften" fördern. Die Medien forcieren also nicht nur zur Auflösung der nationalen Kulturen und eine „Glokalisierung" (Robertson) durch verbesserten Kulturkontakt, sondern sie verfestigen gleichermaßen die bestehenden Kulturen.

Grenzüberschreitende Mediennutzung hat zunächst gar keine eindimensionale Integrationswirkung. Wenn Medien Grenzen überschreiten, verstärkt dies die Globalisierung von Kultur, indem sie ihre Produktion und Nutzung in einem bislang ungeahnten Ausmaß enträumlichen. Phänomene wie das Exil oder die mangelnde Integrationsbereitschaft von Minderheiten, die wohl so alt sind wie die Menschheit selbst, werden auch in der Globalisierung hingegen nicht absterben, sondern können von den scheinbar globalen Medien sogar stimuliert werden.

7.2 Unwandelbare Unkultur: Fremdenfeindlichkeit im globalen Medienzeitalter

David Morley und Kevin Robins haben auf die Paradoxie hingewiesen, dass mitten in der Ära der Globalisierung eine gegenläufige Tendenz eingesetzt hat: der verstärkte Wunsch nach nationaler Identität und das Wiederaufleben von Manifestationen der Fremdenfeindlichkeit und des Rassismus:[11]

> Bei dem Wunsch nach Klarheit, diesem Verlangen danach, genau zu wissen, wo Europa aufhört, geht es um die Konstruktion einer symbolischen Geografie, die die Insider von den Außenstehenden (den Anderen) trennt. Die Vorstellung impliziert den nächsten Eisernen Vorhang, der Europa von den islamischen Anderen trennen und von ihnen abkapseln soll.[12]

Das *European Monitoring Centre on Racism and Xenophobia* (EUMC) in Wien hat für die Jahre 1995 bis 2000 einen Forschungsvergleich im Bereich Medien und Rassismus unternommen. Das Ergebnis ist ein umfassender Bericht, der sowohl Länderstudien als auch einen systematischen Gesamtbe-

---

11 David Morley/Kevin Robins, Spaces of Identity. Global Media, Electronic Landscapes and Cultural Boundaries, London/New York 1995.
12 David Morley/Kevin Robins, Globalisierung als Identitätskrise. Die neue globale Medienlandschaft, in: Andreas Hepp/Martin Löffelholz (Hrsg.), Grundlagentexte zur transkulturellen Kommunikation, Konstanz 2002, S. 553.

richt enthält.[13] Zu den Problemen im Umgang mit Einwanderung, die häufig in Massenmedien zu registrieren sind, zählt der EUMC-Bericht etwa die Tatsache, dass Medien regelmäßig öffentliche Panik durch die Kameraausschnitt-artige Vergrößerung von Problemen kleiner Teile der Einwanderer (Gewalt, vorgeschobene Ehen, Zwangsheirat) erzeugen. Diese würden dann in einer Art Pars-Pro-Toto-Effekt das Bild der Einwanderer bestimmen.[14]

Ein weiteres Merkmal ist demnach, dass einmal etablierte Diskurse über Einwanderer (etwa die Asylfrage) langfristig auf der öffentlichen Agenda verbleiben und so das Bild der Einwanderer insgesamt prägen können. Die vom EUMC-Bericht erkannte Tendenz ist insofern bemerkenswert, als Medien in anderen Fällen dazu neigen, die Themenkomposition relativ kurzfristig zu ändern, um Attraktivität zu erzeugen. Die Definition des Nachrichtenbegriffs ist an das Auftreten neuer Ereignisse gebunden,wobei selbst schwerwiegende Krisen im In- und Ausland in Vergessenheit geraten können, sofern der Debattenhöhepunkt in den Medien einmal überwunden ist. Dass sich der Umgang der Medien mit Einwanderern oft an „festen Repertoirs" (*fixed repertoires*) orientiert, weist auf die große Wirksamkeit von Stereotypen und Feindbildern, die thematische Festlegungen offensichtlich begünstigen.

Der EUMC-Bericht benennt einen weiteren Einflussfaktor, nämlich die dominante Stellung der Politik.[15] Die Vorurteile in der Bevölkerung werden oft erst durch politische Initiativen, die entsprechende latente Einstellungen der Menschen aufgreifen, in eine Medienagenda umgewandelt. Systemtheoretisch wäre es interessant zu untersuchen, wie die Medien in Deutschland reagieren würden, wenn in der Politik (wie ansatzweise in England oder lange Jahre in den Niederlanden) ein Konsens herrschen würde, die Zugehörigkeit von Zuwanderern zum Staat nicht grundsätzlich in Frage zu stellen und sie auch nicht zum Gegenstand von Wahlkampfkampagnen zu machen, wie dies in Deutschland immer wieder der Fall ist. Die Medien befänden sich dann in einer Situation, in der sie die fehlenden Themenimpulse der Politik

---

13 Jessika Ter Wal (Hrsg.), Racism and Cultural Diversity in the Mass Media. An Overview of Research and Examples of Good Practice in the EU Member States, 1995-2000, on Behalf of the European Monitoring Centre on Racism and Xenophobia, Vienna (EUMC), Wien 2002. Methodisch ist der Bericht von zahlreichen Problemen der Vergleichbarkeit internationaler Forschungsergebnisse gekennzeichnet, denn diese basieren auf sehr unterschiedlichen Standards quantitativer und qualitativer Inhaltsanalysen und Rezipientenbefragungen.

14 Ebenda, S. 36 f.

15 Ebenda, S. 37 ff.

durch Eigenthematisierung und die Erarbeitung einer dezidierten und verantwortlichen Redaktionspolitik ersetzen müssten.

Im europäischen Vergleich zeigt sich, dass nicht nur Boulevardmedien, sondern auch seriöse Medien fremdenfeindliche Charakteristika aufweisen.[16] Der kulturelle Differenzialismus, die Aufassung also, dass bestimmte Kulturen oder Religionen nicht integrationsfähig seien, ist eine weit verbreitete Anschauung, die sich in den meisten deutschen Medien in der einen oder anderen Art bereits niedergeschlagen hat.[17] Wenn etwa von konservativen politischen Kreisen behauptet wird, die Türkei passe wegen ihrer islamischen Prägung nicht zur EU, ist dies eine zutiefst kulturdifferenzialistische These, die auf der Annahme der zwangsläufigen Trennung und Unvereinbarkeit von christlichen und islamischen Hemisphären beruht, obwohl dies einer genauen Analyse gar nicht standhält.[18] Gerade die Metropolenkultur der türkischen West- und Südküste ist in vielen Belangen westorientierter als viele Landes- und Gesellschaftsteile derjenigen osteuropäischen Staaten, die im Zuge der Osterweiterung zur EU gestoßen sind. Es ist wichtig zu erkennen, dass der vereinzelt auftretende gewaltbereite Rassismus von zeitgenössischen „salonfähigen" Anschauungen begleitet wird, die zwar Gewalt ablehnen, die aber bei der Problemdefinition dessen, was „den Fremden" oder „die Ausländer" ausmacht, mit gewaltbereiten Rassisten im Wesentlichen übereinstimmen und die auch nicht davor zurückschrecken, dem Staat eine Erhöhung seines *strukturellen* Gewaltpotenzials (z.B. Erleichterung der Abschiebung) zu erlauben.

Das EUMC hat darauf hingewiesen, dass ethnische Bezüge vielfach im Zusammenhang mit Kriminalität genannt werden, ohne dass ein funktionaler Bezug erkennbar wäre.[19] In diesem Sinne wäre eine Überschrift wie „Türke ermordet alte Frau" dort illegitim, wo die Tatsache, dass der Mörder Türke ist, nichts damit zu tun hat, dass er straffällig wird. Zugleich jedoch wäre der Begriff „Russen-Mafia" zwar in einer gewissen Weise despektierlich, aber die Terminologie „russische Mafia" wäre insofern begründet, als russische Sprache und Herkunft das selbstgewählte Definitionskriterium dieses Mafia-

---

16 Ebenda, S. 39.
17 Kai Hafez, Öffentlichkeitsbilder des Islam. Kultur- und rassismustheoretische Grundlagen ihrer politikwissenschaftlichen Erforschung, in: Siegfried Jäger/Helmut Kellerhohn/Andreas Disselnkötter/Susanne Slobodzian (Hrsg.), Evidenzen im Fluß. Demokratieverluste in Deutschland, Duisburg 1997b, S. 196 ff.
18 Hafez 1997a.
19 Ter Wal, S. 43 f.

Typs sind. Der *Deutsche Presserat*, oberstes Gremium der ethischen Selbst-regulierung des Journalismus, hat Vergehen gegen das Gebot der ethnischen Neutralität bei der Kriminalitätsberichterstattung in seinen Pressekodex aufgenommen (§ 12,1) und behandelt derartige Fälle regelmäßig. Die Tatsache jedoch, dass der EUMC-Bericht das Problem für weiterhin aktuell hält, zeigt, dass die professionelle Selbstkontrolle in hohem Maße versagt.

Als ein weiterer Problemkomplex erweist sich die häufig mangelhafte soziale Kontextualisierung der Berichterstattung über Ausländer und Einwanderer. Beispielsweise ist es durchaus möglich, dass die Kriminalitätsrate von Ausländern zu bestimmten Zeiten und in bestimmten Regionen über der des Bevölkerungsdurchschnitts liegt. Dabei muss allerdings berücksichtigt werden, dass Einwanderer aus südlichen Ländern nach Europa vielfach dem unteren sozialen Drittel angehören und vor allem Unter- und untere Mittelschichtsegmente repräsentieren. Als Vergleichsgröße müsste also die entsprechende Sozial- und Einkommensgruppe der inländischen Bevölkerung, nicht aber die Bevölkerung in ihrer Gesamtheit, dienen, da sonst ein verzerrtes Bild entsteht.

Während Ausländer häufig ungewöhnlich stark mit negativen Dingen wie Kriminalität in Verbindung gebracht werden, sind sie bei anderen Themen in den Medien unterrepräsentiert. Weder werden die Bildungseliten, die es in jeder Einwanderergruppe gibt – unter den Türken in Deutschland sind Anwälte, Ärzte, Intellektuelle –, noch werden andere Mitglieder der europäischen Einwanderer bei Fragen von allgemeinem Interesse, die nicht nur typische „Ausländerfragen" berühren, in nennenswerter Weise als Gesprächspartner des Journalismus zu Rate gezogen. Einwanderer treten, dies ist die zwangsläufige Folge, vielfach als entindividualisierte und anonyme Masse in Erscheinung. Es fehlen Alltagsperspektiven, die das Negativbild korrigieren. Infolge der Tatsache, dass der Mediendiskurs ein Gespräch über statt mit Einwanderern ist, bildet sich ein Herrschaftsdiskurs heraus, dessen Terminologie von der „Asylantenschwemme" über „Wirtschaftsflüchtlinge" bis zur Leitkultur" Vorurteile transportiert und hilft, sie gesellschaftlich zu reproduzieren.[20]

Eine letzte markante Tendenz im Umgang europäischer Medien mit „Fremden" und Ausländern ist die – in der Regel negativ gedeutete – Sonderstellung einzelner ethnisch-religiöser Minderheiten im Gesamtkomplex

---

20 Matthias Jung/Thomas Niehr/Karin Böke, Ausländer und Migranten im Spiegel der Presse. Ein diskurshistorisches Wörterbuch zur Einwanderung seit 1945, Wiesbaden 2000.

der Fremdenwahrnehmung. Der EUMC-Bericht nennt als Beispiel Roma und Sinti sowie Muslime. Tatsächlich haben Langzeituntersuchungen der deutschen Presse ergeben, dass der Islam zu denjenigen Themen der Berichterstattung über Einwanderer mit den höchsten Belastungen durch negative Ereignisvalenzen – also die Verbindung der Medienberichterstattung mit als negativ einzustufenden Ereignissen (wie Terrorismus etc.) – gehört.[21] Ungeachtet dessen, dass es in Deutschland bislang weder vor noch nach den Attentaten des 11. September 2001 jemals ein islamistisches Attentat gegeben hat, besteht die Gefahr, dass auf die in Deutschland lebenden Muslime ein Gewaltbild übertragen wird, das exogenen Ursprungs ist und mit dem extremistischen islamischen Fundamentalismus in Nordafrika/Nahost verbunden wird.[22] Meinungsumfragen zeigen, dass ein erheblicher Teil der deutschen Bevölkerung Angst und Unbehagen gegenüber dem Islam empfindet (vgl. Kap. 2.2).

Im Rahmen der Globalisierungsdebatte sind diese zum Teil erschreckenden Befunde so zu deuten, dass weder die alten noch die neuen Wege der grenzüberschreitenden Kommunikation, weder Internet oder Satellitenfernsehen noch die Auslandsberichterstattung nationaler Medien, zu einer deutlichen Verbesserung der Berichterstattung über Einwanderer und Ausländer beigetragen haben. Ganz im Gegenteil: nach wie vor übt die Auslandsberichterstattung eine negative Wirkung auf die Einwanderungsgesellschaft aus. Das Bild einer Minderheit kann über den Umweg der Auslandsberichterstattung und ohne das aktive Zutun der Minderheit durch die Darstellung auswärtigen Geschehens und die Bildung innergesellschaftlicher Anschlussdiskurse beeinflusst werden.

Andrea Böhm hat beispielsweise während des Kosovo-Krieges von 1999 einen Wandel in der Wahrnehmung der Kosovaren in Deutschland beobachtet, die vor dem Krieg häufig als Asylsuchende und Kriminelle in Erscheinung traten, seit Ausbruch des Krieges jedoch als Opfer „ethnischer Säuberung" eine öffentliche Neubewertung erfuhren.[23] Diese Veränderung

---

21 Hafez 2002a, Bd. 2, S. 92 ff.

22 Kai Hafez, Antisemitismus, Philosemitismus und Islamfeindlichkeit: ein Vergleich ethnisch-religiöser Medienbilder, in: Christoph Butterwegge/Gudrun Hentges/Fatma Sarigöz (Hrsg.), Medien und multikulturelle Gesellschaft, Opladen 1999a, S. 122-135.

23 Andrea Böhm, Die mediale Täter-Opfer-Falle: Ausländer als Objekte journalistischer Begierde, in: Christoph Butterwegge/Gudrun Hentges/Fatma Sarigöz (Hrsg.), Medien und multikulturelle Gesellschaft, Opladen 1999, S. 95.

kann nicht als Reaktion auf das Handeln der Kosovaren in Deutschland gedeutet werden, etwa als Reaktion auf Demonstrationen während des Krieges, sondern sie war eine Rückwirkung einer dominierenden Interpretation auswärtigen Geschehens (des Kosovo-Krieges) auf das Bild einer ethnischen Minderheit in Deutschland.

Bisher existieren keine Untersuchungen über den Zusammenhang zwischen *Auslands*bild und *Ausländer*bild, beispielsweise zwischen dem Bild von einer Nation und dem Bild von der entsprechenden ethnisch-religiösen Minderheit. Es muss jedoch angenommen werden, dass das Ausländerbild der Medien ein Amalgam aus Bildern in Deutschland lebender Ausländer (bzw. Deutscher nicht-deutscher Herkunft) und dem Auslandsbild, also eine Verbindung aus Bildkonstruktionen der Nah- und der Fernwelt ist, und das sich diese Bestandteile spätestens auf der Ebene der Mediennutzung durch die Konsumenten vermischen. Untersucht werden müsste, ob die Vorstellung vom „mafiösen Russland" mit dem Bild der „Russenmafia" in Deutschland zusammenhängt, ob Terrorismus im Nahen Osten das Bild der Araber beeinflusst oder ob muslimische oder jüdische Minderheiten eine Art „Orientalisierung" im Medienbild und bei Medienkonsumenten erfahren.

Demoskopische Untersuchungen haben gezeigt, dass zwischen dem heutigen Israelbild in der deutschen Öffentlichkeit und dem Bild der Juden große Übereinstimmungen bestehen,[24] und dass nahezu die Hälfte der Bundesbürger davon ausgeht, dass Juden stärker zu Israel als zu Deutschland halten,[25] was annehmen lässt, dass zwischen Israel- und Judenbild nicht nur strukturelle Ähnlichkeiten bestehen, sondern auch kognitive Zusammenhänge gebildet werden. Jede Auslandsberichterstattung, die mit einer entsprechenden Minderheit in Verbindung gebracht werden kann, entwickelt ein innergesellschaftliches „Zweitbild". Medienkommunikation ist daher nicht allein geeignet, Kulturkontakte und -konflikte auf globaler Ebene zu fördern, sondern es besteht auch eine potenzielle Verbindung zwischen Auslandsberichterstattung, der multikulturellen Gesellschaft und ethnisch-religiösen Konflikten einer Gesellschaft.

Als der indisch-muslimische Dichter Salman Rushdie 1989 vom damaligen iranischen Revolutionsführer Ajatollah Khomeini wegen vorgeblicher Blasphemie seines Romans „Satanische Verse" zum Tode verurteilt wurde, nahmen dies englische wie deutsche Medien zum Anlass, die „multikulturel-

---

24 Allensbacher Jahrbuch der Demoskopie 1984-1992, Hrsg. von Elisabeth Noelle-Neumann und Renate Köcher, München u.a. 1993, S. 998.
25 Ebenda, S. 1000.

le Gesellschaft" in Frage zu stellen[26] – und dies, obwohl in Deutschland weder Bücherverbrennungen noch sonstige Kundgebungen erfolgten.[27] *Die Zeit* stellte die Frage, ob das urliberale Ideal des Kulturrelativismus im Sinne einer Koexistenz unterschiedlicher Kulturen noch zeitgemäß sei. In der rechtskonservativen *Welt* wurde die angebliche Kulturdifferenz zwischen der islamischen Welt und dem Westen als Bestätigung der lange gehegten Gegnerschaft gegen Multikulturalismus und Kulturrelativismus bewertet und die Rushdie-Affäre als Grund betrachtet, erneut die kulturelle Assimilation von Einwanderern zu verlangen. Zu Recht stellte damals die Berliner *tageszeitung* fest, der Fall Rushdie habe in Deutschland Ängste vor Muslimen befördert und den gesellschaftlichen Umgang mit Minderheiten beeinträchtigt.[28]

Grenzüberschreitende Kommunikation hat also erkennbar eine innergesellschaftliche Dimension. Die theoretische Trennung der Sphären der Kulturkommunikation „innerhalb des Kulturraums" und „zwischen Kulturräumen" ist in der Praxis schwer aufrechtzuerhalten. Die mediale Vermittlung auswärtigen Kulturgeschehens ist bedeutsam für den Diskurs über gesellschaftlichen Wandel in dem die Medien umgebenden Staat und Gesellschaftssystem. Das Medienbild auswärtiger Kulturen reflektiert auf die „multikulturelle Gesellschaft" – und die nationale und stereotype Brille, durch die die Welt in vielen Fällen von den Medien wahrgenommen wird, trübt auch im Zeitalter der Globalisierung das Bild der Einwanderer.

Es ist an der Zeit, die Wechselwirkung zwischen Nah- und Fernbildern, zwischen den Projektionen der Welt und den medialem gespiegelten Bild des Einwanderers, zur Kenntnis zu nehmen. Der Zustand der Auslandsberichterstattung mit ihrer starken Fixierung auf eine chaotische und krisenbehaftete Welt erzeugt Vexierbilder des Fremden, die zwischen dem offenen Bemühen um Toleranz und einer häufig aus Angst und Überforderung resultierenden Fremdenfeindlichkeit changieren. Hier, wie schon beim Zusammenhang zwischen Medien und Integration, muss die Wirkungsallmacht von Medien in Frage gestellt werden. Ob Medien als „geistige Brandstifter" der Ausländerfeindlichkeit wirken oder aber Rassismus eine tiefer liegende, medienre-

---

26 Bhikhu Parekh, The Rushdie Affair and the British Press, in: Dan Cohn-Sherbok (Hrsg.), The Salman Rushdie Controversy in Interreligious Perspective, Lampeter 1990, S. 79; vgl. a. Simon Cottle, Reporting the Rushdie Affair: a Case Study in the Orchestration of Public Opinion, in: Race & Class 32 (1991) 4, S. 45-64.
27 Vgl. die empirische Untersuchung in Hafez 1996a.
28 Islamische Strömungen in Berlin, *die tageszeitung*, 17. Februar 1990; Sonia Seddighi, Feindbild Muselmann, jetzt auch im Kino, *die tageszeitung*, 11. April 1991.

sistente Einstellung darstellt, ist umstritten. Klar ist allerdings: Weder die Qualität der Medieninhalte noch die Einstellungen gegenüber Fremden aber haben sich in der Ära der Globalisierung messbar differenziert oder verändert. Normen einer kosmopolitischen Superkultur können eben nicht allein die Folge wachsender Informationsmengen durch die Medien der grenzüberschreitenden Kommunikation sein, sondern sie bedürfen struktureller Eingriffe in das ökonomische und politische Interdependenzgefüge der Medien. Die kulturelle Bewältigung des sozialen Wandels, sagen wir, vom „Deutschen" zum „Europäer" und zum „Weltbürger", befindet sich aber derzeit auch deshalb in einer Phase der nationalistischen Regression und eines Festhaltens an Identitätsmustern der Nation, weil die reale globale Nachrichtenlage und die heutige Kultur der Auslandsberichterstattung (vgl. Kap. 2) mit ihrem Akzent auf krisenhaften Politiknachrichten den Wunsch nach einer Rückkehr zur nationalen Harmonie und Stabilität bestärken.

8 Medienpolitik – Warum der Staat nach wie vor eine Rolle spielt

Eines der zentralen Argumente der Globalisierungsdebatte im Bereich der Medien war lange Zeit, dass in einer Ära zunehmender grenzüberschreitender Kommunikation durch das Internet, Satellitenfernsehen und andere Medien die nationale Medienpolitik einem Primat der globalen Politik und Rechtswirklichkeit weichen muss. Wo der Staat, so der Gedankengang, nicht mehr in der Lage ist, seine territorialen Grenzen vor ungefragt eindringenden Kommunikationsangeboten zu schützen, schwindet ein Teil seiner Souveränität. Mit der Vernetzung von Medien und Gesellschaften wird der Nationalstaat demnach zu einem vernetzten Staat und womöglich als zentrale Herrschaftsgröße ganz verschwinden. Eine Welt beherrscht von „verlinkten" Regierungen – *global governance* – unter dem Dach gestärkter supranationaler Bürokratien, starken Zivilgesellschaften und einer globalen Medienpolitik, die den freien Informationsfluss als praktiziertes Menschenrecht manifestiert – die Wirklichkeit sieht ganz anders aus.

Internationale Medienpolitik ist in vielerlei Hinsicht ein Spiegelbild eines noch immer hochgradig an nationale Bedürfnisse und Interessen angepassten Medienproduktions- und -nutzungsverhaltens (vgl. Kap. 2 und 3). Mehr noch: Während im globalen Raum zumindest bestimmte Formate und thematische Anlässe eines globalen Diskurses erkennbar werden (z.B. bei Unterhaltungskultur) und in einzelnen Bereichen die Interdependenz von Gesellschaften und Märkten zunimmt, beherrscht der Nationalstaat die Medienpolitik bislang fast vollständig. Auch vitale Staatenbunde wie die Europäische Union bilden hier keine Ausnahme. Die länderübergreifende Vernetzung der Medien und Märkte ist zu schwach, um die globale Politikebene zu stärken. Ohne wegweisende politische Richtungskorrekturen aber droht die Mediengesellschaft auch im Zeitalter der Globalisierung in einem Zustand der „halben Unfreiheit" mit repressiven Verhältnissen in einem Großteil der Mediensysteme dieser Welt zu verharren. Die Utopie der Globalisierung als eine kulturelle Bewegung zur Durchsetzung zentraler Menschenrechte ermöglicht immerhin „kleine Fluchten" des Medienkonsums über Landesgrenzen hinweg – Politik- und Rechtsordnungen nationaler Mediensysteme hingegen erweisen sich als globalisierungsresistent.

8.1 Die „Neue Weltinformationsordnung" im Zeitalter der Globalisierung: ein pankapitalistisches Rudiment

Die politische und wissenschaftliche Diskussion über eine Neue Weltinformationsordnung wurde in den siebziger Jahren durch die Kritik der Entwicklungsländer an der globalen Informations- und Mediendominanz der Industrieländer angestoßen (vgl. Kap. 2.1). Die Debatte verlief im Wesentlichen parallel zur Diskussion über eine Neue Weltwirtschaftsordnung. Wie die Herrschaft über natürliche Rohstoffe, über die materiellen Ressourcen der Welt, so die Argumentation vor allem der Bewegung der Blockfreien Staaten, war die Verfügungsgewalt der westlichen Industriestaaten über Information und Kommunikation eine Form der Ressourcenkontrolle und ein Garant für einen Kolonialismus im neuen Gewande. Der militärische Imperialismus wurde demnach durch den kulturellen und informationellen Imperialismus ersetzt oder ergänzt; die Beherrschung der Physis des Menschen wurde von einer Beherrschung des Geistes flankiert.

Als Organisatorin der Debatte über die Neue Weltinformationsordnung verabschiedete die UNESCO 1978 in ihrer Deklaration über die Massenmedien den Grundsatz des „free and balanced flow of information" und initiierte eine international vergleichende Studie des Informationsflusses, die nach dem Namen des verantwortlichen Nobelpreisträgers und ehemaligen irischen Außenministers, Sean MacBride, als „MacBride-Bericht" spätestens 1984 in die moderne Geschichte der Nord-Süd-Beziehungen einging, als nämlich die USA und Großbritannien mit dem Hinweis auf die Medienpolitik der UNESCO die Organisation verließen.[1] Da sich an den Grundproblemen des globalen Informationsflusses seither nichts Gravierendes verändert hat und die informationelle und mediale Unterlegenheit der Entwicklungsländer weiterbesteht, ist die Debatte über die Neue Weltinformationsordnung nie ganz beendet worden. Nach ihrem Abebben im Verlauf der achtziger Jahre erlebte sie an der Wende zum 21. Jahrhundert eine Revitalisierung.[2]

---

1 Viele Stimmen – eine Welt 1981.
2 Gerbner/Mowlana/Nordenstreng 1993.

Eines der in der Debatte erkannten Probleme war, dass der internationale Informations- und Kommunikationsfluss nicht einheitlich war und ist. Er weist verschiedene Zonen und Flussrichtungen hoher und geringer Intensität auf (Abb.16). Trotz vielfältiger Behinderungen des internationalen Informationsflusses besteht eines der Hauptprobleme in den asymmetrischen Austauschverhältnissen zwischen den westlichen Industrie- und den Entwicklungsländern. Dabei muss man zwischen Problemen des Informationsflusses von den Entwicklungsländern in die Industriestaaten und Problemen des Informationsflusses von den Industriestaaten in die Entwicklungsländer unterscheiden.

Abbildung 16: Internationaler Fluss von Informationen

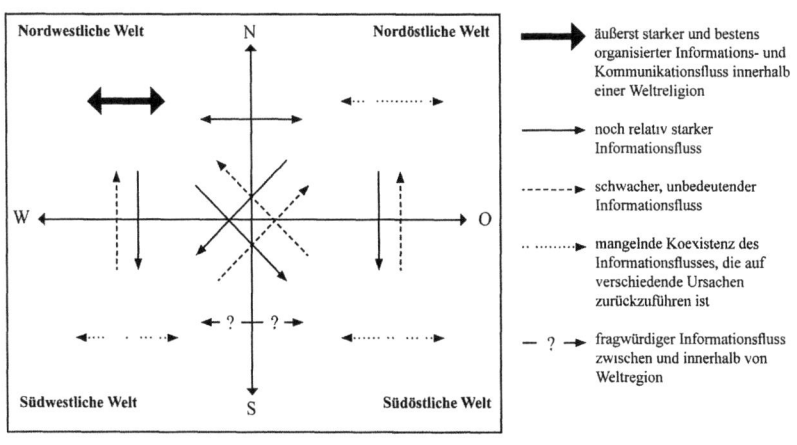

Quelle: Florian Fleck, Einige Bemerkungen zum Post-MacBride Bericht, Publizistik 29, 1984
(leicht überarbeitete Version)

In der Debatte der siebziger und frühen achtziger Jahre über die Neue Weltinformationsordnung wurde die Oligopolstellung der vier großen Nachrichtenagenturen – *Agence France-Press* (AFP), *Associated Press* (AP), *Reuters* und *United Press International* (UPI) – für den dünnen und häufig verfälschten Nachrichtenstrom aus den Entwicklungsländern verantwortlich gemacht.[4] Wie bereits im Zusammenhang mit der Auslandsberichterstattung ausgeführt, monierte der MacBride-Bericht eine Reihe von Grundproblemen von durch Medien vermittelten Auslandsbildern: Überbetonung bedeutungsloser Ereignisse *(overemphasizing events)*; Zusammenfügen disparater Tatsachen zu einem artifiziellen Ganzen *(making news)*; Suggestion fehlerhafter Schlüsse *(misinterpretation by implication)* sowie Nichtdarstellung bedeutsamer Entwicklungen und Probleme.

Probleme des Informationsflusses aus den westlichen Industriestaaten in die Entwicklungsländer ergeben sich im Bereich der Massenmedien in der Regel nicht durch Unter-, sondern durch Überversorgung. Vor allem die Entwicklung der Satellitentechnologie weckte in den sozialistischen Staaten und in den Entwicklungsländern Hoffnungen, der westlichen Informationsdominanz besser entgegnen zu können. Der nach dem Zweiten Weltkrieg von den Vereinten Nationen verabschiedete Grundsatz des „free flow of information", in dem die Freiheit verankert wurde, Informationen über Grenzen hinweg zu sammeln und zu verbreiten, war zwar aus den Grundlagen der liberal-demokratischen Meinungs- und Pressefreiheitsrechte abgeleitet worden, besaß zugleich jedoch einen Doppelcharakter als UN-Völkerrecht und als politische Doktrin der USA und Westeuropas. Die Doktrin diente im Zweiten Weltkrieg zunächst den US-Nachrichtenagenturen, sich gegen die etablierten britischen, französischen und deutschen Dienste in den ehemaligen Kolonialstaaten zu behaupten und wurde danach zum Instrument der Systemauseinandersetzung mit der Sowjetunion.[3]

Die Entwicklungsländer waren besorgt über einen möglichen Export westlicher Werte und Gesellschaftsvorstellungen, wendeten sich jedoch auch gegen die Übersättigung ihrer Medienmärkte mit westlicher Unterhaltungsware.[4] Der Grundsatz vom „free and balanced flow of information", der in der Debatte über die Neue Weltinformationsordnung geprägt wurde, verlieh dem Wunsch nach verbessertem Informationsaustausch durch eine stärkere Repräsentanz der Entwicklungsländer in den Medien der Industrieländer Ausdruck (Informationsstrom *von* den Entwicklungsländern *in* die Industriestaaten), reflektierte darüber hinaus aber auch das politische Kontrollbedürfnis der Entwicklungsländer gegenüber medial verbreiteten Inhalten westlicher Provenienz. Dass auf Betreiben vieler autokratisch regierter Staaten in der Diskussion über die Neue Weltinformationsordnung eine Verlagerung vom Austausch- zum Kontrollaspekt stattfand, in der auch die neu formulier-

---

3 Bernd Blöbaum, Nachrichtenagenturen in den Nord-Süd-Beziehungen. Eine Studie zur Entwicklung, Struktur und Reform der Weltnachrichtenordnung, Berlin 1983, S. 29 ff.

4 Heinrich von Nussbaum, UN-Ordnung mit System, in: medium 9 (1979) 2, S. 8-14.

ten kommunikationspolitischen Grundsätze als politische Doktrinen – dieses Mal von Entwicklungsländern – funktionalisiert wurden, bemängelten vor allem die USA, die als Konsequenz aus der UNESCO austraten.[5]

Im politischen Entstehungsprozess der Konzepte der Neuen Weltinformationsordnung war eine internationale Kontroverse angelegt, die auf der Seite der westlichen Industriestaaten primär von den USA ausging, sich jedoch auch in den öffentlichen Reaktionen in Westeuropa nachweisen lässt. Die Tätigkeit der UNESCO wurde in den westeuropäischen Medien weitaus weniger zur Kenntnis genommen als in den Entwicklungsländern, und sie wurde häufig als eine von den sozialistischen Staaten lancierte Kampagne dargestellt.[6]

Dennoch ist es kein Wunder, dass die bislang wohl bedeutendste Herausforderung und Relativierung des Nord-Süd-Informationsgefälles erneut eng mit der amerikanischen Politik in Verbindung stand. Dem arabischen Satellitenfernsehsender *Al-Jazeera* gelang es während des Afghanistankriegs von 2001 und während des Irakkriegs von 2003, das Informationsoligopol für internationale Nachrichten der großen Weltagenturen *Associated Press*, *Reuters* und *Agence France Presse* sowie der großen Fernsehsender wie CNN oder BBC zu brechen (Kap. 3.4). Die Vereinigten Staaten wie auch Großbritannien protestierten immer wieder gegen den Sender, bedrängten den Eigentümer, Emir Al-Thani von Qatar, den Sender zu zensieren, mit dem Argument, er gefährde durch das Abspielen von Videobotschaften des Terroristen Usama Bin Laden die Vereinigten Staaten und westliche Bürger. Hierbei ging es aber weniger um die kontroverse Programmpolitik und die Stellung *Al-Jazeeras* zwischen Demokratisierung und Pan-Arabismus, denn hier war der Sender lediglich ein Gegenpol zu den amerikanischen Networks mit ihrem ausgeprägten Patriotismus.

Die amerikanischen Proteste gegen *Al-Jazeera* waren vielmehr Teil eines Kampfes um die Informationshoheit an der Kriegsfront. Die Situation der Jahre 2001 (Afghanistankrieg) und 2003 (Irakkrieg) hatte sich gegenüber dem zweiten Golfkrieg von 1991 nämlich grundlegend gewandelt. Damals hatte ein erster Boom der Parabolantennen in der Nahostregion eingesetzt, weil sich vor allem die Araber von den existierenden arabischen Sendern – *Al-Jazeera* wurde erst 1996 gegründet – nicht hinreichend über das Gesche-

---

5 Rosemary Righter, Whose News? Politics, the Press and the Third World, London/New York 1978, S. 15.
6 Alexander Ludwig, Die Bedeutung der Neuen Weltinformationsordnung und ihre Bewertung in vier Tageszeitungen, in: Publizistik 29 (1984) 3-4, S. 287-302.

hen in Kuwait und Irak informiert fühlten und in großem Stil den amerikanischen Sender CNN verfolgten. Zumindest verschafften sie sich auf diese Art Zugang zu den Live-Bildern vom Kriegsschauplatz, auch wenn sich bald herausstellte, dass das amerikanische Militär damals eine nahezu lückenlose Zensur durchführte. Vermutlich mehr als 100.000 Kriegsopfer im Irak: dank der Informationspools, die die USA im saudi-arabischen Dhahran einrichteten, hat man sie auf keinem Bildschirm je gesehen.

Heute ist die arabische Öffentlichkeit und die durch zahlreiche Kooperationsverträge mit *Al-Jazeera* verbundene Weltöffentlichkeit nicht mehr abhängig von CNN, westlichen Medien und Nachrichtenagenturen. Der Informationsstrom hat sich in mancherlei Hinsicht von Süd nach Nord verkehrt – ein Grund mehr für die USA, ihre Bemühungen im Bereich des Auslandsrundfunks zu forcieren (Kap. 6). Denn ein Sender wie *Al-Jazeera* scheint durchaus in der Lage, die arabische „Straße" zu mobilisieren. Wo sich einheimische Regierungen um eine Beruhigung der bei den eigenen Bevölkerungen verbreiteten Kritik an der amerikanischen Nahostpolitik bemühen, setzt *Al-Jazeera* jede Form der Politik einer mitunter scharfen Kritik aus.

Doch die Errungenschaften der Länder des Südens, die neuartige Fähigkeit einiger Entwicklungsländer Asiens, Afrikas und Lateinamerikas, durch den neuen, direktempfangbaren Satellitenrundfunk die Weltöffentlichkeit ungefiltert über ihre Anliegen zu informieren und dem „Kommunikationsimperialismus" der Industrieländer zu entgehen, dürfen nicht überschätzt werden. Bei der Aufmerksamkeit, die ein Sender wie *Al-Jazeera* im Westen erzielt, handelt es sich um eine Ausnahmeerscheinung in besonderen Krisenzeiten. Weder für westliche Medien noch für westliche Konsumenten ist es bislang der Normalfall, Nachrichten direkt aus Medien eines Entwicklungslandes zu beziehen, also ohne den Filter der Agenturen und der Journalisten des eigenen Mediensystems.

Damit bleiben die strukturellen Asymmetrien des Weltinformationssystems und der politische Regulationsbedarf, den die Debatte um die Neue Weltinformationsordnung ansprach, im Kern weiter bestehen. Die sich auf technische Neuerungen der Satellitenkommunikation (oder des Journalismus *im* Internet) stützende Globalisierung des internationalen Journalismus hat hieran nicht sehr viel geändert, weil sprachliche und andere Hürden einer direkten Völkerverständigung einfach noch zu hoch sind (vgl. Kap. 3). Die meisten westlichen Journalisten haben einen bestenfalls sehr selektiven Zugriff auf Medienpositionen aus außereuropäischen Mediendiskursen. Die globale journalistische Meinungsführerschaft haben noch immer westliche

Referenzmedien wie *New York Times* und CNN inne. Die großen Nachrichtenagenturen beliefern nach wie vor die Welt und sorgen dafür, dass beispielsweise ein afrikanisches Land nicht selten über ein Nachbarland über den Umweg von London (*Reuters*) oder Paris (*AFP*) berichten muss – ein Umweg, auf dem Medienberichten oft eine spezifisch westliche Brille übergestülpt wird.

Der medienpolitische Regelungsbedarf ist also gerade im internationalen Kontext im Bereich der großen Massenmedien noch immer groß. Als jedoch in Genf im Jahr 2003 der Weltinformationsgipfel der Vereinten Nationen durchgeführt wurde, konnte man deutlich erkennen, dass die Weltgemeinschaft sich von dem Austritt der USA und Großbritanniens aus der UNESCO im Jahr 1984 nie wieder erholt hat. Zwar waren beide Länder lange schon wieder Mitglieder der Kulturorganisation geworden, aber eine Debatte über die Neuordnung von Informations- und Quellenflüssen der großen Medien, die für das Bewusstsein der meisten Verbraucher trotz Computer und Internet schließlich noch immer prägend sind – diese Debatte fand nicht statt.

Statt dessen zeugen die Abschlussdokumente des Weltinformationsgipfels – die „Prinzipienerklärung"[7] und der „Handlungsplan"[8] – von einem völligen Rückzug aus der Debatte über die internationale Nachrichtenlage in Fernsehen, Radio und Presse. Ganz im Vordergrund steht das Individual- und Gruppenmedium Internet, das als neues informationspolitisches Paradigma der Weltgemeinschaft fungiert. In der zehnseitigen Prinzipienerklärung werden die klassischen Medien überhaupt nur in einem Absatz erwähnt, wobei der auf die internationale Ordnung verweisende Kernsatz lautet:

> Wir bekräftigen die Notwendigkeit, die internationalen Ungleichgewichte der Medien zu verringern, vor allem im Bereich der Infrastruktur, der technischen Ausstattung und der Berufsausbildung (human skills) (§ 9).

Im Handlungsplan befinden sich dann versteckt im hinteren Teil des Dokuments einige kryptische Forderungen, die sicherlich keine Grundlage für internationales medienpolitisches Handeln darstellen werden, beispielsweise:

---

7 World Summit on the Information Society, Declaration of Principles, Geneva 2003 – Tunis 2005, Document WSIS-03/Geneva/Doc/4-E, 12 December 2003, http://www.itu.int (23. August 2004).
8 World Summit on the Information Society, Plan of Action, Geneva 2003 – Tunis 2005, Document WSIS-03/Geneva/Doc/5-E, 12 December 2003, http://www.itu.int (23. August 2004).

Wir ermutigen die Medien – Printmedien, Rundfunk und Neue Medien – in der Informationsgesellschaft weiterhin eine wichtige Rolle zu spielen (§ C9).

Dass solche programmatischen Statements lediglich noch eine Karikatur der Debatte über die neue Weltinformationsordnung in den siebziger und achtziger Jahren sind, ist offensichtlich. Hier wird stillschweigend akzeptiert, dass die Massenmedien eine Angelegenheit der Nationalstaaten sind. Die Staaten bleiben weitgehend unkontrollierte Wettbewerber in der Auseinandersetzung um den Rohstoff „Information". In einem solch nationalliberalen Globalismus bleibt das Ungleichgewicht der Kräfte zwischen den USA und Europa einerseits und den Entwicklungsländern andererseits bestehen. Kein Hinweis auf eine globale Medienförderung, etwa durch die Gründung unabhängiger Nachrichtenagenturen. Keine politischen Willensbekundungen zur politischen Förderung von Kooperationsabkommen für Bild- und Nachrichtenaustausch. Lediglich einige sehr schwache Appelle an internationale Zusammenarbeit in der Journalistenausbildung (§ C9d).

In der Ära der Globalisierung bleiben Medienpolitik und Medienrecht fest in der Hand der Nationalstaaten – mit einigen augenfälligen Ausnahmen, nämlich dort, wo der Nationalstaat globale kapitalistische Interessen bedroht. Ein Beispiel hierfür ist das Abkommen zum Schutz geistiger Eigentumsrechte in der Welthandelsordnung (TRIPS), das eines der wenigen multinationalen Abkommen im Medienbereich darstellt. Dieses Abkommen, das den Entwicklungsländern im Kern das Raubkopieren westlichen geistigen Eigentums – von Computersoftware bis zu einfachen Fernsehsendungen – verbietet, trägt zu einer Verschärfung des geistigen Eigentumsschutzes bei. Während die Industriestaaten und einige fortgeschrittene Entwicklungsländer von dem durch das TRIPS-Abkommen verbesserten Schutz geistiger Urheberschaft und dem daraus resultierenden verstärkten Anreiz für weitere Forschung und Entwicklung profitieren können, erleiden viele Entwicklungsländer Wohlfahrtsverluste auf dem Weg der Modernisierung, weil die Anreize zur Schaffung von Wissen nicht ausreichen, um die Nachteile – die Erhöhung von Preisen und geringere Verbreitung von Informationswaren – zu kompensieren.[9] Gerade in Entwicklungsländern sind Imitationsbranchen wichtige Bestandteile des Aufbaus technologischer Kompetenz. Bislang konnten allerdings kaum gesicherte Belege für positive Impulse schärferer

---

9 Klaus Liebig, Geistige Eigentumsrechte: Motor oder Bremse wirtschaftlicher Entwicklung? Entwicklungsländer und das TRIPS-Abkommen, Deutsches Institut für Entwicklungspolitik, Bonn 2001.

Eigentumsrechte für das Investitionsklima im Bereich Forschung und Entwicklung nachgewiesen werden. Belegt ist auch nicht hinreichend, dass Eigentumsrechte den Import von Technologie in Entwicklungsländer erhöhen.

Ein weiteres Beispiel für die Durchsetzungskraft westlicher Kapitalinteressen in einigen begrenzten Bereichen der internationalen Medienpolitik ist die *World Trade Organization* (WTO). Die mit China getroffenen WTO-Vereinbarungen bergen nach Auffassung vieler Experten für die Entwicklung des chinesischen Telekommunikationssektors zahlreiche Chancen, aber auch Unsicherheiten und Risiken.[10] China hat sich als neues Mitglied des *WTO Basic Telecommunications Agreement* zu einer weitgehenden Deregulierung der Telekommunikation bereitgefunden (Ermöglichung marktgerechter Preiskalkulation; Garantie von Vernetzungsrechten, Senkung der Importzölle usw.). Geografische Beschränkungen für Mobiltelephonie sollen in den nächsten Jahren aufgehoben werden. Das bestehende Verbot ausländischer Direktinvestitionen wird dahingehend modifiziert, dass in Zukunft bis zu 49 Prozent ausländischer Beteiligung erlaubt sein sollen. Dies gilt auch für den audiovisuellen Sektor, wo die Möglichkeit der Distribution von Videos, Tonträgern und Filmrechten mit bis zu 49 Prozent Eigentumsanteil in *joint ventures* vereinbart worden ist.

Die WTO-Vereinbarungen bedeuten für China eine Verringerung von Importzöllen von etwa 13 Prozent auf 3 Prozent und weniger bis zum Jahr 2005, was den Import ausländischer Produkte im Bereich der Telekommunikation und der Informations- und Kommunikationstechnologie stärken wird. Zudem kann China seine eigenen Produkte besser exportieren, da die in manchen Ländern bestehenden Einfuhrbeschränkungen für Waren aus China aufgehoben werden. Diesen Vorzügen im Import-Export-Handel steht jedoch gegenüber, dass Chinas eigene Produktionsunternehmen auf dem inländischen Markt erhebliche Konkurrenz bekommen werden, da sie ihren Preisvorteil verlieren.

Ungeachtet des durch die WTO-Vereinbarungen erleichterten Handels mit Produkten aus dem Bereich Telekommunikation stellen besorgte Stimmen in den USA die Frage, was geschehen würde, wenn China seinen vertraglichen Verpflichtungen nicht nachkäme. Welche Sanktionsmöglichkeiten blieben der WTO gegenüber der chinesischen Großmacht, sollten die Libera-

---

10 Xing Fan, China's WTO Accession and Its Telecom Liberalization, http://www.csis.org/ics/chinaswtoaccession.html (28. März 2004).

lisierungszusagen nicht verwirklicht werden? Wie würde China auf externen Liberalisierungsdruck reagieren, und würde es sich der WTO-Gerichtsbarkeit beugen? Der WTO-Beitritt Chinas führt nach Auffassung amerikanischer Experten wie Bruce Stokes vom *Council of Foreign Relations* möglicherweise in ein für die Organisation existenzielles Dilemma, da auf der einen Seite das Funktionieren der Organisation garantiert werden muss, auf der anderen Seite jedoch ein Ausschluss Chinas als *ultima ratio* aus politischen Gründen kaum denkbar scheint. Die auf wirtschaftlichem Kalkül statt auf entwicklungspolitischen Prämissen basierende Logik des WTO steht auf dem Prüfstand und erfordert, gemäß Stokes, die Ausarbeitung einer vorausschauenden Risikostrategie.

8.2 Medienfreiheit: das Rückbildungsparadoxon der Globalisierung

Manche Experten wie der kanadische Medienwissenschaftler Marc Raboy meinen, dass sich eine globale Medienpolitik herausbildet, die im Begriff ist, das nationale Medienrecht zurückzudrängen. Als Belege dienen vor allem die oben genannten Abkommen im Bereich des Copyrightschutzes, die Maßnahmen der WTO oder auch die EU-Fernsehrichtlinie von 1997 (vgl. Kap. 8.3).[11] Raboy argumentiert widersprüchlich, wenn er zugleich einräumt, dass der Nationalstaat gegenwärtig noch immer „der primäre Ort für Kommunikations- und Kulturpolitik" ist.[12] Um als Epoche machend zu gelten, müsste globale Medienpolitik mehr umfassen als einige internationale Abkommen im Zukunftsmarkt der Informationstechnologie. Viele Vordenker haben großen Wert auf die demokratisierende Wirkung der Globalisierung gelegt. Aber die vielbeachteten Konstrukte einer „Weltöffentlichkeit" (*global public sphere*) und einer „globalen Zivilgesellschaft" (*global civil society*) sind in der Regel ohne Berücksichtigung notwendiger medienpolitischer Rahmenbedingungen gedacht worden, in der stillen Hoffnung vielleicht, Medienpolitik werde im aufbrechenden Zeitalter bald ebenso überflüssig wie Wirtschaftspolitik, da die Akteure der Zivilgesellschaft dem Staat die Regulierungskompetenz auch gegen dessen Willen entreißen würden.

Zumindest im Bereich der internationalen Kommunikation hat sich diese durchaus sympathische Vision als durchweg naiv erwiesen. Eine ohne

---

11 Marc Raboy, Media Policy in the New Communications Environment, in: ders. (Hrsg.), Global Media Policy in the New Millennium, Luton 2002, S. 7 f.
12 Ebenda.

medienpolitische Neugestaltung der Welt gedachte Globalisierung überlässt der nationalen Regulierung einen Gestaltungsspielraum, der die politische und rechtliche Stagnation in den Mediensystemen dieser Welt fördert. Transnationale NGOs wie *Freedom House, Reporters Sans Frontières* oder das *Committee for the Protection of Journalists* zeigen deutlich, dass sich die Medienfreiheit zwar im letzten Vierteljahrhundert im globalen Maßstab positiv entwickelt hat, dass aber die große Ära der Verbesserungen die achtziger und frühen neunziger Jahre waren, bedingt durch die politischen Umbrüche in Lateinamerika und Osteuropa. Das nachfolgende Jahrzehnt bis hin zur Gegenwart war hingegen von Konservierungs- und sogar Rückschrittstendenzen gekennzeichnet, wie ein Blick auf die Daten der amerikanischen NGO *Freedom House* verdeutlicht:

Tabelle 3: Medienfreiheitsentwicklung nach *Freedom House**

	1983/4	%	1994	%	2004	%
frei	36	19,5	67	34,9	73	37,8
teilweise frei	58	31,5	69	35,9	49	25,4
nicht frei	81**	43,8	51	26,6	71	36,8
keine Angaben	10	5,4	5	2,6	0	0
Gesamtzahl Länder	**185**	**100**	**192**	**100**	**193**	**100**

[*] Die Erhebungsjahrgänge beziehen sich stets auf das abgelaufene Jahr, also geben z.B. die Zahlen für den Index 2004 die Bilanz des Jahres 2003 wieder. Länder, bei denen im Ranking von 1983/84 Presse- und Rundfunksektoren zum Teil separat und uneinheitlich ausgewiesen wurden (z.B. Presse = frei, Rundfunk = teilweise frei oder Presse = teilweise frei, Rundfunk = unfrei), werden hier in der Kategorie „teilweise frei" verortet.

[**] Um den realen Stand der Mediensystementwicklung nicht zu verzerren, werden den unfreien Staaten in dieser Tabelle 18 Teilrepubliken der ehemaligen Sowjetunion sowie Jugoslawiens zugerechnet, die eindeutig autoritär regiert wurden, aber von Freedom House mit „keine Angaben" registriert worden waren.

Quelle: Eigene Zusammenstellung nach: www.freedomhouse.org (Prozentangaben gerundet)

Auffällig ist die starke Verbesserung der Situation der Medien durch die Zunahme von freien Mediensystemen zwischen 1983/84 und 1994, die mit einer ebenso starken Abnahme der Zahl der unfreien Mediensysteme in diesem Zeitraum korrespondiert. Wenn 1994 nur noch 26,6 Prozent aller Länder als „nicht frei" eingestuft werden mussten, bedeutet dies, dass innerhalb von zehn Jahren eine Halbierung der restriktivsten Mediensysteme erfolgte – eine rasante Entwicklung im Zusammenhang mit dem Abebben und der Beendigung des Ost-West-Konfliktes. Das Jahrzehnt der forcierten Globalisierung hingegen – 1994 bis 2004 – zeigt nur einen sehr geringen Zuwachs an freien und parallel dazu eine bemerkenswerte Zunahme an unfreien Mediensystemen. Das vergangene Jahrzehnt erweist sich als eine Zeit der Rückentwicklung der Medienfreiheit im Weltvergleich. Da sich die großen Neuen Medien der transnationalen Medienvermittlung, das direktempfangbare Satellitenfernsehen und das Internet, erst seit den frühen neunziger Jahren ausgebreitet haben, bleibt nur eine Schlussfolgerung: genau diejenigen Kommunikationstechniken, die die Globalisierungsdebatte so sehr angeheizt, ja sie im Grunde erst ausgelöst haben, konnten die Situation der Medienfreiheit bislang nicht positiv beeinflussen. Damit lässt sich auch quantitativ erhärten, dass die Informationsrevolution die „Dritte Welle der Demokratisierung" verpasst hat.[13]

Ungeachtet aller technologischer Fortschritte und der Einführung neuer Techniken der kommunikativen *Systemverbindung* kann von einem durch Globalisierung erzeugten *politischen Systemwandel* durch eine lineare Zunahme von Presse- und Medienfreiheit weltweit nicht gesprochen werden.

Die Kommunikationswissenschaftlerin Verena Metze-Mangold hat zu Recht darauf hingewiesen, dass die Informationsgesellschaft der Zukunft

---

13 Markus Behmer weist zu Recht auf die mangelnde Transparenz der von den großen NGOs *Freedom House* oder *Reporter Ohne Grenzen* jährlich vorgenommenen Einstufungen und Beurteilungen der Medienfreiheitsentwicklung in den Staaten dieser Welt hin. Weder die genauen Kriterien, noch die zugrunde gelegte Informationsbasis, ganz zu schweigen von der Zuordnung und Bewertung der Kategorisierung, werden von diesen Organisationen veröffentlicht. Vgl. a. Markus Behmer, Pressefreiheit in der Dritten Welt – Was heißt „Freiheit"?, in: Michael Haller (Hrsg.), Das freie Wort und seine Feinde, Konstanz 2003, S. 147-160. Zwar ist aus strategischen Gründen nachvollziehbar, dass man nicht eine weltweite Debatte über die in vielen Fällen sehr strittige Zuordnung einzelner Länder zu Kategorien wie „frei" oder „unfrei" auslösen will – eine Debatte, die die Autorität der „Hitlisten" zerstören und den politischen Druck von autoritären Staaten nehmen würde. Zugleich aber nährt die mangelnde Transparenz kritische Fragen nach der Legitimität der Arbeit mancher großer NGO. Welchen Sinn macht es etwa, wie 2002 bei *Freedom House* geschehen, den Libanon – das Land mit dem wohl freiesten Pressewesen des Nahen Ostens – als „unfreies" Mediensystem zu kategorisieren, während man Jordanien, ein Land, das eine Presserechtsverschärfung nach der anderen erlebt hat, als „teilweise frei" einstufte? Ohne erklärende Transparenz drängt sich der Eindruck auf, dass eine amerikanische NGO gegenüber Jordanien, dem Verbündeten der USA, milder gestimmt ist als gegenüber dem syrisch dominierten Libanon. Trotz der eingeschränkten Verwertbarkeit der Daten für die Wissenschaft sind sie die einzigen kontinuierlichen Erhebungen und genießen als Gesamtbild der Medienfreiheitsentwicklung breite Akzeptanz.

nicht notwendigerweise eine freiere Gesellschaft ist, weil sie zahlreiche neue Paradoxien aufweist,[14] wozu unter anderem neue Restriktionen im Zusammenhang mit dem Antiterrorkampf und den veränderten Gewichtungen der internationalen Politik nach dem 11. September 2001 gehören. Länderübergreifende Fusionen von Medien bergen die Chance einer Schwächung des autoritären Nationalstaats – eine Chance allerdings, die nicht selten dadurch zunichte gemacht wird, dass transnationale Konzerne zu einem loyalistischen Arrangement mit autoritären Führungen neigen (vgl. Kap. 9). Die Ausbreitung des Internets in China birgt das Potenzial einer demokratischen Gegenöffentlichkeit, auf die der chinesische Staat in den Jahren 2003/04 allerdings recht erfolgreich mit vermutlich 30.000 Zensoren reagiert hat.

Die Neuen Medien des Satellitenrundfunks und des Internets haben eine Vielfalt erzeugt, die autoritäre Protokollmedien zunehmend verdrängt hat. Aber 15 Jahre einer sich ausbreitenden Informationsrevolution nach der großen Wende von 1989 waren eben auch eine Zeit der Stagnation der weltweiten Demokratisierungsentwicklung. Gerade die Neuen Medien bieten oft „alten Wein in neuen Schläuchen", weil die dargebotene ästhetische und journalistische Professionalisierung, die seit dem vergangenen Jahrzehnt auf allen Kontinenten und vor allem in Asien, Afrika und Lateinamerika stattfand, häufig nicht mit einer pluralistischen inhaltlichen Öffnung einherging (vgl. Kap. 3).

Aber wie kann man auch erwarten, dass durch die Entwicklung der Medientechnik und der grenzüberschreitenden Kommunikation Demokratien entstehen? Ist das nicht eine völlige Überschätzung der Macht der Medien und eine vorschnelle Absage an die Kraft der Politik? Es hat sich doch gezeigt, dass dort, wo politische Umbrüche in Osteuropa und Lateinamerika stattfanden, sich die Situation der Meinungs- und Medienfreiheit schlagartig verbessert hat – nicht umgekehrt. Und hier eben liegt das Versagen der globalen Medienpolitik auf dem Weg in eine Neue Weltinformationsordnung mitten im Zeitalter der Globalisierung, die von Politikern gerne zur Begründung ihrer Handlungen herangezogen wird. Gerade die westlichen Groß- und Supermächte hätten die Entwicklung der Medienfreiheit durch die Neuformulierung einer internationalen Medienpolitik auf die Agenda heben müssen. Multilaterale Abkommen und Zielvereinbarungen in diesem Bereich müssten zum festen Bestandteil der Entwicklungspolitik werden.

---

14 Verena Metze-Mangold, Gibt es globale Spielregeln für die Pressefreiheit?, in: Michael Haller (Hrsg.), Das freie Wort und seine Feinde, Konstanz 2003, S. 123-135.

Zumindest wäre zu erwarten gewesen, dass Verbote des Empfangs ausländischer Satellitenprogramme und Internetangebote, die in Staaten wie Iran, Saudi-Arabien oder Kuba verhängt worden sind, oder rigide Gesetze mit Haftstrafen für gesetzwidrige Nutzung wie in Tunesien von den Staaten der Weltgemeinschaft mit der gleichen Vehemenz liberalisiert werden wie die Wirtschaftsgesetzgebung, die im Zentrum der Aktivitäten von WTO, Weltbank und *Internationalem Währungsfonds* (*IWF*) liegt. Dass die neuen weltweit direktempfang- und -nutzbaren Medien die Probleme im Alleingang lösen würden, war bestenfalls viel zu optimistisch. Schlimmstenfalls aber muss man das Argument der demokratisierenden Wirkung der Globalisierung als ein falsches Alibi verstehen, das diskret verheimlichte, dass die Massenmedien und die Freiheit der Meinungsäußerung in der internationalen Politik gegenwärtig einen denkbar geringen Stellenwert einnehmen, geringer jedenfalls als am Anfang der achtziger Jahre zur Zeit der Debatte über die Neue Weltinformationsordnung.

Ein Beispiel für das Versagen der Medienpolitik ist der weitgehend fehlgeschlagene Versuch, den Einflussbereich der Repräsentanten für die Freiheit der Medien bei der *Organisation für Sicherheit und Zusammenarbeit in Europa* (OSZE) über die europäischen Vertragsstaaten hinaus auszuweiten.[15] Das Amt des Beauftragten, bis 2003 von dem deutschen ehemaligen Bundestagsabgeordneten Freimut Duve besetzt, verfügt bis heute über keinerlei Sanktionskraft. In assoziierten Staaten in Zentralasien oder in der islamischen Welt, wo sich die OSZE stark engagiert hat, wird im Grunde kaum Resonanz erzielt. Die Ausweitung des OSZE-Mechanismus auf andere Staaten wäre dennoch erstrebenswert, da hier ein auch von politischen Machthabern legitimiertes Forum der Diskussion und strategischen Planung geschaffen würde.

Selbst Autoren wie Seán Ó Siochrú, Bruce Girard und Amy Mahan, die der Ansicht sind, dass es zu einer langsamen Verlagerung medienpolitischer Kompetenz von der nationalen zur globalen Ebene kommen wird, räumen ein, dass derzeit ein klarer Primat der Ökonomie herrscht. *Global Media Governance* ist auch aus ihrer Sicht derzeit dort am schwächsten ausgeprägt, wo sie am nötigsten wäre – auf dem Feld der politischen Freiheitsrechte und

---

15 Freimut Duve/Alexander Nitzsche/Ana Karlsreiter, The OSCE, Islam, and the Media, in: Kai Hafez (Hrsg.), Media Ethics in the Dialogue of Cultures. Journalistic Self-Regulation in Europe, the Arab World, and Muslim Asia, Hamburg 2003, S. 249-264.

in den Gremien und in den internationalen Dokumenten der Vereinten Nationen.[16]

8.3 Europäische Medienpolitik: reaktive Subsidiarität

Europa ist weltweit der vielleicht dynamischste Regionalraum überhaupt mit einer Vielzahl von vorhandenen und entstehenden Interdependenzbeziehungen zwischen den Mitgliedsstaaten der *Europäischen Union* auf den Feldern der Ökonomie, Politik und Gesellschaft. Es wäre zu erwarten, dass zumindest in dieser Teilregion der „globalisierten" Welt ein Prozess der medienpolitischen Integration erkennbar wird. Dies ist jedoch nur ansatzweise der Fall. Europaweite Institutionen, Gesetze und Behörden zur Regelung grenzüberschreitender Fragen der Medienkommunikation oder nationaler Sonderwege im Bereich der Medienfreiheitsentwicklung existieren nur dort, wo wirtschaftliche Interessen dies begünstigen.

Für die Europäische Union gilt, was im Weltmaßstab zutrifft: nationale Medienpolitik und -gesetze sind bis auf wenige Ausnahmen tonangebend. Die 1997 modifizierte EU-Fernsehrichtlinie regelt die europäische Verbreitung von Werbung und die Harmonisierung von nationalen Vorschriften für Werbung, Sponsoring und Teleshopping. Die Mitgliedsstaaten werden zudem aufgefordert, Maßnahmen zu ergreifen, um die Fernsehübertragung von für die Gemeinschaft wichtigen Ereignissen sicherzustellen (z.B. Sport). Der Versuch aber, darüber hinaus für europäische Fernsehproduktionen eine Quotierung einzuführen, um etwa Film- und Fernsehproduktionen aus europäischen Ländern gegen die Vormachtstellung US-amerikanischer Filme zu schützen, die zumindest im Kinobereich existiert (vgl. Kap. 4), wurde soweit entschärft, dass entsprechende Regelungen *de facto* im Ermessen der Einzelstaaten verbleiben.

Eine solche Politik scheint sich konsequent in die Idee einer globalen Entgrenzung und einer für die Globalisierung transparenten Regionalisierung zu fügen. Europa soll sich nicht gegen außereuropäische Produkte abschotten, auch wenn dies Staaten wie die USA noch tun, wenn sie beispielsweise

---

16 Seán Ó Siochrú/Bruce Girard/Amy Mahan, Global Media Governance. A Beginner's Guide, Lanham et al. 2002, u.a. S. 163 ff., 167. Vgl. Mit dem selben Tenor: Dwayne Winseck, The WTO, Emerging Policy Regimes and the Political Economy of Transnational Communications, in: Marc Raboy (Hrsg.), Global Media Policy in the New Millennium, Luton 2002, S. 33.

Rundfunklizenzen nur an Amerikaner vergeben. In der Form, wie die Fern-sehrichtlinie gefasst worden ist, zeigt sich allerdings, dass die Europäische Union sich im Kern – mit Ausnahme bestimmter europäischer Großereignis-se und des Werbebereichs – nicht für zuständig erklärt, Rundfunkfragen *überhaupt*, das heißt auch in anderen Bereichen als der Quotierung, zu re-geln. Die Amsterdamer Protokollerklärung – Teil der Revision des EG-Vertrags durch den Vertrag von Amsterdam 1997 – erwähnt erstmals den öffentlich-rechtlichen Rundfunk[17] und stellt fest, dass es die Aufgabe der Mitgliedsstaaten ist, den Rundfunk zu gestalten und zu definieren. Immerhin gibt es in den letzten Jahren Versuche, wenn schon nicht mit rechtlichen Mitteln, so doch zumindest mit verstärkter Filmförderung die schwache Stel-lung europäischer Filme zu verbessern.

Damit wird aber nicht plausibel erklärt, warum durch den Satelliten-rundfunk Medienangebote systematisch nationalstaatliche Grenzen über-schreiten und trotzdem die Regelungskompetenz noch immer im Wesentli-chen beim Nationalstaat liegen soll. Medienpolitiker in der Europäischen Union wie auch im globalen Maßstab kooperieren nur sehr sporadisch, was soweit führt, dass etwa die Konzentration von privater Fernsehmacht auf den italienischen Ministerpräsidenten Silvio Berlusconi zwar vom Europäischen Rat immer wieder kritisiert wird, im Rahmen des EU-Regelwerks aber von der Europäischen Union tatenlos hingenommen werden muss. Die Kulturver-träglichkeitsklausel des Maastrichter Vertrags (Art. 128 Abs. 4), nach der argumentiert werden könnte, dass die italienischen Verhältnisse nicht mehr mit dem Grundwert des medialen Pluralismus der EU vereinbar sind und daher von Brüssel korrigiert werden müssten, kommt nicht zum Tragen.

Der Maastrichter Vertrag beinhaltet in Art. 3b Abs. 2 auch das Subsidia-ritätsprinzip, wonach die Gemeinschaft nur tätig wird, wenn der Einzelstaat die Probleme allein nicht lösen kann. Und wenn man sich die tatsächlichen Reichweiten der Mediennutzung vergegenwärtigt, so stellt man fest: die eu-ropäischen Politiker befinden sich mit ihrer anspruchslosen Medienpolitik durchaus im Einklang mit den Nutzungsgewohnheiten des europäischen Verbrauchers. Wie im globalen Maßstab gilt auch in Europa, dass regelmä-ßige grenzüberschreitende Mediennutzung, etwa per Satellitenfernsehen, eher die Ausnahme als die Regel darstellt (vgl. Kap. 3.1).

Während aber im globalen Rahmen kein politisches System außer den kompetenzschwachen Vereinten Nationen existiert, die lediglich über den

---

17 Protokoll Nr. 32.

Sicherheitsrat in außerordentlichen Krisensituationen Einfluss ausüben, verfügt die Europäische Union mit der Europäischen Kommission über eine kompetenzstarke supranationale Regierung, die effektiv in das Regierungshandeln der Einzelstaaten intervenieren kann und auch interveniert. Eine gemeinsame Verfassung, ein gemeinsamer Markt und Arbeitsraum: viele Indikatoren zeugen von einer hochgradigen Integration, die reichlich Gestaltungsraum auch für Medienpolitiker bietet. Aber nicht nur im Bereich des Medienrechts, sondern in weiten Teilen institutionellen politischen Handelns herrscht eine passive Haltung vor, die der staatlichen Subsidiarität und einem Verständnis der Massenmedien als Dienstleistern des Marktes den Vorrang einräumt. Initiativen zur Einrichtung eines öffentlich-rechtlichen Fernsehens für Europa, das über die dürftigen und nicht konkurrenzfähigen Sender wie *EuroNews* hinaus eine wichtige Rolle bei der Schaffung einer europäischen Öffentlichkeit spielen könnte, sind kaum erkennbar. Dabei könnte hier die Formung einer europäischen Identität gefördert und das grassierende Desinteresse der Europäer an europäischen Fragen bekämpft werden.[18]

Medienpolitik und -gesetze sind also, dies gilt für die europäische wie auch für die globale Ebene, nicht nur als reaktive Instrumente auf das Medienhandeln des Einzelstaates und des Konsumenten zu verstehen. Sie verfügen vielmehr über ein gestaltendes Potenzial zur Steuerung des Globalisierungsprozesses – ein Potenzial, das derzeit (noch) nicht genutzt wird.

8.4 Die Neuformierung nationaler autoritärer Medienpolitik

Es gehört zu den wohl am häufigsten bemühten Argumenten der Globalisierungsdebatte, dass es autoritären Systemen kaum möglich sein soll, den Direktempfang von ausländischen Radio- und Fernsehprogrammen effektiv zu unterbinden. Die nationalen und regionalen Mediensysteme Asiens, Afrikas und Lateinamerikas haben auf die Globalisierung der Medien vielfach mit verstärkter politischer Informationskontrolle reagiert. Dieses Verhalten lässt sich aus unterschiedlichen Blickwinkeln interpretieren. Es kann als Beleg dafür dienen, dass sich die Globalisierung der Medien – entgegen vieler Erwartungen – relativ einfach in systemkonforme Bahnen lenken lässt. Man kann jedoch auch die Tatsache, dass der autoritäre Staat überhaupt medienpolitisch handeln muss, als einen Hinweis auf die öffnende und demokrati-

---

18 Vgl. Lutz M. Hagen (Hrsg.), Europäische Union und mediale Öffentlichkeit, Köln 2004.

sierende Kraft globaler Medien betrachten, aber dem Staat ist es bislang gelungen, sich immer wieder neu zu formieren, weitgehend effektiv zu reagieren und eine liberale Öffnung von Medien als Reaktion auf die Globalisierung zu verhindern (vgl. Kap. 8.2).

Beispiele für antiglobalistische Gegenregulierung in autoritären Staaten gibt es viele: die Verbote von Parabolantennen in Saudi-Arabien und Iran; restriktive Internetgesetzgebung von Ländern wie Kuba über die Türkei und Tunesien bis nach China oder Malaysia, wo die von Anhängern Anwar Ibrahims geschaffene Oppositionsplattform *Malaysianini.com.my* seit 2001 mehrfach von der Regierung Mahatir blockiert worden ist, weil der Diktator argumentierte, sie schade Malaysias internationalem Ansehen.

Als neuer Trend im Arsenal autoritärer medienpolitischer Maßnahmen erweisen sich Entwicklungen im Institutionengefüge des Medienwesens, die sich nur am Rande gegen globale Medieneinflüsse richten, aber dennoch mit ihnen in verbunden sind. Während auf der einen Seite in einer Reihe von Staaten ein zögerlicher Trend zur Entstehung unabhängiger Journalistenverbände erkennbar wird (z.B. Algerien, Indonesien), bilden sich in anderen Staaten Institutionen, die nur scheinbar der Zivilgesellschaft zugerechnet werden können, während sie in Wahrheit staatlich lancierte Pseudo-NGOs sind. Der Dachverband vieler nationaler Journalistenverbände, die *International Federation of Journalists* (IFJ), hat beispielsweise gegen die Einführung eines neuen „Medienrates" in Botswana protestiert. Die Regierung in Botswana hat einen Gesetzentwurf vorgelegt, wonach ein Rat gebildet werden soll, der neben der Funktion einer journalistisch-ethischen Beobachtung von Medien auch die Kompetenz besitzen soll, Geldstrafen bis zu 1000 Dollar und Haftstrafen von bis zu drei Jahren im Falle eines festgestellten Verstoßes gegen die „Medienethik" festzulegen. IFJ forderte darauf hin die Regierung auf, Fragen des journalistischen Handwerks und der Ethik dem Berufsstand selbst zu überlassen. Die Regierung solle zudem darauf achten, statt einer weiteren Einschränkung der Meinungs- und Medienfreiheit ein größeres Maß an Freiheit zu gewähren.

Eine analoge Entwicklung ist seit dem Jahr 2001 in Jordanien zu beobachten, wo die Regierung das Informationsministerium aufgelöst und an seiner Stelle einen *Obersten Medienrat* (*Higher Media Council*) eingerichtet hat.[19] Der Rat ist kein Selbstkontrollgremium, sondern er übt weitgehend Aufgaben des Informationsministeriums in der Informationskontrolle und

---

19 *Jordan Times*, 29. November 2001.

Zensur aus. Pseudo-Institutionalisierungen lassen sich auch im Medienrecht erkennen, also im normativ-programmatischen Bereich von Institutionen. Die Militärregierung Pakistans legte im Jahr 2000 den Entwurf für eine neue Informationsverordnung (*Freedom of Information Ordinance*) vor. In dem Dokument hieß es, das Informationsrecht der Öffentlichkeit solle verbessert und die Transparenz des Regierungshandelns für die Bevölkerung erhöht werden, was sich zunächst wie der Versuch ausnahm, die Informationspflicht der Regierung gegenüber ihren Bürgern auszuweiten.[20] Bei näherer Analyse stellt sich jedoch heraus, dass die Regierung bis heute einen weitgehenden Spielraum darin besitzt, Regierungsdokumente als geheim zu klassifizieren, so dass die Informationspflicht faktisch ausgehöhlt wird.

Im Nahen Osten wie auch in weiten Teilen Asiens und Afrikas wird deutlich: der Globalisierungsdruck hat eine Gegenregulierung im Medienwesen erzeugt, die sich in ein modernes medienpolitisches Gewand kleidet, dabei jedoch ihre autoritäre Verhaftung nicht verbergen kann. Die globalen Vorgaben verlangen eine Demokratisierung des Medienwesens, und die Staaten der Dritten Welt gestalten ihre Mediensysteme scheinbar nach dem Vorbild westlicher Demokratien. Bei näherer Betrachtung aber sind viele Institutionen nur scheinmodern. Gleichzeitig gibt es in einigen Ländern auch den Trend zu einer aus der Gesellschaft erwachsenden Institutionalisierung „von unten", etwa bei den in Algerien oder Indonesien entstandenen unabhängigen Journalistenverbänden.[21] Auch sind längst nicht alle Regulierungsversuche des Staates erfolgreich; beispielsweise hat sich das Satellitenfernsehen in Iran auch gegen Gesetzesverbote durchgesetzt. Die globalisierte Medienwelt erzwingt eine Anpassung an als professionell geltende Standards der journalistischen Arbeit, der modernen Gesetzgebung und Regulierung, wie sie schon aus technischen Gründen erforderlich ist. Doch nur im Einzelfall kann beurteilt werden, ob diese Form der Globalisierung der Medien lediglich die „Techniken" der Demokratisierung imitiert, oder ob auch ihre „Werte" verinnerlicht werden.

---

20 Nord-Süd aktuell 14 (2000) 3, S. 409.
21 Fatima Boutarkha, The Role of Journalism Associations and Trade Unions in the Democratic Transition of Morocco, in: Kai Hafez (Hrsg.), Media Ethics in the Dialogue of Cultures. Journalistic Self-Regulation in Europe, the Arab World, and Muslim Asia, Hamburg 2003, S. 147-157; M. Rabah Abdellah, Journalists' Organizations and Associations of Self-Regulation in Algeria, in: Kai Hafez (Hrsg.), Media Ethics in the Dialogue of Cultures. Journalistic Self-Regulation in Europe, the Arab World, and Muslim Asia, Hamburg 2003, S. 158-161.

9 Medienökonomie – Grenzen der Transnationalisierung

Zu den gravierendsten Deformationen der Globalisierungsdebatte gehört die Tatsache, dass die prägende Kraft des westlichen global agierenden Medienkapitals von vielen Beobachtern als Hauptmotor der Globalisierung der Medien betrachtet wird.[1] Die Ursache hierfür ist eine unzulässige Verkürzung der Debatte auf einige wenige bekannte transnationale Sender, vor allem auf CNN, MTV und *Star TV*. Deren Marktanteile sind angesichts der vielen hundert in zahlreichen Landessprachen ausstrahlenden Satellitensender (vgl. Kap. 3), die den weitaus größten Teil des weltweiten Publikums erreichen, eher gering – vom Radio und den meisten Printmedien ganz zu schweigen, die ohnehin weitgehend ein Produkt lokalen Eigentums sind. Zudem werden Medienkonzentrationsprozesse im euro-amerikanisch-australischen Kontext überbewertet, denn die globale Entwicklung des Medienkapitals verläuft auf allen Ebenen, national ebenso wie regional und global, dynamisch. Weder die Präsenz der globalen Sendergruppen noch die vorhandenen Direktinvestitionen westlicher Konzerne in nationale und regionale Medien weisen auf eine generelle Machtverschiebung zu den großen westlichen Konzernen wie beispielsweise *AOL Warner*, *News Corporation* (Rupert Murdoch) oder *Bertelsmann* hin.

Westliche Medienkonzerne sind weltweit einflussreich, wenn es um den Verkauf von Musik-, Film- und Softwarerechten geht (TRIPS-Abkommen, vgl. Kap. 8), sie sind aktive Exporteure von Unterhaltungskultur, Teilhaber oder Mehrheitseigentümer an vielen Unternehmungen, und sie verfügen über Mechanismen, das Weltnachrichtensystem vor allem durch die großen Nachrichtenagenturen und den Auslandsrundfunk zu prägen. Von einer ökonomischen Beherrschung des globalen Journalismus durch transnationale (westli-

---

1 Vgl. u.a. Edward S. Herman/Robert W. McChesney, The Global Media. The New Missionaries of Corporate Capitalism, London/New York 1997; Chris Barker, Global Television. An Introduction, Oxford 1997, S. 58-67; Edward Comor, Media Corporations in the Age of Globalization, in: William B. Gudykunst/Bella Mody (Hrsg.), Handbook of International and Intercultural Communication, Thousand Oaks et al. 2002, S. 309-323.

che) Firmen, die, dies wäre eine weitergehende Schlussfolgerung, eine Angleichung von Medieninhalten nach sich ziehen würde, ist die derzeitige Situation der Medien rund um den Globus aber weit entfernt.

Im Gegenteil: die mangelnde Globalität des Medienkapitals ist neben der politischen Beharrlichkeit des Nationalstaats und den großen Unterschieden, die im Vergleich der Mediendiskurse der Nationalstaaten oder Kulturräume dieser Erde zu verzeichnen sind, der Hauptgrund dafür, warum die Globalisierung der Medien heute in viel geringerem Umfang und Tempo stattfindet als weithin angenommen.

9.1 Unwägbarkeiten des internationalen Kapitalflusses

Otfried Jarren und Werner A. Meier haben zu Recht auf die Grenzen der Internationalisierung im Medienbereich hingewiesen. Die Tendenz einer Verschmelzung europäischer Verlage wie Bertelsmann mit amerikanischen und australischen Medienhäusern wird häufig als Indiz für ökonomische Globalisierung betrachtet. Die Globalisierung des Medienkapitals ist jedoch lediglich *eine* Facette der derzeit vonstatten gehenden ökonomischen Bewegungen und nicht für alle Länder und Erdteile im selben Maße prägend. Selbst in den USA und in vielen Staaten Europas bestehen im Medienbereich zahlreiche protektionistische Hemmnisse für Investitionen, etwa wenn in den USA ausländischen Medienunternehmen der Erwerb von Rundfunklizenzen erschwert wird.[2]

Auch in Deutschland löste der Bankrott des Medienkonzerns von Leo Kirch im Jahr 2002 eine Diskussion mit stark antiglobalistischer Ausrichtung aus. Um Rupert Murdoch den nachhaltigen Einstieg in den deutschen Markt zu erschweren, sollten, so forderten nicht zuletzt viele Medienpolitiker, protektionistische Hemmschwellen errichtet werden. Derartige Forderungen rühren aber nicht nur an medienpolitischen Grundlagen im Rahmen der EU. Sie richten sich auch gegen den globalisierungsfreundlichen Grundtenor, der die Mediendebatte der 1990er Jahre beherrschte. Dabei werden kritische Fragen nach der Qualität einer Medienlandschaft, insbesondere das Verhält-

---

2 Otfried Jarren/Werner A. Meier, Globalisierung der Medienlandschaft und ihre medienpolitische Bewältigung: Ende der Medienpolitik oder neue Gestaltungsformen auf regionaler und nationaler Ebene?, in: Hauke Brunkhorst/Matthias Kettner (Hrsg.), Globalisierung und Demokratie. Wirtschaft, Recht, Medien, Frankfurt 2000, S. 361.

nis von Information, Unterhaltung und Sensationalismus, fälschlich zu Fragen des „Schutzes vor der Globalisierung" umdefiniert. Rupert Murdoch repräsentiert ohne Zweifel *keinen* Qualitätsjournalismus – aber tun dies RTL oder der Axel-Springer-Verlag oder tat dies Leo Kirch?

Europäische und amerikanische Medienmärkte zeigen erhebliche anti-globalistische Reflexe, während die westliche Medienpolitik zeitgleich über WTO- und GATT-Abkommen den Ländern Asiens, Afrikas und Lateinamerikas den Freihandel nahelegt oder gar vorschreibt. Das bestehende medienpolitische Ungleichgewicht ist allerdings kleiner als man denken möchte, denn die schwächsten Entwicklungsländer (*Least Developed Countries*) sind wenig lukrative Märkte für westliche Medienmacher, so dass eine Zwangsliberalisierung über die Mechanismen des IWF und der Weltbank in der Regel nicht erfolgt. Die attraktiven Märkte der „Dritten Welt", allen voran Asien und hier vor allem China, wissen sich selbst zu „schützen", indem sie deren Kapitalmacht drosseln.

Für die Unwägbarkeiten und Grenzen des internationalen Kapitalflusses im Medienbereich ist die Geschichte von Rupert Murdochs Sender *Star TV* beispielhaft, weil die Sendergruppe vor allem auch auf Kontinenten wie Asien präsent ist. Unter ökonomischen Gesichtspunkten ist *Star TV* nicht so erfolgreich wie sich die Betreiber dies anfangs erhofft hatten. Das Unternehmen hat vielmehr Verluste gemacht. Dabei ist Murdoch der chinesischen Regierung bereits vor Jahren durch die Herausnahme der BBC-Nachrichten aus seinem Programm entgegengekommen. Er bot der Pekinger Regierung sogar an, eine Verschlüsselungssoftware für den chinesischen Fernsehmarkt zu entwickeln, wenn im Gegenzug *Star TV* Zutritt zum chinesischen Kabelnetz erhalten würde – aber auch diese anfangs erfolgversprechende Initiative ließ sich nicht realisieren.

Trotz enormer Wachstumsperspektiven asiatischer Märkte bestehen nach wie vor hohe Risiken, und auch eines der größten westlichen Medienunternehmen wie Murdochs *News Corporation* ist hier nicht erfolgreich. Eine Studie der UNESCO aus dem Jahr 1994 bestätigte, dass die Fernsehprogramme asiatischer Staaten (mit Ausnahme der Philippinen) im Vergleich zum europäischen Fernsehsystem einen deutlich geringeren Grad der Transnationalisierung hinsichtlich der Versorgung mit Importprogrammen aufweisen.[3] Auch in der Gegenwart tätigen die großen Medienunternehmen wie

---

3 Preben Sepstrup/Anura Goonasekera, TV Transnationalization in Europe and Asia. Reports and Papers on Mass Communication, No. 109, Paris (UNESCO) 1994.

AOL Warner, Disney, Viacom, News Corporation, Bertelsmann und *Seagram* nur geringe Teile ihrer Umsätze und Einnahmen in Asien, Afrika und Lateinamerika (Abb.17).

Abbildung 17 : Globale Umsatzverteilung großer Medienunternehmen

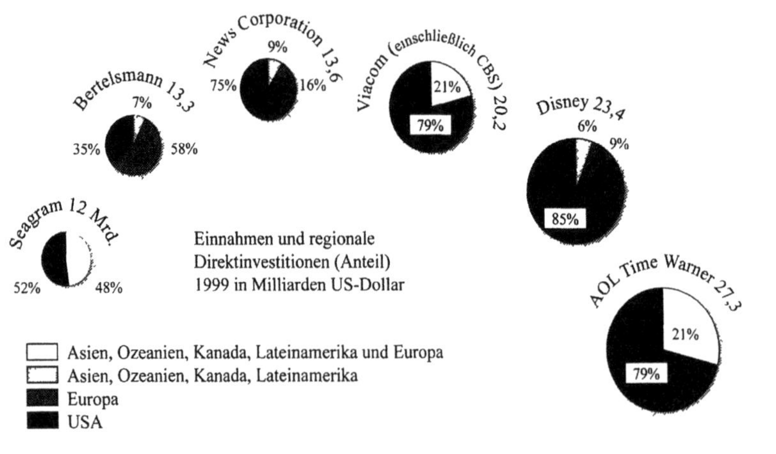

Einnahmen und regionale
Direktinvestitionen (Anteil)
1999 in Milliarden US-Dollar

Asien, Ozeanien, Kanada, Lateinamerika und Europa
Asien, Ozeanien, Kanada, Lateinamerika
Europa
USA

Quelle: Mark Balnaves u.a., The Global Media Atlas, London 2001

Insgesamt hat sich an dieser Situation bis heute nichts geändert. Im Jahr 2002 nahm daher Benjamin Compaine vom *Massachusetts Institute of Technology* (MIT) an prominenter Stelle, in der Zeitschrift *Foreign Policy*, deutlich Stellung gegen den Mythos der „global player" im Medienbereich:

> Die Vorstellung vom Aufstieg einer Handvoll allmächtiger transnationaler Medienunternehmen ist weit überzogen. Einige Firmen besitzen weltweit Unternehmen oder exportieren Medien über Grenzen hinweg (...), aber kein großes Konglomerat besitzt Zeitungen, Buchverlage, Radiosender, Kabelanstalten und Fernsehlizenzen auf allen großen Weltmärkten. News Corporation entspricht diesem Bild noch am ehesten, weil es ein globales Medienunternehmen im Produktions- wie auch im Distributionsbereich ist. Aber im Weltmaßstab ist auch dieses Unternehmen noch immer eine untergeordnete Größe.[4]

---

4 Benjamin Compaine, Think Again - Global Media, in: Foreign Policy 133/2002, S. 21.

Die in der Globalisierungsdebatte von Anfang an bestehende Vorstellung von transnationalen Medienunternehmen, die die Welt beherrschen, ist so weit von der Realität entfernt, dass man sich fragt, wie sie überhaupt entstehen konnte.

9.2 Vom Triumph der Provinzfürsten über die Global Player

Bezeichnend für die Fehlentwicklungen in der Globalisierungsdebatte ist der Eurozentrismus des vielleicht bekanntesten Werkes zur ökonomischen Medienglobalisierung, Edward S. Hermans und Robert W. McChesneys „The Global Media".[5] Die Autoren warnen vor der weltweiten Dominanz der westlichen Medienkonzerne und liefern dabei im empirischen Teil, wie könnte es anders sein, nahezu ausschließlich Belege von Unternehmungen und Verflechtungen in Nordamerika, Europa, Australien/Neuseeland sowie gelegentlich aus Lateinamerika und Indien.[6] Damit liegt die empirische Basis des Arguments deutlich in Europa und Nordamerika, und die Analysen der Autoren bieten hier eine durchaus begründete Kritik am zunehmenden Einfluss von Monopolkapital *innerhalb* der westlichen Formation sowie in Lateinamerika, dem „Vorhof" des US-Imperialismus, und im wirtschaftsliberalen Indien.

Doch schon mit Blick auf Lateinamerika und Indien ist die Annahme, westliches Medienkapital dominiere die dortigen Märkte, verkürzt und übertrieben. Gänzlich falsch wird das Argument, wenn die Autoren meinen, der Einfluss vor allem des anglo-amerikanischen Medienkapitals sei einheitlich in allen Weltregionen wirksam,[7] denn hier wird eine beherrschende Marktstellung behauptet, die die westlichen Medienunternehmen weder in Asien, Afrika oder im Nahen Osten noch in Lateinamerika innehaben – ganz zu schweigen davon, dass der amerikanische Stand auf dem deutschen Medienmarkt abgesehen vom Filmhandel und ungeachtet amerikanischen Mehrheitskapitals bei Fernsehsendern wie *Pro 7* und *Sat 1* insgesamt sehr begrenzt und keineswegs dominant ist.

---

5 Herman/McChesney 1997.
6 Ebenda, S. 156-188. Eine ähnliche Position im deutschsprachigen Raum vertritt Christiane Leidinger, Medien – Herrschaft – Globalisierung. Folgenabschätzung zu Medieninhalten im Zuge transnationaler Konzentrationsprozesse, Münster 2003, S. 323 ff.
7 Herman/McChesney 1997, S. 156.

Was bedeutet Hermans und McChesneys Hinweis auf die westliche Beherr-schung des „globalen Mediensystems", wie sie es nennen, wenn sie zugleich, eher am Rande und in scheinbarem Widerspruch zur Hauptaussage ihres Werkes, vermerken:

> Obwohl die globalen Medien sich ständig vergrößern und der Trend zur Kom-merzialisierung und Zentralisierung stark bleibt, ist dieser Prozess auf lokale und nationale Widerstände gestoßen, die ihn zum Teil verlangsamt haben und zu einer Bewahrung von indigenen kulturell-politischen Mediensphären beige-tragen haben; in den Nationalstaaten dieser Erde bestimmen nach wie vor Hei-matmedien, heimische Traditionen, Sprachen und Medienregularien die Me-dienkulturen.[8]

Die „global players", die großen westlichen Medienmogule, sind in Wirk-lichkeit regionale Konzerngrößen mit einem starken Standbein in Nordame-rika, Europa und Australien und mit mehr oder weniger aktiven Spielbeinen auf den anderen Weltmärkten. Dort haben sie allerdings bislang keine Vor-herrschaft entwickelt, da das einheimische Medienkapital weitaus stärker verbreitet ist. Die anderen Provinzfürsten dieser Erde, nationale und regiona-le Medienunternehmer, von denen in der Globalisierungsliteratur kaum die Rede ist, haben hingegen das Zeitalter der Globalisierung zu einer grandio-sen Einflusserweiterung genutzt, die den Weltkonzernen in nichts nachsteht, ihnen sogar in den meisten Fällen überlegen ist.

Hauptverantwortlich dafür, dass US-Kapital heute nur in sehr begrenz-tem Rahmen an den über 150 arabischen Fernsehkanälen beteiligt ist, die über Satellit ausgestrahlt werden, sind die großen arabischen Medienunter-nehmer wie Prinz Al-Walid (Alwaleed) bin Talal bin Abdulaziz al-Saud, Mitglied der saudischen Königsfamilie, Herr über ein großes arabisches Me-dienimperium und internationaler Großinvestor. In der Forbes-Liste der reichsten Menschen der Welt von 2004 rangiert er auf Platz 4, nur drei Plätze hinter dem Software-Milliardär Bill Gates, während westliche Medienmogu-le wie Silvio Berlusconi erst auf Rang 30 folgen, der Australo-Amerikaner Rupert Murdoch sogar erst auf Rang 43.[9]

Dass Rupert Murdoch überhaupt mit begrenzten Investitionen auf dem nahöstlichen Fernsehmarkt vertreten ist, verdankt er den guten Beziehungen zu Prinz Al-Walid, der sich im Gegenzug an Murdochs Konzern *News Cor-*

---

8 Ebenda, S. 9.
9 Http://www.forbes.com (5. August 2004).

poration beteiligt hat.[10] Gerade im Fernsehbereich haben sich im letzten Jahrzehnt regionale Kapitalinteressen formiert, die von der arabischen Halbinsel ausgehend auf die gesamte arabische Welt ausstrahlen.[11] Sie sind über verwandtschaftliche und vielfältige persönliche Kanäle so eng mit den staatlichen Führungen Saudi-Arabiens und der Golfstaaten verbunden, dass konkurrierendes Kapital aus Europa und den USA über staatliche Protektion jederzeit ferngehalten werden kann. Das saudische Engagement hat zudem eine regionale Konkurrenz freigesetzt, wobei auch andere arabische Staaten Fernsehmärkte teilweise deregulieren mussten, um ein saudisches Meinungsmonopol zu verhindern.[12] Interessant wird es sein, die Pläne von CNN für ein arabisches Programm vor dem Hintergrund der starken Regionalisierung des Fernsehmarktes zu beobachten.

Murdoch wie auch andere westliche Medienkonzerne spielen im Nahen Osten eher eine wenig dankbare Rolle als Lückenfüller in der Versorgungskette von Film- und Unterhaltungsware; eine Kapitalpräsenz, von der Naomi Sakr zu Recht meint, sie spiegele eine Form der Globalisierung ohne sozialen oder ökonomischen Tiefgang wider. Westliches Kapital auf arabischen Medienmärkten ist nicht stark vertreten, und es wird durch persönliche Beziehungen zu arabischen Medienimperien überhaupt erst in die Länder gelassen – und zwar in einer ökonomisch, politisch und kulturell entschärften Form, die deutlich zeigt, dass das Medienkapital des Nahen Ostens in nahezu jeder Hinsicht wie ein Globalisierungsfilter wirkt:

(Der Globalisierungsprozess/K.H.) ist umfassend, besitzt aber wenig Tiefgang (...) Es ist zu bezweifeln, dass die Kapitalbeziehungen über die persönlichen Beziehungen einiger Superreicher hinausreichen, die sie mit den Kapitalzentren der Welt verbinden (...) Die Konzentrationsprozesse des arabischen Medienkapitals haben separate Kontakte zu ausländischen Versorgern verringert. Die Importauswahl, vor allem für digitale Kanäle, geht auf den Bedarf zurück, Sendeplatz zu füllen und Investitionen in Infrastruktur zu schützen, ohne inhaltliche Tabus zu brechen.[13]

---

10 Sakr 2001, S. 66 ff.
11 Douglas A. Boyd, Saudi Arabia's International Media Strategy, in: Kai Hafez (Hrsg.), Mass Media, Politics and Society in the Middle East, Cresskill, NJ 2001, S. 43-60.
12 Tourya Guaaybess, Restructuring Television in Egypt: The Position of the State between Regional Supply and Local Demand, in: Kai Hafez (Hrsg.), Mass Media, Politics and Society in the Middle East, Cresskill, NJ 2001, S. 61-76.
13 Sakr 2001, S. 97.

Man könnte argumentieren, die Resistenz der arabischen Welt und des Nahen und Mittleren Ostens gegen globales Medienkapital sei eine Spezialität dieser Region, die sich gegen äußere Einflüsse stärker abschotte als der Rest der Welt. An dieser These ist richtig, dass der autoritäre Staat in der Region noch gefestigter ist als etwa in Lateinamerika, wo seit zwanzig Jahren eine umfassende Demokratisierung im Gang ist. Auch die mit der Iranischen Revolution von 1979 einsetzende Reislamisierung ist ein Faktor, der ein globalisierungsfeindliches Klima fördert, auch wenn sie nicht in allen Ländern und Bevölkerungsschichten bedeutsam ist.

Der Trend zur Stärkung des nationalen und regionalen Medienkapitals durch die Neuen Medien wie das direktempfangbare Satellitenfernsehen ist jedoch ein internationaler Trend, der sich auch andernorts nachweisen lässt. Es muss das Geheimnis von Herman und McChesney bleiben, warum sie etwa Brasilien und Mexiko als Bestandteile eines Fernsehimperiums der großen westlichen transnationalen Unternehmen betrachten.[14] In den genannten Ländern beherrschen einheimische Medienkonzerne wie *Globo* und *Televisa* etwa zwei Drittel der Fernsehwerbemärkte. Eigene Produktionen, nicht nur in Form der berühmten „Seifenopern" (*soap operas*), werden groß geschrieben. Die westlichen Investoren sind weit entfernt von einer marktbeherrschenden Stellung.[15]

Indien ist ein weiteres von Herman und McChesney für die Macht der westlichen Konzerne angeführtes Beispiel. Rupert Murdoch ist tatsächlich Großinvestor bei dem größten privaten Fernsehkonglomerat *Zee TV*. Allerdings ist die staatliche Sendergruppe *Doordashan* nach wie vor der Monopolist im Bereich der terrestrischen Fernsehübertragung, die noch immer die größten Reichweiten unter der armen Bevölkerung Indiens erzielt. Auf dem Satellitenfernsehmarkt musste *Zee TV* Ende der neunziger Jahre eine Abwehrschlacht gegen eine drohende Mehrheit Rupert Murdochs schlagen, die Subhash Chandra, der Gründer von *Zee TV* gewann. *Zee TV* ist heute der erste indische Medienkonzern, der Produktions- und Distributionskapazitäten vereint.[16] Murdochs Sendergruppe *Star TV* hat lediglich eine untergeordnete Stellung auf dem indischen Markt inne. *Zee TV*, nicht *Star TV*, hat sich in

---

14 Herman/McChesney 1997, S. 162-166.
15 John Sinclair, Mexico, Brazil, and the Latin World, in: John Sinclair/Elizabeth Jacka/Stuart Cunningham (Hrsg.), New Patterns in Global Television. Peripheral Vision, Oxford 1996c, S. 33-68.
16 Page/Crawley 2001, S. 120-123, 126-130.

den letzten Jahrzehnten als wichtigster Konkurrent von *Doordashan* im nationalen und südasiatischen regionalen Rahmen erwiesen.[17]

Jarren und Meier haben zu Recht darauf hingewiesen, dass neben starker nationaler und regionaler Unternehmenskonkurrenz auch fehlendes Know-How auf Seiten der globalen Medienunternehmer Erfolge auf internationalen Märkten behindert. Nationale und regionale Programme können sehr viel schneller auf kulturelle Trends reagieren, und die Zersplitterung von MTV in eine Reihe von regionalen Teilsendern zeigt das Bemühen, hier mitzuhalten. Die Strategie des „Recyclings" von überwiegend englischsprachigen Medienprodukten in Asien, Afrika und Lateinamerika, die sich bereits auf den amerikanischen und europäischen Märkten amortisiert haben, ist an ihre Grenzen gestoßen. Diese Know-How-Dynamik wiederum fördert den Trend zur Partikularisierung von Programminhalten, zur Anpassung globaler Akteure an lokale Programmpräferenzen wie auch die Bevorteilung des lokalen Medienkapitals.

Während im Fernsehbereich Globalisierungstendenzen immerhin deutlich erkennbar sind, wenn sie auch lange nicht so dominant sind, wie vielfach angenommen wird, muss der Grad der industriellen Verflechtungen im Bereich des Radios als noch weit geringer eingestuft werden. Zwar ist amerikanische und englische Popmusik weltweit verbreitet. Schon Anfang der neunziger Jahre wurden mehr als 70 Prozent der Popmusik von Großunternehmen wie EMI, *Warner* oder *Sony* produziert.[18] Dennoch sind die im Vergleich zum Fernsehen sehr günstigen Produktionsbedingungen des Radios, seiner Unterhaltungs- wie Informationsteile, ein Garant für die dezentralen, an Nationalstaaten oder sogar an Subregionen orientierten Strukturen des Radios. Der Zwang, Absatzmärkte über Ländergrenzen auszuweiten, um Märkte für teure Produkte wie amerikanische Kinofilme zu vergrößern, wird beim Radio ersetzt durch die Befähigung, auch sehr kleine Publikumssparten gewinnbringend erreichen zu können.

Radiomärkte selbst sind im weltweiten Vergleich insofern noch dezentraler strukturiert als Fernsehmärkte, als sie zwar amerikanische und englische Popmusik anbieten können, aber das „Bild" als eine über Ländergrenzen hinweg verstehbare „Sprache" wegfällt. Während Fernsehprogramme in sprachlich homogenen Räumen ein grenzüberschreitendes Publikum finden, haben Radioprogramme in aller Regel nicht einmal in Nachbarstaaten Hörer.

---

17 Ray/Jacka 1996, S. 90.
18 Keith Negus, Producing Pop: Culture and Conflict in the Popular Music Industry, London 1992, S. 1.

Redaktionelle Teile des Radioprogramms sind daher weltweit in den Händen nationaler Produzenten. David Hendy:

> (Selbst ärmere Länder/K.H) können ohne größere Belastung ihre eigene Radioproduktion etablieren. Der internationale Handel vorgefertigter Radioprogramme ist im Vergleich zum Fernsehen unbedeutend. Da Radioprogramme weder synchronisiert noch untertitelt werden können, setzt der sprachbasierte Charakter des Radiomediums Im- und Exporten deutliche Grenzen. Deutsche Sprechprogramme mögen in Österreich gerne angenommen werden, aber ein Markt für italienische und französische Programme existiert in den Nachbarstaaten nicht. Der weltweite englischsprachige Markt ist relativ groß, aber die geringen Kosten der Radioproduktion verringern jede Notwendigkeit für Im- und Exporte, auch zwischen Staaten wie den USA und Großbritannien. In ökonomischer Hinsicht zumindest ist eine Diskussion über Amerikanisierung und kulturellen Imperialismus für den Radiobereich viel weniger angebracht als dies vielleicht im Fernsehbereich der Fall ist.[19]

Insgesamt wird deutlich, dass die Transnationalisierung des Medienkapitals eher ein nationales oder regionales als ein globales Phänomen ist. Das leichtfertige Schlagwort vom „globalen kommerziellen Mediensystem", das durch „etwa zehn zumeist in den USA ansässige transnationale Unternehmen" (Herman/McChesney)[20] beherrscht wird, verdeckt die Tatsache, dass die Medienmärkte noch lange nicht von einer komplexen Interdependenz geprägt sind (vgl. Kap. 1.3), auch wenn einzelne transnationale Verflechtungen – wie die zwischen dem geokulturellen Großraum Europa/USA – sehr weit fortgeschritten sind. Auch hier allerdings ist die Rolle des lokalen und regionalen Kapitals weiter tonangebend und wird im Zweifel von einer protektionistischen Medienpolitik geschützt.

Solange die Debatte über den Zusammenhang von Medien und Globalisierung selbst in elementaren und trotz Unternehmensverflechtungen faktisch einfach zu prüfenden Feldern wie der Medienökonomie nicht auf ein Niveau gelangt, das sich an rationalen Marktanalysen orientiert, sondern einseitig auf einige „global players" fixiert bleibt, spiegelt das Konzept der „Globalisierung" weniger einen wissenschaftlichen Tatbestand als vielmehr eine sich selbst erfüllende Prophezeiung wider, die nur das zur Kenntnis nimmt, was ihrer Aufrechterhaltung dienlich ist.

Selbst wenn hier befriedigende Schlussfolgerungen gezogen würden, wäre allerdings die weitergehende Frage nach der gesellschaftlichen Bedeu-

---

19 David Hendy, Radio in the Global Age, Cambridge et al. 2000, S. 61.
20 Herman/McChesney 1997, S. 189.

tung des Medienkapitals im Prozess der Globalisierung noch nicht beantwortet. Rupert Murdochs Wirken in China, seine politischen Abmachungen mit der kommunistischen Führung, die ihn etwa dazu bewegen konnte, die kritischen BBC-Nachrichten vom kantonesischen *Star TV* zu entfernen, zeigt, dass westliches Kapital aus kommerziellen Gründen zu politischen Arrangements bereit ist, den autoritären Staat zu stabilisieren und insofern kulturell affirmativ wirken kann. Globale Medienunternehmen treten mit der gleichen Widersprüchlichkeit wie ihre regionalen Counterparts auf, die in der Regel die Status-Quo-Politik fördern, auch wenn sie in Einzelfällen politisch modernisierend sein können. Globale Medienunternehmen stärken noch lange keine globale Demokratiekultur.

Systemtheoretisch gesprochen dürfte der Schlüssel auch hier in der noch immer übermächtigen medienpolitischen Rolle des Nationalstaates liegen. Globale Interdependenzen bestehen, wenn überhaupt, im Mediensystem ausschließlich zwischen Eliten, das heißt innerhalb des politisch-wirtschaftlichen Komplexes (z.B. Murdoch/Al-Walid), der eine politische Domestizierung des globalen Kapitals erzwingt und eine Vertiefung der Beziehungen zwischen globalen Medien und ihrem Publikum weitgehend blockiert.

Fazit: Globalisierung – ein notwendiger Mythos

Den Mythos „Globalisierung" im Bereich der grenzüberschreitenden Kommunikation zu beleuchten ist weder der Versuch, die Globalisierung als reine Fiktion zu charakterisieren, noch die Bedeutung von Mythen generell zu leugnen. Der ständige Wechsel von Mythenbildung und Mythenwandel ist eine zentrale kulturbildende Dynamik. In seiner Auseinandersetzung mit der Geschichte der Mythen von der frühneuzeitlichen Buchkultur bis zur modernen Informationsgesellschaft hat Michael Giesecke dem Mythos eine alle Kulturen ordnende, die Umweltkomplexität verringernde und handlungsleitende Funktion zugewiesen:

> Als Akte reflexiver Selbstsimplifikation sind Mythen unverzichtbar. Vielleicht ist deshalb auch der Ausdruck ‚Entmystifizierung' missleitend. Da die Mythenbildung für die individuelle und kulturelle Identitätsbildung unvermeidlich ist, führt jede Entmystifizierung zu neuen Mythen. Es kann also nur darum gehen, zeitgemäße Mythen zu finden, solche zu verdrängen, die sich als Blockaden für die Zukunftsgestaltung erweisen.[1]

Betrachtet man die Globalisierung im Bereich der Medien und der Kommunikation als einen Mythos, so hat dieser ohne Zweifel eine Neuorientierung der Wissenschaft begünstigt und innovative Sichtweisen auf zahlreiche Prozesse befördert. „Globalisierung" hat sich als ein Gegenstand der Disziplinen übergreifenden Beschäftigung mit Weltprozessen erwiesen, mehr noch als das im Epochenbegriff der Moderne enthaltene Wissenschaftsparadigma der „Modernisierung" dies vermochte, das nach dem Zweiten Weltkrieg zahlreiche Fächer geprägt hatte. „Globalisierung" ermöglicht ein zeitgemäßes Hinterfragen des modernen Nationalstaats und der mit ihm verbundenen Nationalkultur; eine historische Formation, die keineswegs Ewigkeitscharakter beanspruchen kann und deren Relativierung sich durch die supranationale

---

1 Michael Giesecke, Von den Mythen der Buchkultur zu den Visionen der Informationsgesellschaft. Trendforschungen zur kulturellen Medienökologie, Frankfurt 2002, S. 204.

Verlagerung von Souveränität gerade in der Europäischen Union bereits heute sehr deutlich zeigt.

Aber die Komposition des Mythos der Globalisierung war und ist nicht herrschaftsfrei, sondern sie folgt den Gesetzmäßigkeiten des öffentlichen Diskurses und ist durchsetzt von Fehlwahrnehmungen, ideologischen Projektionen sowie politischen Interessen und daher permanent korrekturbedürftig. Wie jede große wissenschaftliche Fragestellung Revisionsphasen kennt, in denen sich ihre Prämissen verkehren und bis dahin sicher Geglaubtes hinterfragt wird, existieren auch in der Globalisierungsdebatte seit Anbeginn grundsätzlich kritische Strömungen, die nie verstummt sind und oft in den Medien- und Kommunikationswissenschaften beheimatet waren, auch wenn diese sich eigentlich nie gegen die großen Disziplinen der Sozial- und Wirtschaftswissenschaften haben durchsetzen können, die den Ton in der Globalisierungsdiskussion angeben.

Im Mainstream der Globalisierungsdebatte wird den Medien und der grenzüberschreitenden Kommunikation eine zentrale Bedeutung für die rapide zunehmende kommunikative Vernetzung von Staaten, Gruppen und Individuen zugeschrieben. Diese Prozesse üben demnach einen massiven Einfluss auf den Wandel von nationalen Politik- und Kultursystemen aus und werden als im Kern irreversibel, fortschreitend und als interdependent betrachtet. Dass keine der betroffenen Theoriebereiche heute von sich behaupten kann, auf einer soliden empirischen Basis zu ruhen, sondern zahlreiche Kernbereiche des Phänomens gar keine Globalisierungsdeutung erlauben oder erstaunlicherweise soweit unerforscht geblieben sind, dass große empirische Unsicherheit herrscht, wird in der Euphorie unterschlagen. Die Globalisierung der grenzüberschreitenden Kommunikation verläuft in vielen Bereichen wesentlich langsamer und unklarer als vielfach angenommen worden ist. Die globale kommunikative Vernetzung, die als eine Zunahme an Weltwissen verstanden wird, ist ein Phänomen, das nicht einmal alle Funktionseliten der Länder dieser Erde erfasst und das wichtige Mediensektoren wie den Auslandsjournalismus gar nicht substanziell transformiert hat, ganz zu schweigen von breiten Bevölkerungsschichten, die im modernen Informations- und Medienzeitalter oft nachhaltiger in ihren lokalen, nationalen oder bestenfalls regionalen Kommunikationsweisen bestärkt worden sind als darin, sich über Grenzen medial zu informieren oder gar auszutauschen. Alle aus der grenzüberschreitenden Massenkommunikation abgeleiteten Dimensionen des Systemwandels, des Zusammenwachsens, der Hybridisierung oder der „Glokalisierung" nationaler Kulturen bis zur Verringerung von Feindbildern und zwischenstaatlichen Reibungspunkten entpuppen sich bei vorurteilsfreier Betrachtung eher als unklare Zukunftsprojektionen denn als adäquate Beschreibung der Gegenwart.

Im ersten Theoriebereich der internationalen und transnationalen *Systemverbindungen* wirken sich eine Reihe von Gegentendenzen der globalen Kommunikation umso verheerender aus, als wir gerade nach den Ereignissen des 11. September mehr denn je die Notwendigkeit grenzüberschreitender Kommunikation erkennen müssen. Transnationale Medien, also Medien, die als überstaatliche globale Institutionen zu betrachten wären und als Leitmedien einer von spezifischen Staats- und Kultureinflüssen befreiten „Weltöffentlichkeit" (*global public sphere*), existieren im Grunde überhaupt noch nicht – was selbst für den amerikanischen Fernsehsender mit globalem Meinungsführeranspruch CNN gelten muss. Die Agenden der nationalen Medien stehen auch in der Gegenwart nur in einem sehr oberflächlichen Gleichklang von einigen internationalen Topereignissen, die weltweit berichtet werden, die aber nicht mit einer tiefgreifenden Kenntnis über die Entwicklungen in den Staaten der Welt verwechselt werden dürfen und die sich auch im modernen „Medienzeitalter" nahezu beliebig von heimischen Interessenkonstellationen „domestizieren" lassen.

Die Beispiele der weltweiten Berichterstattung über die Attentate des 11. September 2001 und des Irakkriegs 2003 haben gezeigt, dass eine konfliktmildernde kommunikative Vernetzung, in der sich die Medien vom traditionell starken Einfluss kriegsführender Regierungen und patriotischer Kultureinflüsse befreien, kaum belegt werden kann. Durch einseitige Berichterstattung in Kriegen und hochgradig fragmentarische Diskurse ist es nach wie vor möglich, Völker und ganze Weltregionen buchstäblich voneinander abzuschotten und für Kriege zu mobilisieren. Es gibt wenig Anlass zu der Annahme, dass eine globale Vernetzung der Medien die propagandistische Anfälligkeit auch demokratischer Gesellschaften für Kriegspropaganda substanziell verringert hätte.

Im Gegenteil: Die Durchsetzung der Technologie des direktempfangbaren Satellitenrundfunks erfolgte etwa zum selben Zeitpunkt, als sich die Perfektionierung der Kriegspropaganda auf ihrem Höhepunkt befand – zur Zeit des zweiten Golfkriegs von 1991. Seitdem, das zeigt die anhaltend kritische Literatur bis zum dritten Golfkrieg von 2003, sind zwar Veränderungen erfolgt, aber nur wenige Fortschritte in Richtung einer globalen Öffnung der Kriegskommunikation erzielt worden. Auch die Fernsehrevolutionen „des Südens" – etwa der arabischen Welt – haben trotz des zunehmend globalen

Austauschs von Bildern nicht verhindern können, dass der 11. September zum Scheidungsereignis für hochgradig isolierte und konfliktive Mediendiskurse über die Nahost- und Weltpolitik geworden ist. Nur dort, wo, wie im Fall der britischen Kriegsberichterstattung 2003, der Staat bereits auf Grund multinationaler Integration (Europäische Union) auf dem Rückzug ist, ist eine langsame Abkehr von nationalen Alleingängen in der Kriegsberichterstattung erkennbar. Ganz generell aber ist die Befreiung von Kriegslügen durch die heilsame Kraft international öffnender Medien in Zeiten, in denen der Nationalstaat weltweit noch für Generationen den Ton angeben wird, ein momentan sicher nicht angemessener Mythenanteil, von dem man sich verabschieden sollte.

Grenzüberschreitende Mediennutzung durch breite Bevölkerungsschichten ist weitgehend auf die eigenen Sprachregionen begrenzt. Fremdsprachliche Mediennutzung bleibt hingegen ein Privileg kleiner Wissenseliten oder Sondergruppen wie Einwanderern. Das Signum der gegenwärtigen Medienentwicklung ist neben der nach wie vor dominierenden Medienproduktion und -nutzung innerhalb von nationalen Medienräumen eine geolinguistisch geprägte Regionalisierung, von der derzeit nicht klar gesagt werden kann, ob sie globalisierungstransparent ist oder nicht. Wenn in großen Sprachräumen wie dem spanischen, dem chinesischen, dem indischen oder arabischen momentan ein Boom an eigensprachlichen Medien vonstatten geht und, falls Staatsgrenzen stören, über Satelliten und andere Wege der kleine Grenzverkehr forciert wird, dann besteht die Gefahr, dass sich kulturelle Großregionen als eine Art „Dämmschicht" für globale Einflüsse erweisen. Dies ist die medienpolitische Substanz des „Zusammenpralls der Zivilisationen", die der Schöpfer dieser Losung, Samuel Huntington, nie reflektiert hat, obwohl sie mindestens ebenso bedeutsam ist wie die von ihm behauptete essentielle Wesensverschiedenheit der großen Weltkulturen und -religionen.

Das Internet hat eine neue Qualität der Differenzierung der globalen Informationsdichte eingeführt, aber die grenzüberschreitende Vernetzung wächst in vielen Bereichen offenbar langsamer als lokale und nationale Interaktionen. Auch entsteht durch neue Unsicherheiten des Informationsflusses ein oft „virtuelles", mit der überprüfbaren Realität kaum in Einklang zu bringendes Weltwissen – ein „virtueller Kosmopolitismus", der mit der Haltung des „wahren" Kosmopoliten, der die Welt kennen gelernt hat und sich in ihr zurecht findet, wenig gemein hat. Die zunehmende Sprachenvielfalt im Internet sorgt für neue „babylonische" Trennungslinien. Das globale Mobilisierungspotenzial von politischen Kampagnen kann zwar im Einzelfall beeindrucken, tritt aber nur unter ganz spezifischen Bedingungen und Allianzen in Erscheinung. Der „digitale Graben" zwischen Industrie- und Entwicklungsstaaten lässt Zweifel daran aufkommen, ob komparative Politikvorteile einer globalen Zivilgesellschaft gegenüber der Macht der Regierungen sich überhaupt signifikant und politikverändernd bemerkbar machen.

Nach dieser ernüchternden Bilanz der Systemverbindungen ist es kein Wunder, dass der Einfluss grenzüberschreitender Massenkommunikation auf den *Systemwandel* vorsichtig eingeschätzt werden muss. Wenn heute jegliche politische und gesellschaftliche Veränderung vom Berliner Mauerfall über die politischen Umbrüche in der Ukraine, im Libanon oder in Kirgisien bis zur Beerdigung des Papstes als von globalen Medien geprägt betrachtet wird, dann ist das voreilig. Massenaufläufe nach dem Tod eines Papstes gab es schon oft in der Geschichte, lange vor den modernen Massenmedien, und auch politische Revolutionen und Aufstände sind nichts Neues. Im Gegenteil: die Ära der Informationsrevolution ist eine Zeit, in der entgegen allem Anschein die Zahl der freien Gesellschafts- und Mediensysteme keineswegs gewachsen ist, sondern in der sie abnimmt oder zumindest stagniert. Die Informationsrevolution hat die „Dritte Welle der Demokratisierung" verpasst, die mit den Umbrüchen in Osteuropa im Grunde vor der Durchsetzung der Neuen Medien des Internets und des direktempfangbaren Satellitenfernsehens endete. Sogenannte „Demonstrationseffekte" des Gesellschaftswandels, die durch Massenmedien Grenzen überschreiten, Bevölkerungen in anderen Ländern als Vorbilder für politisches Handeln dienen und der Demokratie als der vermeintlich besten politischen Ordnung weltweit zum Durchbruch verhelfen, wirken latent und sind ohnehin schwer messbar. Politische Medienwirkungen lassen sich, wenn überhaupt, nur in Phasen der politischen Transition, also in einer kurzen Umbruchphase langfristiger Transformationsprozesse, nachweisen.

Was den kulturellen Wandel betrifft, so hat die Globalisierungsdebatte im Grunde einen in sich widersprüchlichen Doppelmythos erzeugt, die Vorstellung nämlich, dass die kulturimperialistische „Amerikanisierung" oder „Verwestlichung" einhergehen könne mit der „Glokalisierung" oder „Hybridisierung" von Kulturen. Die Amerikanisierung hat ohne Zweifel den europäischen Filmmarkt erfasst und auch weite Teile der international gehörten Popmusik. Aber zu einer Verallgemeinerung im Sinne einer Gesamtbilanz der kulturellen Globalisierung taugen diese ständig wiederholten Einzelbefunde nicht. In zahlreichen Ländern und in den meisten Weltregionen bleiben amerikanische Kinofilmimporte in der Minderzahl, ganz zu schweigen vom

Fernsehfilm, der in den allermeisten Staaten von nationalen oder regionalen Industrien beherrscht wird. Selbst in Europa fiele eine kulturelle Gesamtbilanz des Films, der Musik, der Künste und der Wissenschaft gar nicht ohne weiteres zugunsten der Amerikanisierungsthese aus, die erst vor dem Hintergrund der unzulässigen analytischen Verengung auf Phänomene der Populärkultur Konturen erhält.

Die zweite Variante des Globalisierungsmythos behauptet nicht mehr nur eine Ausbreitung der amerikanischen und westlichen Kulturhegemonie, sondern sie berücksichtigt mögliche Gegenargumente, indem sie einräumt, dass außereuropäische Kulturen in Reaktion auf die Globalisierung zur lokalen Adaptation des Globalen fähig sind. Indischer Rap beispielsweise ist demnach eben eine typische Hybridkultur. Wohl wahr! Aber ein großer Teil dieser Mischkulturen wäre nicht reexportierbar auf westliche Märkte, was darauf hinweist, dass in der Globalisierungsdebatte eine Verwechslung von Globalisierung und Modernisierung stattfindet. Externe Anstöße können als Initialzündungen des Kulturwandels dienen, der sich dann allerdings auf der Basis einer universellen Rationalisierungs- und Erneuerungslogik, die allen großen Schriftkulturen zu eigen ist, selbstständig weiterentwickelt. Ohne permanente Anleihen von außen besteht auch in der heutigen Welt jederzeit die Möglichkeit, dass auch modernste Kulturproduktionen in anderen Teilen der Welt „Fremdheit" auslösen können. Die Entwicklung der Welt lebt – wie eh und je – von eigendynamischen Kulturentwicklungen innerhalb von Sprachräumen und Nationalstaaten, woran weder die „Verwestlichung" noch die einfache Vorstellung einer allumfassenden Durchmischung etwas ändern können.

Die Herausforderung der Wissenschaft im Angesicht der Globalisierung besteht darin, das von ihr hauptsächlich beackerte Feld der Mischkulturen zu beschreiben, deren Größe und Wachstum zu analysieren und ihren Anteil an einer Superkultur der Menschheit adäquat zu erfassen, nicht aber das Wesen der Transkultur zu hypertrophieren. Ein wichtiger Beitrag in diesem Zusammenhang wäre es, die völlig unterschiedlichen globalen Verzahnungslogiken und -geschwindigkeiten von Musik, Bild und Wort herauszuarbeiten. Es sind die Musik und das Bild, die die Unterhaltungskultur als Kernbereich der Globalisierung charakterisieren – und es ist das Wort, es sind die Nachrichten und Weltdeutungen, die sich als Basis des lokalen Widerstandes und der Eigenständigkeit erweisen.

Widerstand auch „in unserer Mitte"? Nachdem in den 1990er Jahren für kurze Zeit die Vorstellung von „virtuellen Gemeinschaften" von Einwanderern, die sich auf der Basis gemeinsamer Sprache weltweit und mit ihrem Ursprungsland vernetzten, als ein Wesensmerkmal der kommunikativen Globalisierung ausgemacht worden war, ist dieser Trend rasch verebbt. Man hat erkannt, dass diese Gemeinschaften zwar mit den Instrumenten der technischen Globalisierung ausgerüstet sind, dabei aber im Grunde konservative, nationalkulturelle, ja sogar chauvinistische Kulturen fördern können. Die islamistisch-fundamentalistische Netz-Internationale ist nur die Spitze des Eisbergs. Aber auch das schnelle Umkippen der Debatte von der Multikultur zu den negativen Ausprägungen einer Parallelgesellschaft ist vorschnell und wenig durchdacht. Zwischen Integration und Mediennutzung besteht kein linearer Wirkungszusammenhang. Ebenso wenig wie die ältere Annahme von der kulturöffnenden Wirkung der Grenzüberschreitung stimmt die neuere Gleichung von der Dislokation des Lokalen in Prozessen der Migration und Globalisierung. Auch ist eine feinere Typenbildung und verbesserte Theoriearbeit dringend erforderlich.

Auf der Suche nach den Ursachen für erkennbare Defizite der Systemverbindungen und des Systemwandels in Prozessen der kommunikativen Grenzüberschreitung muss die Frage nach den grundlegenden Beziehungen zwischen den Sendern und Empfängern von Massenkommunikation ins Blickfeld gerückt werden. Wie *interdependent* sind Staaten sowie regionale oder nationale Kulturen eigentlich, wenn man sie aus der Perspektive der Kommunikation betrachtet? Wie sähe eine kommunikationswissenschaftliche Theorie der internationalen Beziehungen aus? Strukturelle Defizite im Weltmedienwesen sind unverkennbar – und werden auch so leicht nicht behebbar sein. Ein Weltkommunikationssystem existiert bislang nicht, denn ungeachtet allen Informations- und Nachrichtenaustausches sind die Mediensysteme fest in nationaler Hand: nationale Eigentümer, Investoren und Publika dominieren; transnationale Medien (wie *Arte*) werden kaum genutzt; die Transnationalisierung von Medienkapital endet zumeist an subregionalen Grenzen. Unterhaltung mag in vielerlei Hinsicht global orientiert sein. Nachrichten und Informationen aber sind nahezu beliebig domestizierbar, weil sie für einen sehr beschränkten, in der Regel nationalen Konsumentenkreis aufbereitet werden, der nicht frei ist von nationalen Interessen, Vorbehalten, Stereotypen und kulturellen Erwartungshaltungen, die Medien bedienen müssen und die sie zugleich ständig reproduzieren. Und von solch provinziellen Systemen erwarten wir globale Mediendiplomatie?

Einige Ansätze einer zunehmenden strukturellen Verzahnung sind allerdings erkennbar. Große Sender wie CNN entwickeln fremdsprachliche Ableger in anderen Teilen der Welt oder wie der arabische Fernsehkanal *Al-Jazeera* eine englische Homepage: Maßnahmen, die die Interdependenzbeziehungen allmählich von der einseitigen Bindung an die Heimatbasis lösen könnten – jedoch mit fraglichem Ausgang für die Medieninhalte. Denn, ob ein und dasselbe Produkt – zum Beispiel Nachrichten – sich in absehbarer Zeit universell durchsetzen kann, bleibt abzuwarten. Amerikanische Konsumenten, konfrontiert mit permanenter Kritik an der arabischen Nahostpolitik? Japaner, die sich von den Chinesen den Zweiten Weltkrieg vorhalten lassen? Am Ende droht auch den vermeintlich transnationalen Projekten, was den Musiksender MTV bereits vor Jahren ereilte: ein dezentraler Zerfall des Programms, das im Grunde nur noch ökonomisch mit dem Mutterkonzern verbunden bleibt, inhaltlich aber längst aus einem Flickenteppich der unterschiedlichen Publikumsinteressen besteht. Auch die Transnationalisierung der Presse, die sich etwa in einem wachsenden Interesse amerikanischer Konsumenten an europäischen Online-Zeitungen während des Irakkriegs 2003 äußerte, ist noch ganz am Anfang. Ob die derzeit auch im Medienwesen dominierende kommerzielle und kapitalistische Form der Globalisierung hier den Weg weisen wird, ist vor dem Hintergrund der politischen Anpassungen, die die großen, ohnehin in ihrem weltweiten Einfluss stark überschätzten westlichen Medienkonzerne wie *News Corporation* (Murdoch) in der Vergangenheit vollzogen haben, mehr als fraglich.

Doch welche Alternativen gibt es? Brauchen wir einen neuen Primat der Politik in der globalen Medienkommunikation, einen neuen Ansatz der *global media governance*? Warum nicht? Das Beispiel der englischen Kriegsberichterstattung im Irakkrieg 2003 hat gezeigt, dass dort, wo Staaten sich aufeinander zubewegen oder zusammenwachsen, die Logik der geschlossenen, an Nationalstaats- und Kulturgrenzen orientierten Massenkommunikation relativiert werden kann. Die Tatsache allerdings, dass globale Medienpolitik heute im Grunde auf Bereiche beschränkt bleibt, in denen kommerzielle Interessen nach Regulation verlangen (z.B. Copyrightschutz), lässt wenig Raum zu Hoffnung auf eine neue Medienpolitik.

Nicht ohne Grund haben viele Beobachter gerade die Zivilgesellschaft als dritte Kraft neben Unternehmen und Regierungen ins Spiel gebracht. Von ihr erhoffte man sich eine „globale Zivilgesellschaft" – aber auch in diesem Bereich kann von einer ausgereiften Interdependenz nicht die Rede sein. Wahrnehmungsverzerrungen und Informationsunsicherheiten spielen beim globalen Internetaustausch ebenso eine Rolle wie beim klassischen Journalismus, denn die verbesserte Selbstdarstellung der Gesellschaften hat zu einer

Informationsflut beigetragen, die den Internetsurfer zum einsamen „Ethnologen am PC" macht und die Manipulationen aller Art (bis hin zum *cyber war*) ermöglicht. Auch hier fehlen also verbindliche und stabile Prozesse der informationellen Rückkopplung. Die Beliebigkeit, willkürliche Selektion und Zufälligkeit von netzbasierten Politikallianzen bleiben zudem weit hinter der Alltäglichkeit, Verbindlichkeit und Strukturiertheit von „Offline-Politik", dem staatlichen Regierungshandeln, zurück. Es ist sicher kein Zufall, sondern ein Strukturmerkmal der Globalisierung der Massenmedien, dass eines der wenigen Medien, das im Ansatz interdependent ist, der für andere Märkte produzierte Auslandsrundfunk, in seiner zivilgesellschaftlichen Bindung im Heimatland eine Interdependenzlücke aufweist. Im Inland kennt und nutzt ihn niemand, was ihn dem Wohlwollen der eigenen Staatsregierung ausliefert und ihn anfällig für Propaganda macht.

Globalisierung – ein notwendiger Mythos? Dieser Autor möchte die von Wirtschaftswissenschaftler Paul Hirst und Grahame Thompson gestellte Frage eindeutig bejahen.[2] Was bleibt, ist der Appell, eine grandiose Utopie durch nüchterne und vorurteilsfreie Analyse zu stärken.

---

2 Paul Hirst/Grahame Thompson, Globalization – A Necessary Myth?, in: David Held/Anthony McGrew (Hrsg.), The Global Transformations Reader. An Introduction to the Globalization Debate, Cambridge et al. 2000, S. 98-105.

Literaturverzeichnis

Abdellah, M. Rabah, Journalists' Organizations and Associations of Self-Regulation in Algeria, in: Kai Hafez (Hrsg.), Media Ethics in the Dialogue of Cultures. Journalistic Self-Regulation in Europe, the Arab World, and Muslim Asia, Hamburg 2003, S. 158-161

Aksoy, Asu/Kevin Robins, Thinking across Spaces. Transnational Television from Turkey, in: European Journal of Cultural Studies 3 (2000) 3, S. 343-365

Allensbacher Jahrbuch der Demoskopie 1984-1992, Hrsg. von Elisabeth Noelle-Neumann und Renate Köcher, München et al. 1993

Ammon, Royce J., Global Television and the Shaping of World Politics. CNN, Telediplomacy, and Foreign Policy, Jefferson/London 2001

Anderson, Walter Truett, All Connected Now. Life in the First Global Civilization, Boulder 2004

Ang, Ien, Watching Dallas, New York/London 1985

Asche, Helmut (Hrsg.), Dritte Welt für Journalisten. Zwischenbilanz eines Weiterbildungsangebotes, im Auftrag des Modellversuchs Journalisten-Weiterbildung an der Freien Universität Berlin, Saarbrücken/Fort Lauderdale 1984

Assmann, Jan, Kollektives Gedächtnis und kulturelle Identität, in: Jan Assmann/Tonio Hölscher (Hrsg.), Kultur und Gedächtnis, Frankfurt 1988, S. 9-19

Ayish, Muhammad, Foreign Voices as People's Choices. BBC Popularity in the Arab World, in: Middle Eastern Studies 3/1991, S. 374-389

Ayish, Muhammad I., Political Communication on Arab World Television: Evolving Patterns, in: Political Communication 19 (2002) 2, S. 137-154

Ayish, Muhammad I., Arab World Television in the Age of Globalization. An Analysis of Emerging Political, Economic, Cultural and Technological Patterns, Hamburg 2003

Barker, Chris, Global Television. An Introduction, Oxford 1997

Becker, Jörg, Massenmedien im Nord-Süd-Konflikt, Frankfurt 1985

Becker, Jörg, Internationaler Nachrichtenfluß: Eine Stellungnahme zum Aufsatz von Birgit Schenk, in: Rundfunk und Fernsehen 36 (1988) 1, S. 45-55

Becker, Jörg, Die Ethnisierung der deutschen Medienlandschaft – türkische Medienkultur zwischen Assoziation und Dissoziation, in: Christine Lieberknecht

(Hrsg.), Der Staat in der Informationsgesellschaft. 9. Ettersburger Gespräche (Ministerium für Bundesangelegenheiten), Erfurt 1998, S. 71-75

Behmer, Markus, Pressefreiheit in der Dritten Welt – Was heißt „Freiheit"?, in: Michael Haller (Hrsg.), Das freie Wort und seine Feinde, Konstanz 2003, S. 147-160

Beisheim, Marianne/Gregor Walter, ‚Globalisierung' – Kinderkrankheiten eines Konzepts, in: Zeitschrift für internationale Beziehungen 4 (1997) 1, S. 153-180

Bennett, W. Lance/David L. Paletz (Hrsg.), Taken by Storm. The Media, Public Opinion, and U.S. Foreign Policy in the Gulf War, Chicago/London 1991

Blöbaum, Bernd, Nachrichtenagenturen in den Nord-Süd-Beziehungen. Eine Studie zur Entwicklung, Struktur und Reform der Weltnachrichtenordnung, Berlin 1983

Bocock, Robert, Hegemony, London/New York 1986

Böhm, Andrea, Die mediale Täter-Opfer-Falle: Ausländer als Objekte journalistischer Begierde, in: Christoph Butterwegge/Gudrun Hentges/Fatma Sarigöz (Hrsg.), Medien und multikulturelle Gesellschaft, Opladen 1999, S. 90-94

Boutarkha, Fatima, The Role of Journalism Associations and Trade Unions in the Democratic Transition of Morocco, in: Kai Hafez (Hrsg.), Media Ethics in the Dialogue of Cultures. Journalistic Self-Regulation in Europe, the Arab World, and Muslim Asia, Hamburg 2003, S. 147-157

Boyd, Douglas A., Saudi Arabia's International Media Strategy: Influence through Multinational Ownership, in: Kai Hafez (Hrsg.), Mass Media, Politics, and Society in the Middle East, Cresskill, NJ 2001, S. 43-60

Brecht, Bertolt, Der Rundfunk als Kommunikationsapparat. Rede über die Funktion des Rundfunks; Vorschläge für den Intendanten des Rundfunks; Radio – eine vorsintflutliche Erfindung?, alle in: Werke, Bd. 21, Schriften I, Berlin et al. 1989. – Der Flug der Lindberghs. Ein Radiolehrstück für Knaben und Mädchen, in: Werke, Bd.3, Stücke III, Berlin et al. 1989

Breidenbach, Joana/Ina Zukrigl, Tanz der Kulturen. Kulturelle Identität in einer globalisierten Welt, München 1998

Breslin, Shaun/Christopher W. Hughes/Nicola Phillips/Ben Rosamund (Hrsg.), New Regionalisms in the Global Political Economy, London/New York 2002

Brown, Aggrey, In the Carribean, a Complex Situation, in: Media and Democracy in Latin America and Caribbean, Paris 1996, S. 40-47

Bucher, Hans-Jürgen, Internet und globale Kommunikation. Ansätze eines Strukturwandels der Öffentlichkeit?, in: Andreas Hepp/Martin Löffelholz (Hrsg.), Grundlagentexte zur transkulturellen Kommunikation, Konstanz 2002, S. 500-530

Bunt, Gary, Virtually Islamic: Computer-Mediated Communication and Cyber-Islamic Environments, Cardiff 2000

Burkhart, Grey E./Susan Older, The Information Revolution in the Middle East (RAND), St Monica et al. 2003

Butterwegge, Christoph, Kampf oder Dialog der Kulturen? Samuel P. Huntingtons These vom „Zusammenprall der Zivilisationen", in: Zeitschrift für Migration und soziale Arbeit 17 (1996) 2, S. 44-47

Büttner, Friedemann, Islamischer Fundamentalismus: Politisierter Traditionalismus oder revolutionärer Messianismus?, in: Heiner Bielefeldt/Wilhelm Heitmeyer (Hrsg.), Politisierte Religion. Ursachen und Erscheinungsformen des modernen Fundamentalismus, Frankfurt 1998, S. 188-210

Castells, Manuel, Das Informationszeitalter, 3 Bde., Opladen 2001

Chouikha, Larbi, Etatisation et pratique journalistique, in: Revue tunisienne de communication 22/1992, S. 37-46

Cleaver, Harry M., The Zapatista Effect: The Internet and the Rise of an Alternative Political Fabric, in: Journal of International Affairs 51 (1998) 2, S. 621-640

Collins, Richard, From Satellite to Single Market. New Communication Technology and European Public Service Television, London/New York 1998

Comor, Edward, Media Corporations in the Age of Globalization, in: William B. Gudykunst/Bella Mody (Hrsg.), Handbook of International and Intercultural Communication, Thousand Oaks et al. 2002, S. 309-323

Compaine, Benjamin, Think Again - Global Media, in: Foreign Policy 133/2002, S. 20-28

Cottle, Simon, Reporting the Rushdie Affair: a Case Study in the Orchestration of Public Opinion, in: Race & Class 32 (1991) 4, S. 45-64

Curran, James/Myung-Jin Park, Beyond Globalization Theory, in: dies. (Hrsg.), De-Westernizing Media Studies, London/New York 2000, S. 3-18.

DeLuca, Anthony R., Politics, Diplomacy, and the Media. Gorbachev's Legacy in the West, Westport/London 1998

Domke, David, God Willing? Political Fundamentalism in the White House, the ,War on Terror' and the Echoing Press, London/Ann Arbor 2004

Dritte Welt und Medienwelt. Entwicklungspolitik und das Bild der Dritten Welt in Presse, Hörfunk, Fernsehen, Eigenerhebungen und Sekundäranalysen des Zentrums für Kulturforschung/Bonn, im Auftrag des Bundesministeriums für wirtschaftliche Zusammenarbeit, Bonn 1983

Duve, Freimut/Alexander Nitzsche/Ana Karlsreiter, The OSCE, Islam, and the Media, in: Kai Hafez (Hrsg.), Media Ethics in the Dialogue of Cultures. Journalistic Self-Regulation in Europe, the Arab World, and Muslim Asia, Hamburg 2003, S. 249-264

Eckhardt, Josef, Berichterstattung über die Dritte Welt im ARD-Programm und im Westdeutschen Fernsehen, in: Media Perspektiven 12/1982, S. 767-775

Egloff, Daniel, Digitale Demokratie: Mythos oder Realität? Auf den Spuren der demokratischen Aspekte des Internets und der Computerkultur, Wiesbaden 2002

El-Nawawy, Mohammed/Adel Iskandar, *Al-Jazeera*. The Story of the Network that Is Rattling Governments and Redefining Modern Journalism, Cambridge, MA 2003

Fandy, Mamoun, CyberResistance: Saudi Opposition between Globalization and Localization, in: Comparative Studies of Society and History 41 (1999) 1, S. 124-147

Fandy, Mamoun, Information Technology, Trust, and Social Change in the Arab World, in: The Middle East Journal 54 (2000) 3, S. 379-398

Ferguson, Marjorie, The Myth of Globalization, in: European Journal of Communication 7 (1992) 1, S. 69-93

Fernsehnutzung der türkischen Bevölkerung in Herne. Forschungsprojekt im Auftrag von KOMTECH, Solingen, März 2001

Galtung, Johan, Eine strukturelle Theorie des Imperialismus, in: Dieter Senghaas (Hrsg.), Imperialismus und strukturelle Gewalt. Analysen über abhängige Reproduktion, Frankfurt 1972, S. 29-104

Gerbner, George/Hamid Mowlana/Kaarle Nordenstreng (Hrsg.), The Global Media Debate: its Rise, Fall, and Renewal, Norwood, NJ 1993

Giddens, Anthony, The Constitution of Society, Cambridge 1984

Giddens, Anthony, The Nation-State and Violence, Cambridge 1985

Giesecke, Michael, Von den Mythen der Buchkultur zu den Visionen der Informationsgesellschaft. Trendforschungen zur kulturellen Medienökologie, Frankfurt 2002

Gilboa, Eytan, The CNN Effect: The Search for a Communication Theory of International Relations, in: Political Communication 22 (2005) 1, S. 27-44

Gillespie, Marie, Local Uses of the Media: Negotiating Culture and Identity, in: Annabelle Sreberny-Mohammadi/Dwayne Winseck/Jim McKenna/Oliver Boyd-Barrett (Hrsg.), Media in Global Context. A Reader, London et al. 1997, S. 323-337

Glass, Daniel, Die Dritte Welt in der Presse der Bundesrepublik Deutschland. Eine ideologiekritische Fallstudie, Frankfurt 1979

Groebel, Jo, Die Rolle des Auslandsrundfunks. Eine vergleichende Analyse der Erfahrungen und Trends in fünf Ländern, Bonn: Friedrich-Ebert-Stiftung 2000

Guaaybess, Tourya, Restructuring Television in Egypt: The Position of the State between Regional Supply and Local Demand, in: Kai Hafez (Hrsg.), Mass Media, Politics and Society in the Middle East, Cresskill, NJ 2001, S. 61-76

Gurevitch, Michael/Mark R. Levy/Itzhak Roeh, The Global Newsroom. Convergences and Diversities in the Globalization of Television News, in: Peter Dahlgren/Colin Sparks (Hrsg.), Communication and Citizenship. Journalism and the Public Sphere, London/New York 1993, S. 195-216

Habermas, Jürgen, Strukturwandel der Öffentlichkeit, Frankfurt 1990 (Orig. 1962)

Hafez, Kai, Islam und Modernität in der Washington Post zur Zeit der Iranischen Revolution 1978/79, in: Asien, Afrika, Lateinamerika 21 (1993) 4, S. 373-381

Hafez, Kai, Salman Rushdie im Kulturkonflikt. Zum Problem der transkulturellen Kommunikation in der deutschen Presseberichterstattung, in: Orient 37 (1996a) 1, S. 137-161

Hafez, Kai, The Algerian Crisis as Portrayed in the German Press: Media Coverage of Political Islam, in: Communications. The European Journal of Communication Research 21 (1996b) 2, S. 155-182

Hafez, Kai, Der Islam und der Westen - Kampf der Zivilisationen ?, in: ders. (Hrsg.), Der Islam und der Westen. Anstiftung zum Dialog, Frankfurt 1997a, S. 15-27

Hafez, Kai, Öffentlichkeitsbilder des Islam. Kultur- und rassismustheoretische Grund lagen ihrer politikwissenschaftlichen Erforschung, in: Siegfried Jäger/ Helmut Kellerhohn/Andreas Disselnkötter/Susanne Slobodzian (Hrsg.), Evidenzen im Fluß. Demokratieverluste in Deutschland, Duisburg 1997b, S. 188-204

Hafez, Kai, Dialog mit dem Islam. Die Debatte über Medien und Außenpolitik, in: Die Brücke 93/1997c, S. 56-59

Hafez, Kai, Antisemitismus, Philosemitismus und Islamfeindlichkeit: ein Vergleich ethnisch-religiöser Medienbilder, in: Christoph Butterwegge/Gudrun Hentges/Fatma Sarigöz (Hrsg.), Medien und multikulturelle Gesellschaft, Opladen 1999a, S. 122-135

Hafez, Kai, International News Coverage and the Problems of Media Globalization. In Search of a „New Global-Local Nexus", in: Innovation. The European Journal of Social Sciences 12 (1999b) 1, S. 47-62

Hafez, Kai, Mass Media in the Middle East. Patterns of Societal Change, in: Kai Hafez (Hrsg.), Mass Media, Politics and Society in the Middle East, Cresskill, NJ 2001a, S. 1-20

Hafez, Kai, The Ethics of Journalism. Comparison and Transformations in the Islamic-Western Context, Schloss Bellevue, Berlin, 29.-30. März 2001, in: Orient 42 (2001b) 3, S. 403-415

Hafez, Kai, Über den „digitalen Graben"? Das Medien- und Kommunikationswesen in Asien, Afrika und Lateinamerika, in: Asien Afrika Lateinamerika 29 (2001c) 6, S. 545-553

Hafez, Kai, Die politische Dimension der Auslandsberichterstattung, 2 Bd., Baden-Baden 2002a

Hafez, Kai, Türkische Mediennutzung in Deutschland: Hemmnis oder Chance der gesellschaftlichen Integration. Eine qualitative Studie im Auftrag des Presse- und Informationsamtes der Bundesregierung, Hamburg/Berlin 2002b

Hafez, Kai, Editor's Preface, in: ders. (Hrsg.), Media Ethics in the Dialogue of Cultures. Journalistic Self-Regulation in Europe, the Arab World and Muslim Asia, Hamburg 2003a, S. 13-17

Hafez, Kai, Auslandsrundfunk im „Dialog der Kulturen". Konzeptionelle Überlegungen zur Gestaltung der Programme der Deutschen Welle in der islamischen Welt, Abschlussbericht zum Evaluations- und Beratungsprojekt, Erfurt 2003b (unveröffentlicht)

Hafez, Kai, Arabisches Satellitenfernsehen – Demokratisierung ohne politische Parteien?, in: Aus Politik und Zeitgeschichte B 48/2004, S. 17-23

Hafez, Kai, Globalization, Regionalization and Democratization: The Interaction of Three Paradigms in the Field of Mass Communication, in: Bob Hackett (Hrsg.), Democratizing Global Media: One World, Many Struggles, New York (im Druck 2005)

Hagen, Lutz M., Informationsqualität von Nachrichten. Meßmethoden und ihre Anwendung auf die Dienste von Nachrichtenagenturen, Opladen 1995, S. 252-264

Hagen, Lutz M., Ausländische Berichterstattung über Deutschland. Erste Ergebnisse der „Foreign-News-Studie" über Umfang und Themen von Nachrichten über Deutschland in verschiedenen Ländern, in: Siegfried Quandt/Wolfgang Gast (Hrsg.), Deutschland im Dialog der Kulturen. Medien – Images – Verständigung, Konstanz 1998, S. 203-211

Hagen, Lutz M. (Hrsg.), Europäische Union und mediale Öffentlichkeit, Köln 2004

Halavais, Alexander, National Borders on the World Wide Web, in: New Media and Society 2 (2000) 1, S. 7-28

Hall, Stuart, Who Needs „Identity"?, in: Stuart Hall/ Paul du Gay (Hrsg.), Questions of Cultural Identity, London 1996, S. 1-17

Hasebrink, Uwe/Anja Herzog, Mediennutzung im internationalen Vergleich, in: Internationales Handbuch Medien 2004/5, Hans-Bredow-Institut, Baden-Baden 2004, S. 136-158

Held, David/Anthony McGrew/David Goldblatt/Jonathan Perraton, Rethinking Globalization, in: David Held/Anthony McGrew (Hrsg.), The Global Transformations Reader. An Introduction to the Globalization Debate, Cambridge et al. 2000, S. 67-74

Held, David/Anthony McGrew (Hrsg.), The Global Transformation Reader. An Introduction to the Globalization Debate, Cambridge et al. 2003

Hendy, David, Radio in the Global Age, Cambridge et al. 2000

Hepp, Andreas/Martin Löffelholz (Hrsg.), Grundlagentexte zur transkulturellen Kommunikation, Konstanz 2002

Hepp, Andreas/Friedrich Krotz/Carsten Winter, Einleitung, in: dies. (Hrsg.), Globalisierung der Medienkommunikation. Eine Einführung, Wiesbaden 2005, S. 5-17.

Herman, Edward S./Robert W. McChesney, The Global Media. The New Missionaries of Corporate Capitalism, London/New York 1997

Herzog-Massing, Herta, Decoding Dallas, in: Society 24 (1986) 1, S. 74-77

Hess, Stephen/Marvin Kalb (Hrsg.), The Media and the War on Terrorism, Washington, D.C. 2003

Hippler, Jochen/Andrea Lueg (Hrsg.), Feindbild Islam, Hamburg 1993

Hirst, Paul/Grahame Thompson, Globalization in Question, Cambridge 1999 (2. Ausg.)

Hirst, Paul/Grahame Thompson, Globalization – A Necessary Myth?, in: David Held/Anthony McGrew (Hrsg.), The Global Transformations Reader. An Introduction to the Globalization Debate, Cambridge et al. 2000, S. 98-105

Huntington, Samuel P., The Clash of Civilizations?, in: Foreign Affairs 72 (1993) 3, S. 22-49

Huntington, Samuel P., Der Kampf der Kulturen/The Clash of Civilizations. Die Neugestaltung der Weltpolitik im 21. Jahrhundert, München/Wien 1996

Jameson, Fredric, Preface, in: Fredric Jameson/Masao Miyoshi (Hrsg.), The Cultures of Globalization, Durham 1998, S. XI-XVI

Jarren, Otfried/Werner A. Meier, Globalisierung der Medienlandschaft und ihre medienpolitische Bewältigung: Ende der Medienpolitik oder neue Gestaltungsformen auf regionaler und nationaler Ebene?, in: Hauke Brunkhorst/Matthias Kettner (Hrsg.), Globalisierung und Demokratie. Wirtschaft, Recht, Medien, Frankfurt 2000, S. 347-368

Joetze, Günter, Politische Grenzen der Globalisierung, in: Internationale Politik 54 (1999) 6, S. 53-58

Jones, Adam, From Vanguard to Vanquished: The Tabloid Press in Jordan, in: Political Communication 19 (2002) 2, S. 171-187

Jung, Matthias/Thomas Niehr/Karin Böke, Ausländer und Migranten im Spiegel der Presse. Ein diskurshistorisches Wörterbuch zur Einwanderung seit 1945, Wiesbaden 2000

Kaplan, Martin/Johanna Blakley (Hrsg.), Warners' War: Politics, Pop Culture and Propaganda in Wartime, Los Angeles 2004

Kavoori, Anandam P., Trends in Global Media Reception, in: Daya Kishan Thussu (Hrsg.), Electronic Empires. Global Media and Local Resistance, London et al. 1998, S. 193-207

Keohane, Robert O./Joseph S. Nye, Power and Interdependence. World Politics in Transition, Boston/Toronto 1977

Kleinsteuber, Hans J., Auslandsrundfunk in der Kommunikationspolitik. Zwischen globaler Kommunikation und Dialog der Kulturen, in: Andreas Hepp/Martin Löffelholz (Hrsg.), Grundlagentexte zur transkulturellen Kommunikation, Konstanz 2002, S. 345-372

Kleinsteuber, Hans J., Bausteine für einen dialogischen Journalismus: Zur Umsetzung des Prinzips „Dialog der Kulturen", in: Jörgen Klussmann (Hrsg.), Interkulturelle Kompetenz und Medienpraxis. Ein Handbuch, Frankfurt 2004, S. 41-68

Klemm, Verena/Karin Hörner (Hrsg.), Das Schwert des „Experten". Peter Scholl-Latours verzerrtes Araber- und Islambild, Heidelberg 1993

Kraidy, Marwan M., Glocalisation. An International Communication Framework?, in: Journal of International Communication 9 (2003) 2, S. 29-49

Kriener, Markus/Miriam Meckel, Internationale Kommunikation. Begriffe, Probleme, Referenzen, in: dies. (Hrsg.), Internationale Kommunikation. Eine Einführung, Opladen 1996, S. 11-18

Lagrange, Frederic, Al-Tarab. Die Musik Ägyptens, Mit einem Vorwort von Rabih Abou-Khalil, Heidelberg 2000

Lechner, Frank J./John Boli (Hrsg.), The Globalization Reader, Oxford 2000

Lee, Hyangjin, Contemporary Korean Cinema. Identity, Culture, Politics, Manchester/New York 2000

Leggewie, Claus/Christian Maar (Hrsg.), Internet und Politik. Von der Zuschauer- zur Beteiligungsdemokratie?, Köln 1998

Lehmann, Ingrid A., Transatlantic Media Divide over Iraq, in: Medien Tenor Forschungsbericht Nr. 147, September 2004, S. 66-69

Leidinger, Christiane, Medien – Herrschaft – Globalisierung. Folgenabschätzung zu Medieninhalten im Zuge transnationaler Konzentrationsprozesse, Münster 2003

Leonard, Mark, Diplomacy by other Means, in: Foreign Policy 132/2002, S. 48-56

Lieber, Robert J./Ruth E. Weisberg, Globalization, Culture, and Identities in Crisis, in: International Journal of Politics, Culture and Society 16 (2002) 2, S. 273-296

Liebes, Tamar/Elihu Katz, The Export of Meaning. Cross-Cultural Readings of *Dallas*, New York/Oxford 1990

Liebig, Klaus, Geistige Eigentumsrechte: Motor oder Bremse wirtschaftlicher Entwicklung? Entwicklungsländer und das TRIPS-Abkommen, Deutsches Institut für Entwicklungspolitik, Bonn 2001

Löffelholz, Martin, Krisen- und Kriegskommunikation als Forschungsfeld, in: ders. (Hrsg.), Krieg als Medienereignis II. Krisenkommunikation im 21. Jahrhundert, Wiesbaden 2004, S. 13-55

Lohlker, Rüdiger, Islam im Internet. Neue Formen der Religion im Cyberspace, Hamburg 2001 (2. Aufl.)

Ludwig, Alexander, Die Bedeutung der Neuen Weltinformationsordnung und ihre Bewertung in vier Tageszeitungen, in: Publizistik 29 (1984) 3-4, S. 287-302

Luger, Kurt, Dritte-Welt-Berichterstattung: eine einzige Katastrophe? Die Konstruktion von Wirklichkeit in Theorie und Praxis, in: Die Dritte Welt in den Massenmedien, Institut für Publizistik- und Kommunikationswissenschaft der Universität Salzburg, Salzburg 1985, S. 5-25

Luger, Kurt, Zwischen Katastrophen und Shangri La: Bilder von der Dritten Welt, in: Dialog 16 (1989) 3, S. 19-29

Lull, James, Superkultur, in: Andreas Hepp/Martin Löffelholz (Hrsg.), Grundlagentexte zur transkulturellen Kommunikation, Konstanz 2002, S. 750-773

Maresch, Rudolf/Florian Roetzer, Cyberhypes. Möglichkeiten und Grenzen des Internet, Frankfurt 2001

Margolis, Michael/David Resnick, Politics as Usual. The Cyberspace „Revolution", Thousand Oaks et al. 2000

McLuhan, Marshall, Die magischen Kanäle/"Understanding Media", Düsseldorf et al.1992

Meckel, Miriam, Internationales als Restgröße? Struktur der Auslandsberichterstattung im Fernsehen, in: Klaus Kamps/Miriam Meckel (Hrsg.), Fernsehnachrichten. Prozesse, Strukturen, Funktionen, Opladen 1998, S. 257-274

Metze-Mangold, Verena, Gibt es globale Spielregeln für die Pressefreiheit?, in: Michael Haller (Hrsg.), Das freie Wort und seine Feinde, Konstanz 2003, S. 123-135

Meyer, Thomas, Mediokratie. Die Kolonisierung der Politik durch die Medien, Frankfurt 2004

Micklethwait, John/Adrian Wooldridge, Futur II – Globalisierung als Erfolgsgeschichte. Herausforderungen und Chancen der neuen Weltwirtschaft, München
et al. 2000

Mikich, Sonia, Geistige Provinzialisierung: Eine Zustandsbeschreibung, in: Claudia
Cippitelli/Axel Schwanenbeck (Hrsg.), Nur Krisen, Kriege, Katastrophen? Auslandsberichterstattung im deutschen Fernsehen. Dokumentation der 21. Tutzinger Medientage, München 2003, S. 117-128

Miles, Hugh, Al-Jazeera. How Arab TV News Challenged the World, London 2005

Miller, David (Hrsg.), Tell Me Lies. Propaganda and Media Distortion in the Attaq
on Iraq, London/Sterling 2004

Millikowski, M., Zapping between Dutch and Turkish: Satellite Television and Amsterdam Turkish Migrants, in: Migration and Identity, London 1998

Mishra, Vijay, Bollywood Cinema. Temples of Desire, New York/London 2002

Moisy, Claude, Myths about the Global Information Village, in: Foreign Policy
107/1997, S. 78-87

Morley, David/Kevin Robins, Spaces of Identity. Global Media, Electronic Landscapes and Cultural Boundaries, London/New York 1995

Morley, David/Kevin Robins, Globalisierung als Identitätskrise. Die neue globale
Medienlandschaft, in: Andreas Hepp/Martin Löffelholz (Hrsg.), Grundlagentexte zur transkulturellen Kommunikation, Konstanz 2002, S. 533-560

Mostefaoui, Belkacem, Ausländisches Fernsehen im Maghreb – ein Medium mit
kulturellen und politischen Auswirkungen, in: Wuquf 10-11/1995-96, Hamburg,
1997, S. 425-455

Mueller, John E., War, Presidents, and Public Opinion, New York 1973

Münker, Stefan/Alexander Roesler (Hrsg.), Mythos Internet, Frankfurt 1997

Mytton, Graham, A Billion Viewers Can't Be Right, in: Intermedia 19 (1991) 3,
S. 10-12

Mytton, Graham, Global TV Audiences: How Many Are Actually Reached? Let's Be
Honest. Nobody Yet Knows, in: ESOMAR News Brief 7 (1999a) 7, S. 18-19

Mytton, Graham, Handbook on Radio and Televsion Audience Research, Paris
1999b

Naficy, Hamid, The Making of Exile Cultures. Iranian Television in Los Angeles,
Minneapolis/London 1993

Negus, Keith, Producing Pop: Culture and Conflict in the Popular Music Industry,
London 1992

Noelle-Neumann, Elisabeth, Die öffentliche Meinung und die Wirkung der Massenmedien, in: Jürgen Wilke (Hrsg.), Fortschritte der Publizistikwissenschaft, Freiburg 1990, S. 11-23

Nye, Joseph S., Das Paradox der amerikanischen Macht. Warum die einzige Supermacht der Welt Verbündete braucht, Hamburg 2003

O'Neil, Patrick H., Democratization and Mass Communication: What is the Link?, in: Patrick H. O'Neil (Hrsg.), Communicating Democracy. The Media and Political Transitions, Boulder/London 1998, S. 1-20

Ohde, Christina, Der Irre von Bagdad. Zur Konstruktion von Feindbildern in überregionalen deutschen Tageszeitungen während der Golfkrise 1990/91, Frankfurt et al. 1994

One Year After: Media Comments on the First Anniversary of September 11, Panos Institut, Paris 2002

Osland, Joyce S., Broadening the Debate: The Pros and Cons of Globalization, in: Journal of Management Inquiry 12 (2003) 2, S. 137-154

Ott, Dana/Melissa Rosser, The Electronic Republic? The Role of the Internet in Promoting Democracy in Africa, in: Peter Ferdinand (Hrsg.), The Internet, Democracy and Democratization, London/Portland, OR 2000, S. 137-156

Page, David/William Crawley, Satellite over South Asia. Broadcasting Culture and the Public Interest, New Delhi et al. 2001

Parekh, Bikhu, The Rushdie Affair and the British Press, in: Dan Cohn-Sherbok (Hrsg.), The Salman Rushdie Controversy in Interreligious Perspective, Lampeter 1990, S. 71-95

Pocket World in Figures 2005, The Economist, London 2004

Pool, Ithiel de Sola, Technologies without Boundaries. On Telecommunications in a Global Age, Cambridge 1990

Potter, David/David Goldblatt/Margaret Kiloh/Paul Lewis (Hrsg.), Democratization, Cambridge 1997

Pusch, Barbara, Neue Muslimische Frauen in der Türkei. Einblicke in ihre Lebenswelt, in: Mechthild Rumpf/Ute Gerhard/Mechthild M. Jansen (Hrsg.), Facetten islamischer Welten. Geschlechterordnungen, Frauen und Menschenrechte in der Diskussion, Bielefeld 2003, S. 242-255

Pütz, Wolfgang, Das Italienbild in der deutschen Presse. Eine Untersuchung ausgewählter Tageszeitungen, München 1993

Raboy, Marc, Media Policy in the New Communications Environment, in: ders. (Hrsg.), Global Media Policy in the New Millennium, Luton 2002, S. 3-16

Raboy, Marc, Television and Deregulated Global Markets, in: John Sinclair (Hrsg.), Contemporary World Television, London 2004, S. 21-24.

Rager, Günther, Publizistische Vielfalt im Lokalen, Tübingen 1982

Rawan, Shir Mohammed, Traditionelle Kommunikation und moderne Massenmedien in Afghanistan, in: Orient 36 (1996) 3, S. 495-509

Ray, Manas/Elizabeth Jacka, Indian Television: An Emerging Regional Force, in: John Sinclair/Elizabeth Jacka/Stuart Cunningham (Hrsg.), New Patterns in Global Television. Peripheral Vision, Oxford 1996, S. 83-102

Renckstorf, Karsten/Paul Hendriks Vettehen, Watching Foreign TV Channels, in: Karsten Renckstorf/Denis McQuail/Nicholas Jankowski (Hrsg.), Media Use as Social Action. A European Approach to Audience Studies, London 1996, S. 103-112

Reynolds, Amy/Brooke Barnett, „America under Attack": CNN's Verbal and Visual Framing of September 11, in: Steven Chermak/Frankie Y. Bailey/Michelle Brown, Media Represantations of September 11, Westport, CT/London 2003, S. 85-101

Rhodes, Mark/Carole Chapelier, "Balance-Seekers" and New Information Sources. Media Usage Patterns in the Middle East, in: Oliver Zöllner (Hrsg.), Beyond Borders. Research and International Broadcasting 2003, Bonn 2004, S. 78-87

Richter, Emanuel, Der Zerfall der Welteinheit. Vernunft und Globalisierung in der Moderne, Frankfurt/New York 1992

Righter, Rosemary, Whose News? Politics, the Press and the Third World, London/New York 1978

Robertson, Roland, Globalization or Glocalization?, in: Journal of International Communication 1 (1994a) 1, S. 33-52

Robertson, Roland, Mapping the Global Condition: Globalization as the Central Concept, in: Mike Featherstone (Hrsg.), Global Culture: Nationalism, Globalization and Modernity, London/Newbury Park 1994b, S. 15-30

Robinson, Piers, The CNN Effect. The Myth of News, Foreign Policy and Intervention, London/New York 2002

Rondfeldt, David, The Zapatista Social Netwar in Mexico, Prepared for the United States Army, Rand Arroyo Center, Santa Monica, Cal. 1998

Sakr, Naomi, Satellite Realms. Transnational Television, Globalization and the Middle East, London/New York 2001

Schäfer, Peter, Internet als politisches Kommunikationsmittel in Palästina, Hamburg 2004

Schenk, Birgit, Die Struktur des internationalen Nachrichtenflusses: Analyse der empirischen Studien, in: Rundfunk und Fernsehen 35 (1987) 1, S. 36-54

Schenk, Birgit, Internationaler Nachrichtenfluß: Einige Anmerkungen zur Stellungnahme von Jörg Becker, in: Rundfunk und Fernsehen 36 (1988) 2, S. 247-249

Schirm, Stefan A., Globalization and the New Regionalism. Global Markets, Domestic Politics and Regional Cooperation, Oxford 2002

Schmiedel, Michael, Das Internet in der VR China – Ein Netz, zwei Systeme?, in: Nord-Süd aktuell 15 (2000) 3, S. 501-512

Schulz, Winfried, Die Konstruktion von Realität in den Nachrichtenmedien. Analyse der aktuellen Berichterstattung, Freiburg/München 1990 (2. Aufl.)

Schulze, Reinhard, Is there an Islamic Modernity?, in: Kai Hafez (Hrsg.), The Islamic World and the West. An Introduction to Political Cultures and International Relations, Leiden et al. 2000, S. 21-32

Schuster, Thomas, Staat und Medien. Über die elektronische Konditionierung der Wirklichkeit, Frankfurt 1995

Sepstrup, Preben/Anura Goonasekera, TV Transnationalization in Europe and Asia. Reports and Papers on Mass Communication, No. 109, Paris (UNESCO) 1994

Shaw, Martin, Civil Society and Media in Global Crises. Representing Distant Violence, London/New York 1996

Sikkink, Kathryn/Margaret E. Keck, Activists beyond Borders: Advocacy Networks in International Politics, Ithaca, NY 1998

Sinclair, John/Elizabeth Jacka/Stuart Cunningham (Hrsg.), New Patterns in Global Television. Peripheral Vision, Oxford 1996a

Sinclair, John/Elizabeth Jacka/Stuart Cunningham, Peripheral Vision, in: dies. (Hrsg.), New Patterns in Global Television. Peripheral Vision, Oxford 1996b, S. 1-32

Sinclair, John, Mexico, Brazil, and the Latin World, in: John Sinclair/Elizabeth Jacka/Stuart Cunningham (Hrsg.), New Patterns in Global Television. Peripheral Vision, Oxford 1996c, S. 33-68

Siochrú, Seán Ó/Bruce Girard/Amy Mahan, Global Media Governance. A Beginner's Guide, Lanham et al. 2002

Sparks, Colin, Is there a Global Public Sphere?, in: Daya K. Thussu (Hrsg.), Electronic Empires. Global Media and Local Resistance, Oxford 1998, S. 108-124

Sparks, Colin, The Global, the Local and the Public Sphere, in: Georgette Wang/Jan Servaes/Anura Goonasekera (Hrsg.), The New Communications Landscape. Demystifying Media Globalization, London/New York 2000, S. 74-95

Sreberny-Mohammadi, Annabelle/Kaarle Nordenstreng/Robert Stevenson/Frank, Ugboajah (Hrsg.)Foreign News in the Media: International Reporting in 29 Countries Final Report Undertaken for UNESCO by the International Association for Mass Communication Research, Paris 1985

Sreberny-Mohammadi, Annabelle, The Global and the Local in International Communications, in: James Curran/Michael Gurevitch (Hrsg.), Mass Media and Society, London 1994a, S. 177-203

Sreberny-Mohammadi, Annabelle/Ali Mohammadi, Small Media, Big Revolution. Communication, Culture, and the Iranian Revolution, Minneapolis 1994b

Sreberny-Mohammadi, Annabelle/Dwayne Winseck/Jim McKenna/Oliver Boyd-Barrett (Hrsg.), Media in Global Context. A Reader, London et al. 1997

Staring, R./S. Zorlu, Thuis voor de buis: Turkse migranten en satellit-teevee, Migrantenstudies, 1996

Stolz, Joelle, Les Algériens regardent *Dallas*. Les Nouvelles Chaînes, Paris 1983

Straubhaar, Joseph D., Distinguishing the Global, Regional and National Levels of World Television, in: Annabelle Sreberny-Mohammadi et al. (Hrsg.), Media in Global Context. A Reader, New York 1997, S. 284-298

Straubhaar, Joseph, Brazil: The Role of the State in World Television, in: Nancy Morris/Silvio Waisbord (Hrsg.), Media and Globalization. Why the State Matters, Lanham et al. 2001, S. 133-153

Strawson, John, Holy War in the Media: Images of Jihad, in: Steven Chermak/Frankie Y. Bailey/Michelle Brown, Media Representations of September 11, Westport, CT/London 2003, S. 17-28

Suárez, Luis, Mass Communications and the Major Challenges, in: Media and Democracy in Latin America and Caribbean, Paris 1996, S. 48-53

Television 2004, International Key Facts, Köln 2004

Ter Wal, Jessika (Hrsg.), Racism and Cultural Diversity in the Mass Media. An Overview of Research and Examples of Good Practice in the EU Member States, 1995-2000, on Behalf of the European Monitoring Centre on Racism and Xenophobia, Vienna (EUMC), Wien 2002

The Honolulu Statement, The Mac Bride Round Table, Honolulu, Hawaii, 20.-23. Januar 1994, in: Richard C. Vincent/Kaarle Nordenstreng/Michael Traber (Hrsg.), Towards Equity in Global Communication. MacBride Update, Cresskill, NJ 1999, S. 331-334

Thiemeyer, Michael, Internationalisierung von Film und Filmwirtschaft, Köln 1994

Thussu, Daya K. (Hrsg.), Electronic Empires. Global Media and Local Resistance, Oxford 1998

Thussu, Daya Kishan/Des Freedman (Hrsg.), War and the Media, London et al. 2003

Tomlinson, John, Cultural Imperialism, in: Frank J. Lechner/John Boli (Hrsg.), The Globalization Reader, Oxford 2000, S. 307-316

Tomlinson, John, Globalisation and National Identity, in: John Sinclair (Hrsg.), Contemporary World Television, London 2004, S. 24-27

Tsagarousianou, Roza/Damian Tambini/Cathy Brian (Hrsg.), Cyberdemocracy. Technology, Cities and Civic Networks, London/New York 1998

Tumber, Howard/Jerry Palmer, Media at War. The Iraq Crisis, London et al 2004

Tunstall, Jeremy, Worldwide News Agencies – Private Wholesalers of Public Information, in: Jim Richstad/Michael H. Anderson (Hrsg.), Crisis in International News: Policies and Prospects, New York 1981, S. 258-267

van de Donk, Wim/Brian D. Loader/Paul G. Nixon/Dieter Rucht (Hrsg.), Cyberprotest. New Media, Citizens and Social Movements, London/New York 2004

Viele Stimmen – eine Welt: Kommunikation und Gesellschaft heute und morgen. Bericht der internationalen Kommission zum Studium der Kommunikationsprobleme unter dem Vorsitz von Sean MacBride an die UNESCO, Konstanz 1981 (engl. Orig. 1980)

Volkmer, Ingrid, News in the Global Sphere. A Study of CNN and its Impact on Global Communication, Luton 1999

von Nussbaum, Heinrich, UN-Ordnung mit System, in: medium 9 (1979) 2, S. 8-14

von Wilamowitz-Moellendorff, Ulrich, Türken in Deutschland: Einstellungen zu Staat und Gesellschaft, Konrad-Adenauer-Stiftung, Sankt Augustin 2001

Waisbord, Silvio/Nancy Morris (Hrsg.), Media and Globalization. Why the State Matters, Lanham et al. 2001

Wang, Georgette/Anura Goonasekera/Jan Servaes, The New Communications Landscape: Demystifying Media Globalization, London 2000

Weiß, Hans-Jürgen/Joachim Trebbe, Mediennutzung und Integration der türkischen Bevölkerung in Deutschland. Ergebnisse einer Umfrage des Presse- und Informationsamtes der Bundesregierung, GöfaK Medienforschung, Potsdam 2001

Wildermuth, Norbert, Satellite Television in India, in: Stefan Brüne (Hrsg.), Neue Medien und Öffentlichkeiten, Bd. 2, Hamburg 2000, S. 212-237

Wilding, Colin M., 151 Million Listeners – But what Does it Mean? Uses and Misuses of Global Audience Estimates, in: Oliver Zöllner (Hrsg.), An Essential Link with Audiences Worldwide. Research for International Broadcasting, Berlin 2002, S. 61-69

Winseck, Dwayne, The WTO, Emerging Policy Regimes and the Political Economy of Transnational Communications, in: Marc Raboy (Hrsg.), Global Media Policy in the New Millennium, Luton 2002, S. 19-37

Wöhlcke, Manfred, Lateinamerika in der Presse. Inhaltsanalytische Untersuchung der Lateinamerika-Berichterstattung in folgenden Presseorganen: Die Welt, FAZ, NZZ, Handelsblatt, Le Monde, Neues Deutschland, Der Spiegel, Stuttgart 1973

Wolfsfeld, Gadi, Media and Political Conflict. News from the Middle East, Cambridge 1997

Zagala, Samera, „Kampf der Kulturen" – „Krieg der Zivilisationen": Theorien zum Konflikt zwischen dem Westen und dem Islam in deutschen Nachrichtensendungen. Eine inhaltsanalytische Untersuchung, Diplomarbeit am Institut für Journalistik, Universität Dortmund, Dortmund 2004

Internetquellen

Amayreh, Khalid, Israeli Rabbis: Don't Spare Civilians, 7. September 2004, http://www.Aljazeera.net (12. September 2004)

Auh, Taik-Sup, Promoting Multilingualism on the Internet: Korean Experience, http://www.unesco.org/webworld/infoethics_2/eng/papers/paper_8.htm (22. Juli 2004)

Cham, Mbye, Afrika globalisieren? Der afrikanische Film zwischen Négritude und Globalisierung, http://www.vsp.vernetzt.de/soz/000516.htm (1. August 2004)

Contrasting War Coverage, in: Middle East Economic Survey 46 (2003) 14, http://www.mees.com (11. September 2004)

Dahl, Stephen, Communications and Culture Transformation. Cultural Diversity, Globalization and Cultural Convergence, http://www.stephweb.com/capstone/capstone.shtml (11. Dezember 2004)

Deutsch-arabischer Mediendialog, Institut für Auslandsbeziehungen, Beirut, Mai 2004, http://www.ifa.de/dialoge/dbeirut_protokoll.html (17. September 2005)

Die Zukunft des Internets. Auf dem Weg zum „Digitalen Realismus", http://www.zukunftsinstitut.de (17. August 2001)

Doing the Dissent Thing?, http://news.bbc.co.uk/1/hi/uk/2907599.stm (10. Mai 2003)

DW-Intendant Bettermann: „Gesetzentwurf stärkt Unabhängigkeit des deutschen Auslandsrundfunks", http://www.dw-world.de (28. August 2004)

Europe 2004. A Survey of Decision Makers and Leading Consumers, IPSOS-RSL Ltd, http://www.ipsos-rsl.co.uk (23. Dezember 2004)

Fan, Xing, China's WTO Accession and Its Telecom Liberalization, http://www.csis.org/ics/chinaswtoaccession.html (28. März 2005)

Forum Barcelona 2004, UNESCO, http://www.barcelona2004.org/eng/banco_del_conocimiento/documentos/ficha.cfm?IdDoc=230 (23. Dezember 2004)

Giddens, Anthony, Lecture 1 – Globalization, http://www.lse.ac.uk/Giddens/reith_99/week1/week1.htm (16. Dezember 2004)

Global Internet Geography Database and Report. The Definitive Guide to Global Internet Backbones and Traffic, http://www.telegeography.com (30. Juli 2004)

Global Trends 2015: A Dialogue about the Future with Nongovernment Experts, http://www.cia.gov/cia/reports/globaltrends2015 (28. März 2005)

Held David/Anthony McGrew/David Goldblatt/Jonathan Perraton, Global Transformations, http://www.polity.co.uk/global/executiv.htm#whatis (13. Dezember 2004)

Lebert, Marie, Multilingualism on the Web, http://www.etudes- entre francaises.net/ tiens/multieng1.htm (4. August 2004)

Marr, Merissa, BBC Chief Attacks U.S. Media War Coverage, http://www.veterans-forpeace.org/BBC_chief_attacks_042403.htm (28. März 2005)

Nach dem 11. September ist Attac nötiger denn je, http://www.attac.de/kongress/ 2010v.html (25. Februar 2005)

Naureckas, Jim, When 'Doves' Lie. The New York Times Plays Down Anti-War Opinion, http://www.fair.org/extra/0304/nyt-doves.html (13. Mai 2003)

Ning, Wang, Chinese Cinema Challenged by Globalization: A Cultural and Intellectual Strategy, http://www.culstudies.com/rendanews/displaynews.asp?id=1403 (28. Juli 2004)

Offenbartl, Susanne, Globalisierung durch Vermittlungsmedien? Vortrag auf der Jahrestagung des Arbeitskreises universitäre Erwachsenenbildung (AUE), 23.-24. September 1999, Deutsches Institut für Erwachsenenbildung (DIE), Bonn, http://www.die-frankfurt.de/esprid/dokumente/doc-1999/offenbartl99_11.htm (20. Juli 2004)

Peyman, Saloumeh, Iranian Exiles Use Satellite TV to Promote Change, http://www.antiwar.com/ips/peyman.php?articleid=3811 (15. Dezember 2004)

Remarks by Evelyn S. Lieberman, Al-Akhawayn University, April 5, 2000, http://www.usembassy.ma/Themes/EconomicIssues/lieberman.htm (23. Dezember 2004)

Rendall, Steve/Tara Broughel, Amplifying Officials, Squelching Dissent, http://www.fair.org/extra/0305/warstudy.html (13. Mai 2003)

Rucht, Dieter, NGOs, Internet und Globalisierung, Vortrag DGB-Bildungszentrum Hattingen, 23. Januar 2003, http://www.hattingen.dgb- bildungswerk.de /doku /2003INK/20123_6Rucht_Internet_NGOs6.html (21. Juli 2004)

Rugh, William A., Comments on Radio Sawa and al Hurra Television, http://www.foreign.senate.gov/testimony/2004/RughTestimony040429.pdf (28. August 2004)

Ted Turner Calls Murdoch Warmonger, http://www.thetruthseeker.co.uk/article.asp ? ID=727 (7. Mai 2003)

TV, Patriotism Helped Swing British Opinion on Iraq War, Agence France-Presse, http://quickstart.clari.net/qs_se/webnews/wed/az/Qiraq-war-britain (10. Mai 2003)

U.S. Public Diplomacy: State Department and the Broadcasting Board of Governors Expand Efforts in the Middle East but Face Significant Challenges, Statement of Jess T. Ford, Director International Affairs and Trade, http://www.gao.gov /new.items /d04435t.pdf (18. Juli 2004)

World Summit on the Information Society, Declaration of Principles, Geneva 2003 – Tunis 2005, Document WSIS-03/Geneva/Doc/4-E, 12 December 2003, http://www.itu.int (23. August 2004)

World Summit on the Information Society, Plan of Action, Geneva 2003 – Tunis 2005, Document WSIS-03/Geneva/Doc/5-E, 12 December 2003, http:// www.itu.int (23. August 2004)

Woznicki, Krystian, Die vierte Macht, 28. Juni 2004, http://www.heise.de (20. September 2004)

Tabellen -und Abbildungsverzeichnis

Abbildungen

Tabellen

MIX
Papier aus verantwortungsvollen Quellen
Paper from responsible sources
FSC® C105338

If you have any concerns about our products,
you can contact us on
ProductSafety@springernature.com

In case Publisher is established outside the EU,
the EU authorized representative is:
Springer Nature Customer Service Center GmbH
Europaplatz 3, 69115 Heidelberg, Germany

Printed by Libri Plureos GmbH
in Hamburg, Germany